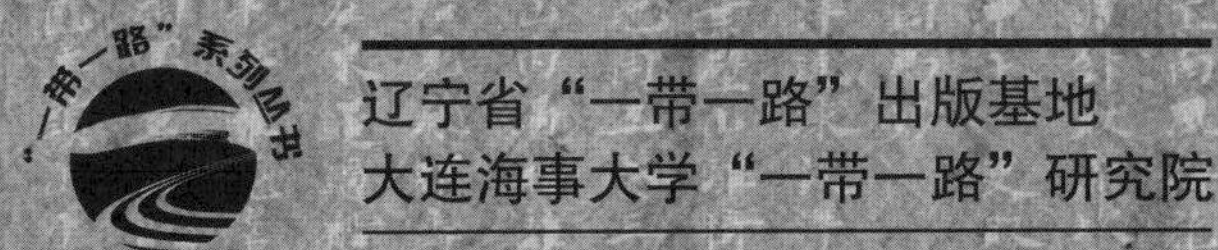

GZC 2017 高校主题出版 GAOXIAO ZHUTI CHUBAN

中国造船简史

A BRIEF HISTORY OF CHINA SHIPBUILDING

席龙飞 著

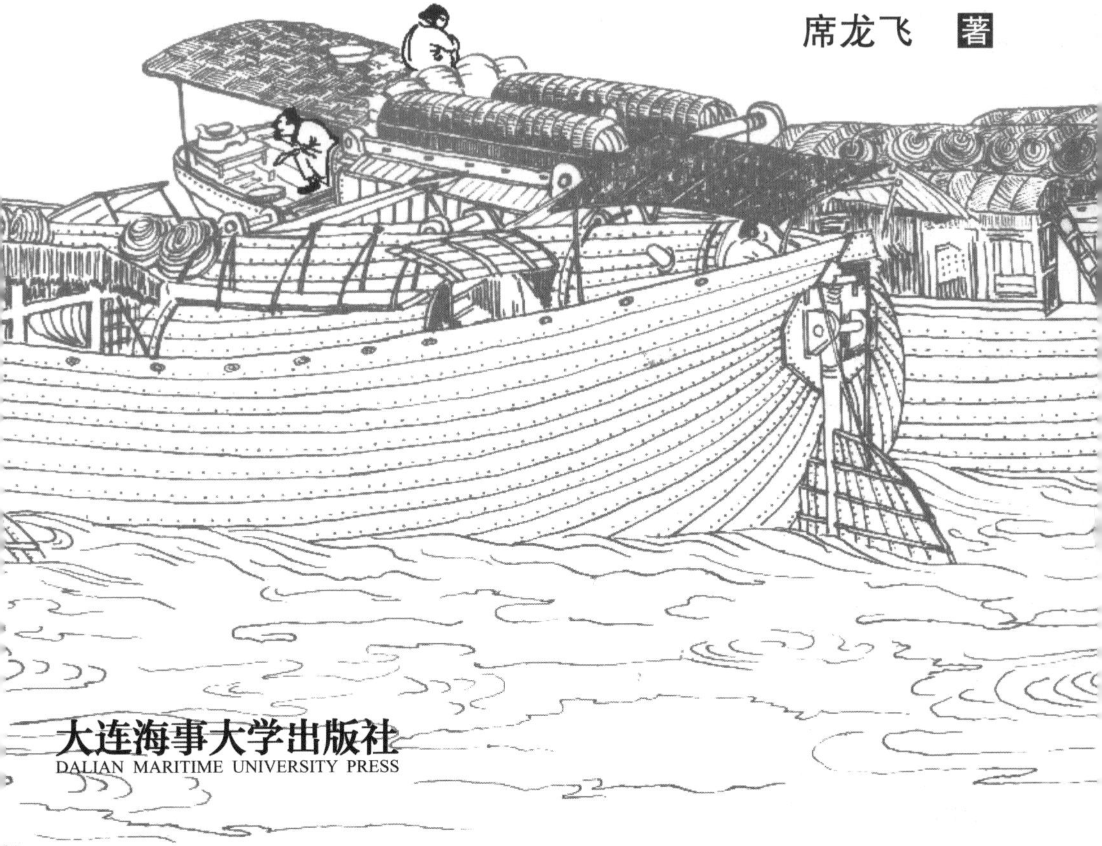

大连海事大学出版社
DALIAN MARITIME UNIVERSITY PRESS

图书在版编目(CIP)数据

中国造船简史 / 席龙飞著. — 大连 : 大连海事大学出版社, 2018.3
("一带一路"系列丛书)
ISBN 978-7-5632-3617-6

Ⅰ. ①中… Ⅱ. ①席… Ⅲ. ①造船工业—工业史—研究—中国 Ⅳ. ①F426.474

中国版本图书馆 CIP 数据核字(2018)第 048718 号

大连海事大学出版社出版

地址:大连市凌海路 1 号 邮编:116026 电话:0411-84728394
传真:0411-84727996
http://www.dmupress.com E-mail:cbs@dmupress.com

大连海大印刷有限公司印装 大连海事大学出版社发行

2018 年 3 月第 1 版 2018 年 3 月第 1 次印刷
幅面尺寸:155 mm×235 mm 印张:22
字数:357 千 印数:1~2000 册

出版人:徐华东

责任编辑:王 琴 责任校对:孙夏君
封面设计:解瑶瑶 版式设计:解瑶瑶

ISBN 978-7-5632-3617-6 定价:80.00 元

导 言

船舶作为运输工具,在各个历史时期都发挥着重要作用。船舶的运输量大而且成本相对低廉。当代随着科学技术的发展与进步,洲际的客运已经完全被航空业垄断,但是,能源、铁矿砂以及大量的件杂货等,仍需要船舶来运输。国际贸易货物的80%以上仍需要船舶来进行海上运输。船舶通常都反映或代表着同一时期最先进的技术成就。因此,一个国家造船业的发展水平,通常也就能够反映该国经济与技术的发展水平。

中国跨湖桥文化遗址出土的独木舟,是世界上已发现的早期独木舟中的一例。早在公元前700年的春秋时期,中国舰船就开始进行海战和海上航行。早在公元前的汉代就开辟了从中国沿海的徐闻、合浦出发,经南洋诸国到达印度半岛南端和斯里兰卡的海上丝绸之路。秦朝徐福东渡日本的佳话,在中国和日本的民间盛传而且经久不衰。在唐、宋、元三朝,中国国力富强,中国的造船技术和航海技术都相当先进。船尾舵、车轮舟、水密舱壁和指南浮针,是中国古代造船业四大发明,是中国对全世界造船技术做出的重要贡献,所有这些也都为全世界的科技史学家所公认。明代初年,由明成祖朱棣组织的郑和下西洋开创了世界航海业的先河。郑和的洲际航海要比哥伦布、达·伽马和麦哲伦的航海早一百年左右。英国著名学者李约瑟在他的《中国的科学与文明》中写道:"明代文献中有关郑和船队旗舰的尺度,乍看似乎难以相信,但实际上丝毫不是'奇谈'。"接着他还对明朝的水师加以概括:"在明朝的全盛时期(公元1420年前后),中国海军力量也许超过了历史上任何时期的亚洲国家,甚至可能超过同时代的任何欧洲国家,乃至超过所有欧洲国家海军的总和。"

然而,明代和清代实行的海禁和锁国政策,致使中国的造船业和航海业一落千丈。在清代乾隆三年到乾隆九年(1738—1744年)间,瑞典以一艘远洋货船"哥德堡号",3次往返于瑞典哥德堡港和中国广州港。其每个航次所载运的丝绸、瓷器和茶叶等货物,经过拍卖后所得的盈利竟能相当于该国一年的国民生产总值。可此期间的大清国已经不再从事远洋航海，也没有了能够从事远洋航海的船队。了解中国造船业的发展历程，才能发现它竟是这样的触目惊心。

鸦片战争后，在曾国藩、李鸿章、左宗棠等洋务派领袖们的策动下，中国开始造船、铸炮，这使中国的近代造船业得以发端。自洋务运动开创中国的近代造船业，到1949年中华人民共和国成立，中国近代造船业走过了坎坷曲折的道路。在那风风雨雨的80多年里，中国总共建造了钢质船舶50多万吨，但没有达到开办洋务运动所期盼的御侮和自强的目的。不可忽视的是，中国近代造船业毕竟为中国培育了一代造船技术人员，为当代造船业的发展奠定了技术基础。

始于1949年的当代造船业，是从修旧利废开始的。经过60多年艰苦卓绝的努力和奋斗，中国已经建立起具有自主科研、设计、配套和总装能力的工业体系。到2010年，中国造船业的三大指标（造船完工量、新接订单量、手持订单量）全面跃升至世界第一位。我们欣喜地看到，中国已经成为世界造船大国。中国经过几代人的努力，取得了世界第一造船大国的地位，这是来之不易的。虽然，目前中国与世界造船强国还有相当大的差距，但是经过努力，这一差距是可以缩小的。跻身于世界造船强国，我们志在必得。古代中国就曾长时期地占据世界造船强国的地位，为世界造船业的发展做出过重大贡献。当今，为跻身于世界造船强国而努力奋斗，当是我们不可推卸的历史责任和任务。

目 录

第一篇 古代造船史

第二篇　近代造船史

第三篇 当代造船史

第一篇　古代造船史

第一章　从原始渡水工具到独木舟和木板船

第一节　舟船出现前的渡水工具

远古先民在猎取食物以及与洪水搏斗中,溺死于水中的事必然是时有发生的。当他们经常见到落叶、枯木等物体漂浮在水面之上时,自然会对某些物体的漂浮现象逐渐有所感知。当他们多次利用浮性好的自然物体得以生存时,更能加深对浮性的认知。为取得食物,或是在对某一隔水相望的地方产生向往的时候,想必更能促使他们根据已有的对漂浮的认知,选择浮性好的自然物体,作为泅渡浮具。纵然是跨着一段枯木渡水,也是经过多次实践而取得的重大突破。

一、葫芦腰舟

葫芦具有体轻、防湿性强、浮力大等特点,所以很早就被用作渡水浮具。在余姚河姆渡新石器时代遗址曾发现葫芦的种子,这是中国早在7 000 年前已栽培葫芦的有力见证。①

过河时把几个葫芦拴在腰间,也称为腰舟(见图 1-1)。我国云南省哀牢山下礼社江两岸的彝族同胞,当捕鱼或远出外地的时候,就在腰部拴上几个葫芦。②这种腰舟在黄河流域也有遗迹可寻,例如在 1949 年前

---

① 河姆渡遗址考古队:《浙江河姆渡遗址第二期发掘的主要收获》,《文物》1980 年第 5 期,第 1 ~ 15 页。

② 宋兆麟:《从葫芦到独木舟》,《武汉水运工程学院学报》1982 年第 4 期,第92 ~ 103 页。

后，山西南部黄河岸边的农民，为了耕田就拴着两个葫芦往返于黄河两岸。

图 1-1 葫芦腰舟

二、浮囊（浑脱）

在人们从狩猎、采集进入到锄农业和饲养牲畜之后，在某些地区还出现过用牲畜的皮革制成浮囊作为浮具。其做法是在宰杀牲畜时，先将头部割去，稍割开颈部，去掉四蹄，将整个皮翻剥下来。经过加工后再把颈部和三个蹄部的孔口系牢，留一个蹄孔作为充气孔道。用时，先把浮囊吹鼓，然后再结扎充气孔，这样便可单独作为浮具了。

浮囊是作为浮具用的，也称作皮囊（见图 1-2）或“浑脱”。唐人李筌在《太白阴经》中记有：“浮囊，以浑脱羊皮，吹气令满，紧缚其孔，缚于腋下，可以渡也。”①

浮囊出现的年代，由于缺少考古学的发现，目前还难以定论。如果断定浮囊出现在饲养业以后，那当是进入新石器时代以后的事情了，但见于文字记载的只有近 2 000 年时间。在《后汉书 · 南匈奴列传》中，记有永平八年（公元 65 年）汉与北虏的争斗中使用革船的事例，文曰：“其年秋，北虏果遣二千骑候望朔方，作马革船，欲度迎南部畔（叛）者，以汉有备，乃引去。”② 在《后汉书 · 邓寇列传》中，记有章和二年（公元 88 年）护羌校尉邓训在青海贵德一带击迷唐时也曾“缝革为船”，文曰：

① 李筌：《太白阴经》卷四。

② 《后汉书 · 南匈奴列传》，李贤等注，北京：中华书局，1959 年，第 2 949 页。

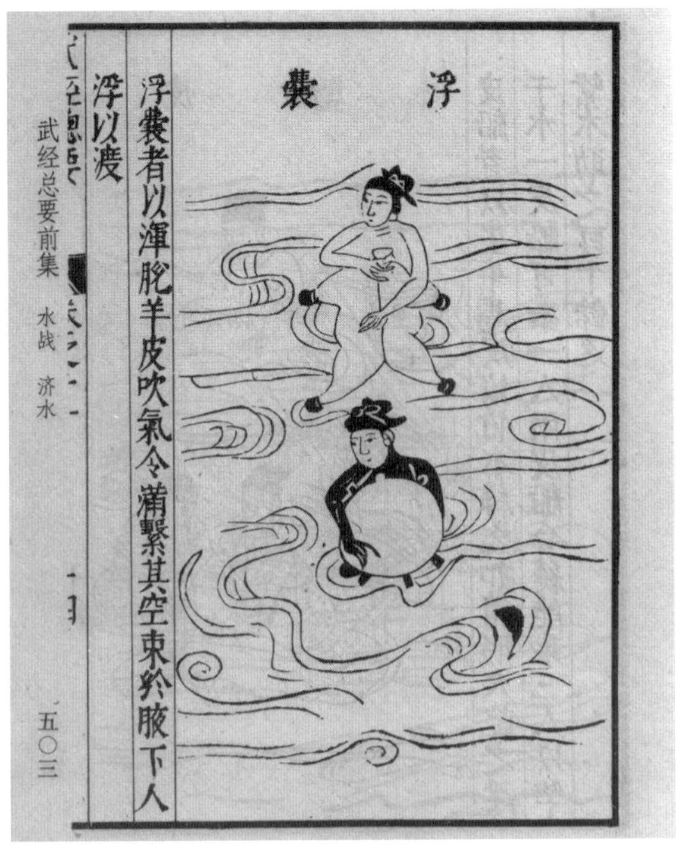

图 1-2　皮囊(采自《武经总要》)

“训乃发湟中六千人,令长史任尚将之,缝革为船,置于箄上以度(渡)河。”①这里记述的“作马革船”和“缝革为船”,是比浮囊更为高级的浮具,可见浮囊的出现应较公元初年更为久远。至于“缝革为船,置于箄上”,说的就是皮筏了。

在中国,应用浮囊的地区主要是黄河地区和长江上游地区。浮囊制作简单,应用时携带方便,更不怕浅水、激流和险滩。

中国在许多少数民族地区都有过使用浮囊的经历。这些少数民族是羌族、藏族、回族、蒙古族、彝族、纳西族、普米族等。唐代诗人白居易,在叙述少数民族弟兄由边陲到达国都长安时,有诗曰:“泛皮船兮渡绳桥,来自巂州道路遥。”巂州即四川省凉山彝族自治州的越巂县,今改为

① 《后汉书·邓寇列传》,李贤等注,北京:中华书局,1959 年,第 610 页。

越西县。迄今在中国的西北和西南的少数民族地区,使用浮囊的事例仍有所见。民族考古学家宋兆麟曾发表普米族同胞使用浮囊的照片①。据认为皮囊以及皮筏是中国少数民族的一项发明。

三、木筏·竹筏·皮筏

筏是由单体浮具发展而来的。一根树干,在远古就是一件浮具。树干呈圆柱形,在水中易于滚动。为使其平稳,也是为获得更大的浮力,人们将两根以上的树干并拢,用藤或绳系结起来应用。这样一来,集较多的单体浮具为一体就形成了筏(见图1-3)。

图1-3　中国古代的筏

中国南方盛产竹子,竹筏的使用很是广泛。用火将竹子的两端烧烤后使其向上翘起,然后用藤条、野麻编缚在一起,这样划动起来阻力较小,顺流而下漂浮如飞。图1-4为见于台湾海峡的竹筏,该筏还带有篷帆,可见其年代并不久远。

图1-4　见于台湾海峡的竹筏

① 宋兆麟:《从葫芦到独木舟》,《武汉水运工程学院学报》1982年第4期,第96~103页。

将许多浮囊编扎在一起，就成了皮筏(见图 1-5)。组成皮筏的浮囊少者有 6～12 个[①]，多者可达 400～500 个[②]。皮筏虽是较原始的渡水和运载浮具，但它的应用经久不衰。这是因为它具有独特的优点：制作简单、操纵灵活，安全可靠、不怕搁浅，成本低廉、不耗能源。这种小型羊皮筏的重量很轻，一个人就可以背起来上路。

图 1-5　近年在黄河所见的皮筏(鲁人勇提供)

制作羊皮筏时需将皮囊充气；制作牛皮筏时浮囊可不必充气，而是填以所装运的羊毛之类的轻货。如不运此类轻货，则填以干草，俗称"草筏"。装货时应注意载重的平衡。

在长途运行的大型皮筏(见图 1-6)上，可张设帐幕，作为旅客及筏工歇息处所。皮筏的每一个浮囊都是一个密封的提供浮力的单元。航行中即使有若干个浮囊破洞而失去浮力，但绝大多数浮囊仍不至于进水，其浮力足以使皮筏脱离险境。中国西北地区历来有大宗的土特产，如羊毛、药材、烟草等，数量大而且是单向运输的。皮筏曾经长期作为主要的运输工具。

皮筏运输也有很大的局限性，最大的缺点是不能逆水而行，故有"下水人乘筏，上水筏乘人"之谚。

---

① 鲁人勇：《古老的水上运输工具——皮筏》，《中国水运史研究》1987 年第 1 期，第 102 页。

② 上野喜一郎：《船の世界史》上卷，东京：舵社，1980 年，第 23 页。

图 1-6　黄河中下游的大型皮筏
（采自《船的世界史》）

筏有因地制宜、取材不拘一格、制作简单和稳性好等优点。尽管筏的构造简单，但它确是人类征服自然的智慧结晶。人们曾一直半身浸在水中抱着葫芦或皮囊渡水，当得以登上筏甚至还能载上些猎物时，其欢欣鼓舞之情是不难想象的。

筏不仅用来渔猎或作为运载浮具来渡过大江、大河，它甚至适于在海洋上漂流。“特别是中国首创的竹筏，体轻、抗折，它随着百越人的海上活动，最远传到了拉丁美洲的秘鲁沿海各地。”①

民间使用的竹筏、木筏，原是一种水上运载工具，后世仍有沿用。不过将筏当作运载浮具者日见其少，绝大多数竹筏、木筏本身就是被运载的货物，如在山区采伐下来的竹子、木材，主要靠山间小溪或小河漂流到山下集中，然后编结成筏，顺江、河漂流下运。宋代诗人陆游，乾道六年（公元 1170 年）入蜀任夔州通判。所著《入蜀记》写下了沿长江之所见：在江中“遇一木筏，广十余丈，长五十余丈，上有三四十家，妻子鸡犬臼碓皆具，中为阡陌相往来，亦有神祠，素所未睹也”②。

在原始的渡水工具中，葫芦或浮囊只可称为浮具，筏也不是船。更具有容器形态的，也就是具有干舷的，才能称作舟或船。在人类的文明史上，独木舟的问世才算是出现了第一艘船。

---

① 中国航海学会：《中国航海史（古代航海史）》，北京：人民交通出版社，1988 年，第 10 页。

② 陆游：《入蜀记》卷四，《知不足斋丛书》。

第二节　在中国出土的独木舟遗存

在木板船尚未出现的时候,独木舟应当是最主要的水上交通工具,而且使用了相当长的时间,这是毫无疑义的。然而,在 20 世纪 40 年代以前,在中国广袤的国土上并未发现独木舟遗存物。

在 20 世纪 50 年代以后,随着大规模经济建设的开展,在我国山东、江苏、四川、浙江、福建、广东等省,曾先后发现了 30 余艘古代独木舟遗存物,今摘其要简述如下。

一、1965 年在江苏省武进县(今常州市武进区)奄城出土两艘独木舟

"其中一艘独木舟长 4.34 米,宽 0.7 ~0.8 米,深 0.56 米,底部厚约 6 厘米,一端尖锐上翘,另一端呈 U 形开口,两舷凿有大致对称的孔,尖端部凿一大圆孔,可能是供系缆绳之用。从整体看,它似乎是独木舟的残段。据 C14 测定,这艘独木舟为 2 890 ±90 年前的遗物,其年代为我国西周早期(见图 1-7)。同时出土的另一艘长 7.35 米,宽 0.8 米。"①

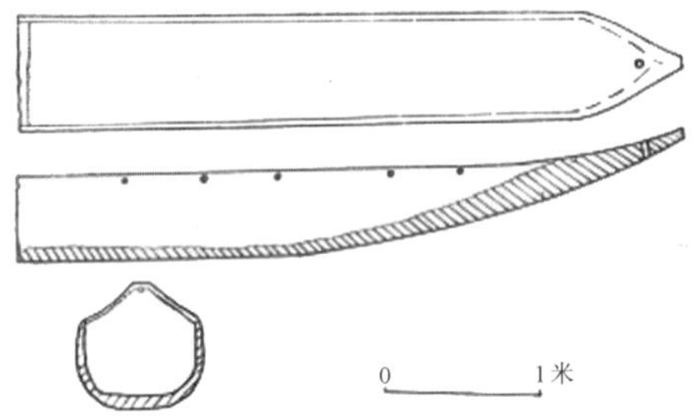

图 1-7　在江苏省武进县奄城出土的西周时期的独木舟

二、1973 年在福建省福州市连江县出土一艘西汉时期的独木舟

"该舟(见图 1-8)长 7.1 米,首宽 1.2 米,尾宽 1.6 米,樟木挖制。船舱中间有一座凸起的方形座。独木舟的尾端不完整。据 C14 测定,这艘

① 戴开元:《中国古代的独木舟和木船的起源》,《船史研究》1985 年(创刊号)第 1 期,第 5 页。

独木舟为 2 170 ±95 年前的遗物,其年代大约是西汉早期。”①

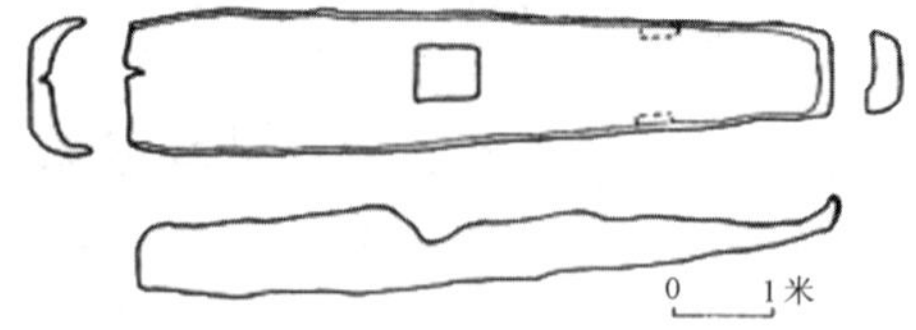

图 1-8 福建省福州市连江县西汉时期的独木舟

三、1976 年在广东省化州县(今化州市)石宁村发现六艘独木舟

“这一批独木舟的 1 号舟缺头部,残长 3.68 米,厚 2.2 厘米,两侧残破。2 号舟基本完整,长 5 米,宽 0.5 米,深 0.22 米,厚 1.5 厘米。中间较宽,首尾较窄,形制如棱,首尾部略向上翘。据 C14 测定,这艘独木舟为 1 745 ± 100 年前的遗物,这相当于东汉时期。3 号舟最大,残长 6.2 米,残宽0.72米,厚 5 厘米,尖形。据 C14 测定,这艘独木舟为 1 750 ± 85 年前的遗物。石宁独木舟也是取一段巨木劈出一部分,局部火烧,逐次将中间挖空而成的,舟内还可见经火烧变炭然后挖凿的痕迹。2 号舟内有斧、凿、钻等金属工具加工的痕迹,说明其工艺水平较高。在广东省化州县石宁村出土的东汉时期的独木舟(见图 1-9)。”②

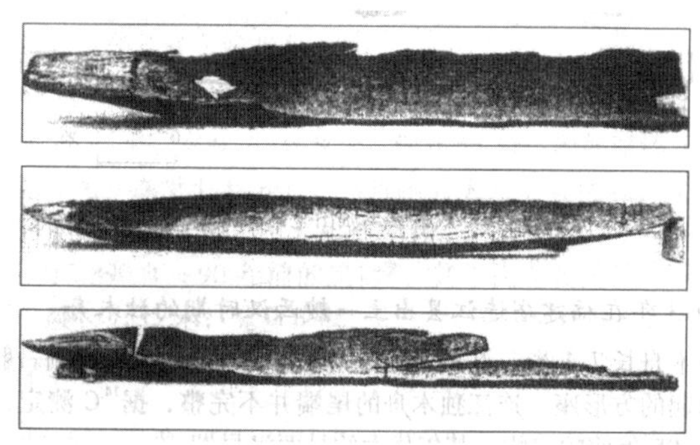

图 1-9 在广东省化州县石宁村出土的东汉时期的独木舟
(从上到下依次为 1 号舟、2 号舟、3 号舟)

---

① 卢茂村:《福建连江发掘西汉独木舟》,《文物》1979 年第 2 期,第 95 页。

② 阮应祺:《广东省化州县石宁村发现六艘东汉独木舟》,《文物》1979 年第 12 期,第 29 ~ 31 页。

四、1976 年在山东省平度县(今平度市)出土一艘隋代双体独木舟

这艘双体独木舟在中国尚属首例发现，如图 1-10(a)所示。其每一舟体用三段树木刳制，衔接处以舌形榫槽搭接，凿 10 余个方孔穿木榫固定，再以 20 根左右的横木贯穿连接两艘单体舟。还发现有另一型横木 3 根，残长 2.7 米，两头形制对称，向下凸出部分与左右两独木舟 U 形槽宽度相当，两个竖孔正与 U 形槽中心相对，是上层篷盖支柱的遗存。横木上面铺以甲板，在尾端的 3 根横木上立 6 根支柱，设篷盖即上层建筑。图 1-10(b)为经复原后的图样。双体独木舟总长 23 米，总宽约 2.8 米，载重约 23 吨。①

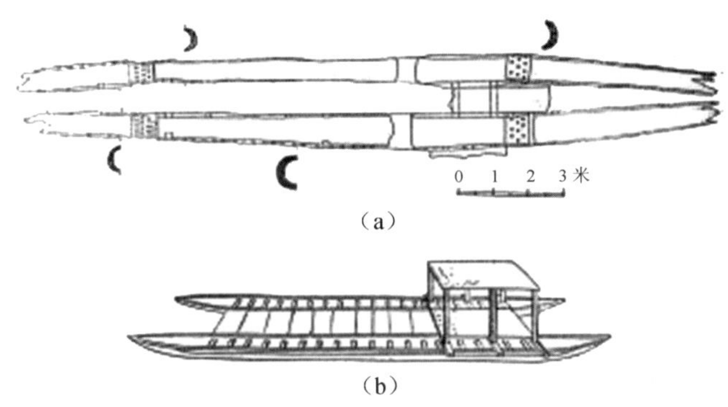

(a)

(b)

图 1-10　山东省平度县隋代双体独木舟

五、1982 年在胶东半岛荣成县(今荣成市)发现商周时期的独木舟

1982 年 9 月，山东省文物考古研究所和荣成市文化馆在考查胶东地区原始文化的分布时，在该县泊于镇松郭家村(今属威海市环翠区)的毛子沟发现一艘独木舟，如图 1-11 所示。该独木舟是在挖蓄水池时发现的。此处是一海相沉积小盆地，北临黄海，距现在的海岸线约 2 千米。独木舟出土层位距地表约 4 米。

① 毕宝启:《山东平度隋船清理简报》,《考古》1979 年第 2 期，第 145～148 页。

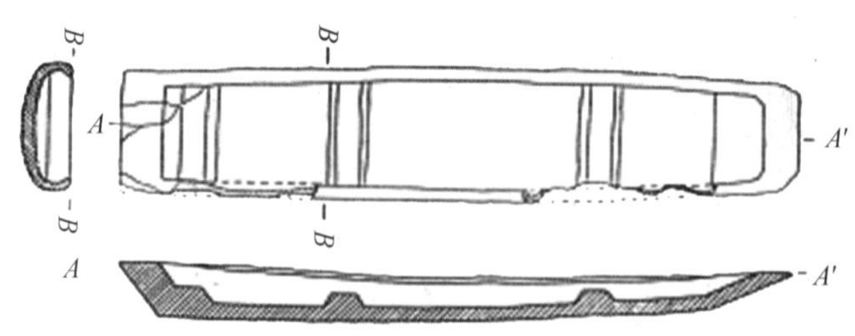

图 1-11　胶东半岛毛子沟商周时期的独木舟

独木舟保存基本完整,仅右侧有部分损坏。舟体全长 3.9 米,头部宽 0.6 米,中部宽 0.74 米,尾部宽 0.7 米;舟体高度:头部 0.18 米,中部 0.24 米,尾部 0.30 米。由于年代久远,表面腐蚀,没有发现有火灼和工具加工的痕迹,但就其工艺水平判断,当是金属时代的产物。①

"4 米多厚的地层堆积,特别是下层的海相堆积,也有助于独木舟年代的推定。"山东的考古工作者,依据渤海、黄海和东海海岸带 7 处不同堆积深度下的牡蛎、贝壳的放射性碳同位素测定数据,估计毛子沟独木舟"最下层的堆积当不会晚于距今 3 800 ~ 3 000 年这一时期",即商周时期。若此,则该舟为当时国内发现的年代最早的独木舟。

胶东地区三面环海,有着广阔的水域和浅海滩涂。毛子沟的独木舟正是古代先民从事近海交通、渔捞和滩涂采集的重要工具。胶东半岛毛子沟独木舟和一些贝丘遗址的发现再一次证明:我国沿海一带的先民在与海洋接触并且充分利用海洋的同时,也在创造属于自己的海洋文化。

在我国出土的独木舟中,年代有早也有晚,但是新石器时代的独木舟在 20 世纪以前尚未发现。有时随同独木舟出土的还有木板船,这就证明,在木板船出现以后,甚至到隋唐时期,独木舟仍在各地使用。②

---

① 王永波:《胶东半岛上发现的古代独木舟》,《考古与文物》1987 年第 3 期,第 29 ~ 31 页。

② 安徽省文物考古研究所、安徽省淮北市博物馆:《淮北柳孜运河遗址发掘报告:1999 年度全国考古十大新发现之一》,北京:科学出版社,2002 年,第 144 ~ 145 页。

第三节　跨湖桥独木舟突显中国船舶文化的辉煌

一、在浙江萧山跨湖桥遗址出土的独木舟

2002 年 11 月，笔者接到国内知名文物保护专家、泉州海外交通史博物馆副馆长李国清研究员的电话，得知在杭州萧山发现了新石器时代的独木舟。李副馆长还告知，萧山跨湖桥遗址考古队蒋乐平队长将打电话与我联系。不久，我就接到浙江省文物考古研究所蒋乐平研究员的电话。蒋队长兴奋地说，他们发掘到的是 7 600 ~ 8 200 年前的独木舟。他还热情地邀我尽早地去遗址考察。

2002 年 12 月 14 日下午，笔者从澳门海事博物馆考察访问归来，刚在杭州萧山国际机场着陆，就驱车到萧山跨湖桥遗址现场。在这里笔者生平第一次见到先用火烧再用石器刳制出的独木舟（见图 1-12）。由于经过长期使用，舟体的内表面被磨得很光滑，但是大面积被火烧的痕迹犹存。在独木舟的近旁不仅有相当数量的木材，更有两把正在加工的木桨。发掘报告《跨湖桥》（文物出版社，2004 年版）有独木舟的测绘图，如图 1-13 所示。

图 1-12　在浙江萧山跨湖桥遗址出土的独木舟（席龙飞摄）

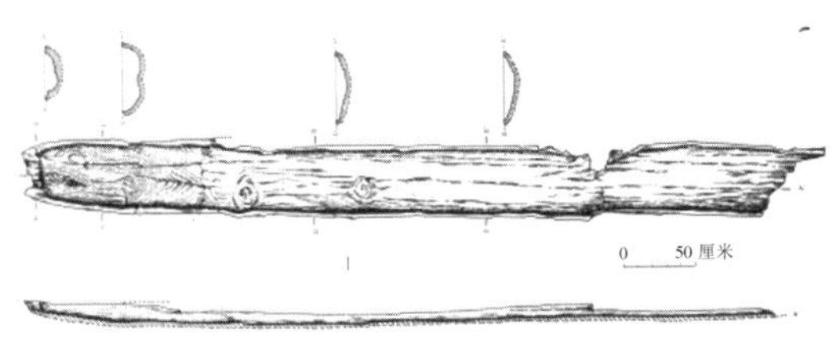

图 1-13　跨湖桥遗址独木舟测绘图
（采自《跨湖桥》第 45 页）

使人们惊叹的是在离独木舟几米远的地方发现了一块编织物，其纹理的精细、编织的工整，实不亚于现代人的工艺水平。考古发掘的测绘图如图 1-14 所示。我们祖先的劳动技巧和技艺水平实在是远远超出笔者的想象。

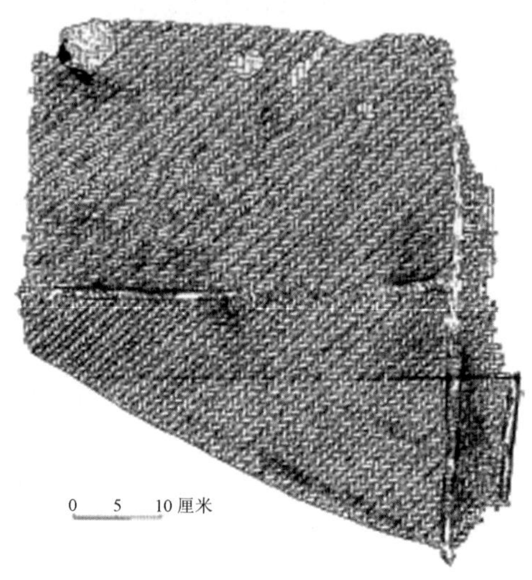

图 1-14 跨湖桥遗址发现的编织物测绘图
（采自《跨湖桥》第 49 页）

在跨湖桥独木舟附近发现的编织物，做工精细。编织时还在其中夹着横向和竖向的木质杆状物体，这样使编织物展开成为一个平面。

浙江萧山跨湖桥遗址的独木舟，不仅在中国，甚至在亚洲都是最为古老的，在全世界范围来说也是罕见的。笔者仅知的一例是在荷兰发现的公元前 6 315 ± 275 年的独木舟。按制造年代而论，浙江跨湖桥独木舟与荷兰独木舟大体上是相当的。据《跨湖桥》一书的报告，独木舟存在的“2001、2002 年发掘区湖Ⅳ－湖Ⅰ层，年代距今 8 200 ~ 7 800 年”。面对跨湖桥出土的大量器物，作为华夏儿女，我们为之骄傲和自豪。

二、跨湖桥独木舟突显出中国船舶文化的辉煌

中国发明的船尾舵、车轮舟、水密舱壁和指南浮针，为世界造船及航海技术做出了重要贡献。若干年来，西方的一些学者流行一个观点，即中国不曾有独木舟，中国的木船是由筏子直接发展和演变而来的，即他们认为中国船的底部没有龙骨。日本学者上野喜一郎在其《船の世界

史》中,竟然说“中国船是以没有纵向构件为特征的”。上野喜一郎还认为中国人按照传统的方式造船,由于不采纳外国任何先进的造船技术,所以几千年来并无任何大的改良和进步。然而在《船の世界史》出版的5年前,在中国的福建泉州湾出土了带有宽42厘米、厚27厘米的方形龙骨的宋代海船,其精湛技术为世界各国同时期古船所罕见。其2层板、3层板技术和用舱壁分隔成13个大舱的技术以及使用铁钉和捻缝技术,通过《马可波罗行记》和日本学者桑原骘藏的《蒲寿庚考》等著作对中国船的论述和考证得到证实。

《船の世界史》的作者上野喜一郎,对亚洲近邻的古船信息知之甚少。他对中国造船技术的不切实际甚至是带有污蔑性的评述,经核查,竟然是他从自己在20世纪50年代出版的小册子《船の历史》①上转录的。我们相信这当然是极个别现象。现在,浙江萧山跨湖桥独木舟的出现,突显中国舟船文化的辉煌。跨湖桥8 000多年前独木舟的实证,足以消除某些学者对中国舟船文化的误解和偏见。

第四节　独木舟向木板船的演变

筏的特点和弱点在于没有干舷或干舷很小,筏体本身又有较大的缝隙。当筏的载重量增加时,乘载在筏上的人和货不可避免地要受到水的浸淹。独木舟虽然不漏水,且有一定的干舷,但在水中的稳定性不好。独木舟的大小还要受到原株树木大小的制约和局限。沉重的独木舟也难以满足载重量日益增长的需要。

一、独木舟向木板船的演变及其途径

为增加载重量和改善稳性,独木舟有三种可能的演变途径。②第一种,以两只或多只单体独木舟并排连接,舟体宽度成倍增加,既增加了载重量,又能显著地改善稳定性。第二种,以火烤、日晒等加热的办法并加以横向支撑以扩展舟体宽度,再进一步则是往舷侧加木板形成复合舟。第三种,设置舷外支架或舷外平衡物体。

独木舟演变的上述第一种途径,即并列单体独木舟的办法在中国屡见不鲜。山东省平度县的隋代双体独木舟,是考古发现中的一个典型实

① 上野喜一郎:《船の历史》,日本:天然社,1952年。

② 戴开元:《中国古代的独木舟和木船的起源》,《船史研究》1985年(创刊号)第1期,第13页。

例。此外,广东的“双船”,黑龙江流域的“联二为一”的“威呼”,贵州省清水江的三体龙舟等,均属此种演变途径。

我国出土的独木舟遗存,大多设有横向支撑构件。广东省化州县的独木舟,其舟壳较薄,首尾起翘较大,又在舷部设7具横向支撑构件,很可能经火烤并加横向支撑以扩展舟宽。这就是上述第二种演变途径。

独木舟演变的上述第三种途径,即设置舷外支架或舷外平衡物体,主要是用来改善舟的稳定性。其舷外平衡物体如能提供部分浮力,也可能有助于增加载重量。这种办法的遗迹,在中国的考古发掘中尚未发现,但是在南洋,如在印度尼西亚诸岛的沿岸,有许多小型渔船经常采用设置舷外支架这种办法,如图1-15所示。

日本长崎大学柴田惠司教授对西北太平洋地区固有沿岸的渔船和渔具有相当深入的调查和研究,并出版了专著,特别介绍了一舷和两舷带旁支架的船。①

图1-15　小型渔船及其舷外支架

独木舟在演变过程中,还有一种独特的方式,即用两段舟体在纵向联结以增加长度。山东省平度县的隋代双体独木舟,其舟体由两段构件插榫搭接而成,这不仅增加了舟体长度,而且便于使首尾部起翘。

① 柴田惠司:《关于西北太平洋地区固有沿岸渔船渔具的比较研究(日、英文对照)》,日本:长崎大学出版社,1989年,第74~77页。

二、独木舟向木板船演变中的实例

(一)江苏武进古船

1975 年,在江苏省常州市武进县(今武进区)万绥镇蒋家巷通往长江的古河道上,发现一艘古船。①其结构形式奇特,包括船底、一侧船舷、木榫和木梢。②底部板由三段木材组成,搭接处用 4 只 5 厘米×5 厘米的方榫固定。底部中段残长2.22米,宽 0.58～0.64 米,厚 0.12～0.20 米,底部的两侧开有与船舷板相榫接的长方形榫孔。船舷是用独木一剖为二刳空而成的。外缘仍保持原木的形态,内缘经挖凿表面不齐整,厚薄也不均匀,内径为 60～100 厘米,残长 4.6 米。这圆板形舷材的下边沿也开有与船底木材孔距完全相同的榫孔,用木榫与船底材相榫接。榫接的方法是一边由外向内插榫,另一边由内向外插榫,插孔呈斜面。木榫长 42 厘米、宽 8 厘米、厚 5～7 厘米。这种长木榫可以插得很深,榫帽又合缝镶嵌在木板内,不致移位,因此有很强的牢度。经榫接的船体横剖面形状和船底材搭接的方式,如图 1-16 所示。

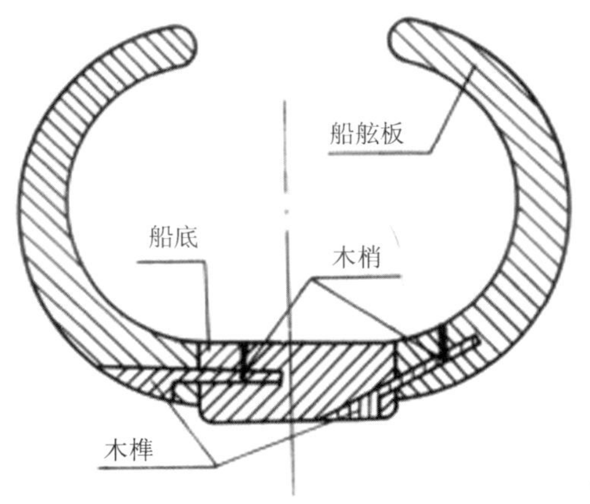

图 1-16　江苏武进古船细节图

---

① 王正书、杨宗英、黄根余:《川沙县、武进县发现重要古船——从独木舟向木板船的过渡形式》,《船舶工程》1980 年第 2 期,第 66 页。

② 陈晶:《江苏武进县出土汉代木船》,《考古》1982 年第 2 期,第 373～376 页。

江苏武进万绥古船的两舷具有独木舟的形态，然而底部又采用一块厚重的木板，是一艘典型的复合舟，是由独木舟向木板船过渡的一种形态。江苏武进古船周围出土的遗物，多为汉代器物。古船先经南京大学地理系 C14 测定为距今 2 195 ±95 年，又经中国考古研究所 C14 测定为距今 1 945 ±85 年。据此可断定木船是西汉时期的遗物。

江苏武进古船虽然不是很典型的木板船，但它却反映了一种较为原始的技术状态。它的宝贵之处就在于为今人提供了一份很典型的实例，即由独木舟向木板船过渡的一种形式。

（二）上海川沙川扬河古船

1979 年，在上海市浦东川沙县（今浦东新区川沙新镇）川扬河开掘过程中，于北蔡镇出土一艘造型别致的古船。① 古船被发现于吴淞口水准零点以下 95 厘米，距地表 4.6 米处。该处在公元 6 世纪为古海岸。

古船残体结构十分简单，通体只有三部分，即一条独木舟，两舷装有舷侧板。这是一艘典型的加板独木舟。船底由 3 段独木连接而成，中段长 11.62 米，宽约 90 厘米，厚约 42 厘米，形似独木舟，只是所挖去的部分较浅，只有 10 厘米。古船的舷侧板是厚度为 5 厘米的弧形独幅木板，有经过火烤加工的痕迹。舷板用钉钉接在船底独木两侧深 5 厘米的接口上，在接口处填了大量油灰，未发现麻丝等掺入物。在舷板距接口 6 厘米的水平线上，有一排间距为 24.5 厘米的小方孔，它是安装横向支撑的榫孔。古船的残体及复原后的横剖面图如图 1-17 所示。该古船复原后的总长约 18 米。

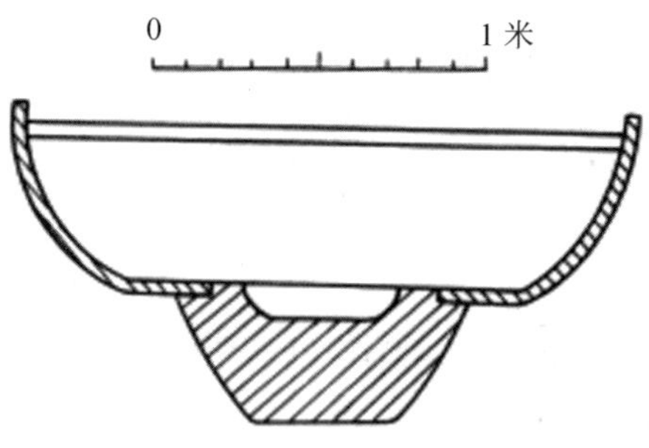

图 1-17　上海川沙川扬河古船的结构

① 王正书：《川扬河古船发掘简报》，《文物》1983 年第 7 期，第 50 ~ 53 页。

伴随古船出土了一枚唐代铜钱“开元通宝”,其形制与武德四年开元钱相符。参与挖掘和研究的博物馆专家认为,这艘古船可能造于隋代,至唐武德年间尚在使用。这一论断也为古船木料标本 C14 测定所证实。

江苏武进古船和上海川沙川扬河古船,是独木舟向木板船过渡过程中的典型实例。这两则典型证实,独木舟也是中国船舶的祖式,当今船舶的龙骨又是由独木舟进化而来的,进而否定了中国不曾有独木舟和中国古船没有龙骨的观点。

三、木板船出现的必备条件

由于目前已发现的从独木舟向木板船过渡形态的古船实例尚不多,当然也不能依据这两个实例就断定木板船出现在汉代或隋代。不过,制造木板船的首要和必备条件,是必须有木板。按摩尔根的学术见解:是石器的出现和应用,给人类带来了木板。这也为在我国新石器时代的河姆渡文化遗址所发现的木板遗迹和相当成熟的木构技术所证实。

四、木板船出现的年代

在中国出现木板船的有力见证,还是甲骨文中所见到的“舟”字和带有舟字偏旁的一些字,从而推论木板船最晚也应是殷商时期的产物。[①]其时限相当于公元前 16—前 11 世纪,距今 3 500 ~ 3 000 年。

公元前 16 世纪,商汤灭夏后建立起奴隶制国家商,定都于亳(今河南省商丘市北)。从商汤到盘庚,曾经五次迁都,盘庚迁都到殷(今河南省安阳市小屯村),因而商也称殷商,商朝自商汤传到纣共 17 代。周武王伐纣,于公元前 11 世纪改国号为周。商代的农业比较发达,已用多种谷类酿酒,手工业已能铸造精美的青铜器和烧制白陶,随着交换扩大,出现了规模较大的早期城市。文字记录材料主要保存在甲骨、铜器及其他器物上,其中龟甲和兽骨上的最多。甲骨文,1899 年始发现于殷商遗址,即今河南省安阳市的小屯村,它是我国已发现的最古老的汉字。由于甲骨文的笔画部位尚未定型,所以分散见到的“舟”字及与舟有关的字,写成了不同的式样(见图 1-18)。

---

① 杨槱:《中国造船发展简史》,见中国造船工程学会:《中国造船工程学会 1962 年年会论文集(第二分册:运输船舶)》,北京:国防工业出版社,1964 年,第 2 页。

图 1-18　甲骨文中的“舟”字及与舟有关的字

甲骨文属于象形文字,从甲骨文中的“舟”字,可以看出它所表征的舟,是由纵向和横向构件组合成的。“舟”字的横线,代表舱壁或肋骨等构件,它既能支撑两舷的纵向板材以加强舟体的强度,又能将舟体分隔成若干隔舱,更重要的是可以将纵向板材接长,即可用较短的木板造出较长的船。

甲骨文中的“般”字,从字形看,像一个人持桨或篙使船旋转移动。“般”字有一种读音为(盘)pán,可当盘旋解。在《康熙字典》上,对“般”的一种解释是“像舟之旋”。

“上汤”“下皿”(合为一)字是“荡”字的古体字,这在甲骨文中是可以见到的,也收入了《康熙字典》。“荡”字的古体字,从字形看,像一个人在荡舟。

“商代饰有饕餮花纹之铜鼎,其铭文有一图像(见图 1-19),表现为一人肩挑货物,立在船上,船后有一人操桨划船,这是商代水运活动的记录之一。该鼎收存于上海博物馆。”①

图 1-19　商代饕餮鼎的鼎纹

① 《水运技术词典》编辑委员会:《水运技术词典(古代水运与木帆船分册)》,北京:人民交通出版社,1980 年,第 64 页。

根据殷商时期甲骨文中多次出现“舟”字以及与舟有关的字，再有上述商代饕餮鼎上记录商代水运活动的鼎纹，应当可以推断出早在3 000～3 500年以前的殷商时期就曾出现了木板船。这一论断也有我国若干古文献对早期舟船及舟船活动的记述作为佐证。

第二章　春秋战国时期造船业的进展

春秋时期(公元前770—前476年),是奴隶制经济行将结束及封建地主制经济萌芽时期,冶铁技术已有所发展。铁制工具的出现则进一步推动了生产,手工业的分工更加细密,木工技术达到了新的水平。我国古代的建筑工匠公输氏,名般,即春秋时鲁国人鲁班,相传曾发明木工工具。铁制的斧、凿、锯等木工工具的出现和使用,为传统造船技术的发展奠定了技术基础。

战国时期(公元前475—前221年),中国开始进入封建制社会。战国时期的铁兵器有杖、剑、锥、戟、刀、匕首等,常用的铁制手工具有斧、削、锯、锥、凿、锤等。铁制工具的进步和发展,加上各国之间的争霸和战争,推动了造船技术的进步与发展。战国时期的造船技术成就,为在其后的秦汉时期造船技术的大发展创造了必要的条件。以出土的战国时期青铜钺和铜镦于上的船纹为依据,考古学界认为中国在战国时期已出现了风帆。

第一节　春秋时期的水运水战及船舶

一、春秋时期的水运及船舶

春秋时期因航区不同或运输要求各异,逐渐出现了特点不同、形状不一的各类船舶。民间有以快速为主的轻舟、扁舟,还有适用于短途交通的舲船。

(一)泛舟之役

春秋时期出现在黄河流域的秦国赈济晋国粮食的“泛舟之役”的纪事:(僖公)十三年(公元前647年)“冬,晋荐饥,使乞籴于秦”。秦伯(秦穆公)乃向左右征询意见,有的说“救灾恤邻,道也。行道有福”;也有人持反对意见,“请伐晋”。秦伯则说:“其君是恶,其民何罪……秦于是乎输粟于晋,自雍及绛相继,命之曰泛舟之役。”[①]雍是秦国都城,在今陕西省宝鸡市凤翔县,临渭水。绛是晋国都城,在今山西省运城市新绛县,傍汾水。自雍到绛的水道,先是沿渭水东下,入黄河则逆流北上,再东折入汾水,航程六七百里(今1里为500米)。船舶能前后“相继”,那真是相当庞大的船队。运粮的船称作漕船,“漕”字原来就是水运的意思,后来演变成水运粮食的专用词。因此,历史上把“泛舟之役”看作是漕运之始。

(二)吴王夫差开掘邗沟

春秋时期位于长江流域的楚国和吴国,水运和造船技术都有很大提高。吴国的都城是现今的江苏省苏州市,西滨太湖,东通大海,是一个“不能一日而废舟楫之用”的国家。吴国人还特别重视水道治理。公元前486年,吴王夫差开掘邗沟。《左传纪事本末》记有:哀公九年秋,“吴城邗,沟通江、淮”。公元前484—前482年,夫差又开掘深沟,东边连通沂水和泗水(二水皆通淮水),西边连通济水和黄河,这样,就把江、淮、河、济四条大河的水道都连起来了。

(三)齐国的海上航行

春秋时期列国争霸,也促进了航海事业和海船的发展。吕尚,西周初年被封为太师,也称师尚父,辅佐周武王灭商有功,被封于齐,为周代齐国始祖,有齐太公之称。《史记·齐太公世家》记有:“武王已平商而王天下,封师尚父于齐营邱(在今山东省淄博市临淄区北)……太公至(齐)国,修政,因其俗,简其礼,通商工之业,便鱼盐之利,而人民多归齐。”当时占据山东半岛的莱夷(今莱州市一带)“与太公争国”,时而对齐进行攻伐。公元前567年,齐国终于灭了莱夷,齐国领域扩大到整个山东半岛。渤海海面以及环绕山东半岛的航行,也就归齐人掌握。汉代著作《说苑》载:“齐景公(公元前547—前490)游于海上而乐之,六月不归。令左右曰:敢有先言归者致死不赦。”[②]由之可见当时航海规模之大。即使是在近海,六个月的航程也是相当可观的,不仅足以绕山东半岛过渤海湾,而且可能抵达朝鲜半岛。国君远征,必定有大批随行人员和护卫的将士,可以认为,齐景公统率的必是规模相当大的船队。

---

① 高士奇:《左传纪事本末》卷五十二,北京:中华书局,1979年,第811页。

② 刘向:《说苑·正谏篇》,四部备要本,北京:中华书局,1966年,第2页。

(四)越国大夫范蠡经海路赴齐国的定陶经商致富

都城位于会稽(今浙江省绍兴市)的越国,主要辖地是今浙江省境一带,但百越民族分布范围很广,南到今福建、广东、广西以至越南的北部,包括广大的沿海地区及附近的岛屿。现在舟山群岛中的定海,当时称甬东,就是越国的直属领土。百越人各族间的联系,多依靠海上交通。正如越王勾践(公元前约496—前465)所说,其人"水行而山处,以船为车,以楫为马,往若飘风,去则难从"①。公元前473年,越灭吴。越国大夫范蠡为避祸,乃经海路赴齐国的定陶经商而致富。《史记·越王勾践世家》记有:"范蠡以为大名之下,难以久居……乃装其轻宝珠玉,自与其私徒属乘舟浮海以行,终不反……范蠡浮海出齐,变姓名,自谓鸱夷子皮。"范蠡在陶(今山东省菏泽市定陶区西北)称陶朱公,经商致富。

二、春秋时期的水战及战船

中国历史记载的重大水战,发生在公元前549年夏,如《文献通考》载:"用舟师自康王始。"如《左传纪事本末》卷四十九所记,楚康王十一年"楚子为舟师以伐吴,不为军政,无功而还"。公元前525年,又发生一次激烈的水战,吴国派公子光率舟师逆长江而上攻打楚国,结果反而被楚国俘去王舟艅艎。这就是《史记·吴太伯世家》所载:"王僚二年,公子光伐楚,败而亡王舟。光惧,袭楚,复得王舟而还。"自此之后,水战频仍,不仅在江河作战,甚至发展到海上作战。据《左传纪事本末》卷五十一所记,吴王夫差十一年(公元前485年),"徐承帅舟师,将自海入齐,齐人败之,吴师乃还"。《吴越春秋》记述着吴楚水师的大小战例20余起。吴越之间,水战也很频繁。

吴国的战船分大翼、中翼、小翼。大翼长12丈,宽一丈六尺,"容战士二十六人,棹(卒)五十人,舳舻三人,操长钩矛斧者四吏,仆射长各一人,凡九十一人"②;中翼长九丈六尺,宽一丈三尺;小翼长9丈,宽一丈二尺。据考证,晚周到战国时的尺度,每尺约相当于0.23米③,折合成今日的米制,大翼长27.6米,宽3.68米;中翼长22.08米,宽2.99米;小翼长20.7米,宽2.76米。其长宽比分别为7.5,7.39和7.56。这三翼战船船体修长,若顺水而下,再用50名桨手奋力操桨,则船行如飞。

---

① 《越绝书》卷八,四部丛刊本。

② 李昉等:《太平御览》卷三一五,北京:中华书局,1960年影印本,第1 450页。

③ 丘光明:《中国历代度量衡考》,北京:科学出版社,1992年,第6~8页。

(一)吴国战船大翼

2000年,浙江省嘉兴市筹建船文化博物馆,我们的学术团队应邀为之复原制造吴国的战船大翼模型。春秋时期战船的形象资料,在出土和传世的战国时期的铜鉴和铜壶上得到了生动而翔实的反映。战国水陆攻战纹铜鉴,于1935年在河南省汲县(今卫辉市)山彪镇一号墓出土,战船船纹如图2-1所示。①

图2-1　战国铜鉴的战船船纹

铜鉴上的水战画面,描绘了左右相对行驶的两艘战船,形制大致相同,都是船身修长,首尾起翘。战船设有甲板,战士在甲板上面作战,划桨手在甲板下面的船舱内划桨。划桨时采用立姿,划桨手身佩短剑。每船虽只绘出4名桨手,但左右舷当为8人。由图可见,这种战船并没有风帆,完全以人力划桨作为动力,也没有尾舵。甲板之上在船首树立大旗,旗杆顶端安有戟头。旗后排列三个战士,为首的一个正俯身挥剑杀敌,看上去像是阻止和刺杀欲登船的敌人。随后的两个战士手持长柄的戟和矛,正在与敌人厮杀。船尾立一鼓架,上悬金鼓,下置钲(钲是铜制行军中的乐器)。鼓架后立有战船的指挥,一手持戟,一手握桴击鼓。战船上所有的战士皆腰佩短剑。右面的战船其形制与左船基本相同,只是击鼓的指挥员双手各执一桴,鼓前的战士正在张弓搭箭待发。

另一件重要的青铜器是北京故宫博物院所藏的传世文物——战国宴乐渔猎攻战纹铜壶,其拓本如图2-2所示。无独有偶,1965年在成都市百花潭中学战国时期十号墓中出土了一件与之相类似的嵌错宴乐渔

① 郭宝钧:《山彪镇与琉璃阁》,北京:科学出版社,1959年,第18~20页。

猎攻战纹铜壶。[①] 从铜壶的纹饰看,两者的构图和技法几近相同。图案共分3组,上层为采桑和射猎;中层为渔猎和乐舞;下层为水战和攻城战。就水战的战船形制而论,两铜壶又更相似些。与铜鉴上的战船有4名桨手不同,这里每船只有3名桨手。当然,这4名和3名也只有象征意义,真实的数字当几倍于此数。如前所述,在《越绝书》中大翼战船有棹卒50人,首尾操驾各3人,还有4人持长钩、矛、斧专门负责在两船接舷时负钩推之责,这样棹卒在全船91人中约占2/3。再有,就战船的船型看,两铜壶的船型更具美感。首部有似后世所说的鹢首,而尾部有似后世龙舟的尾形,曲线柔中寓刚,这说明即使是战国时期的战船,其设计和制作都非常注重战船的美感和视觉效果。

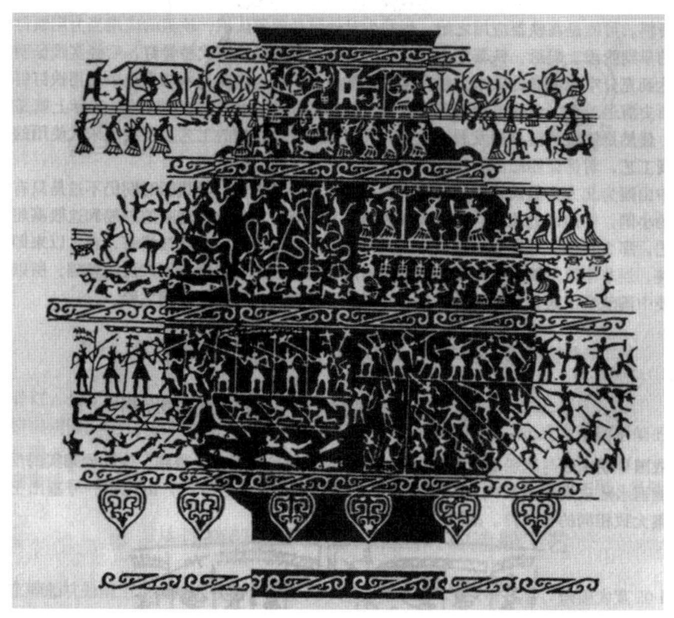

图2-2 传世的宴乐渔猎攻战纹铜壶的拓本

按前节所述,吴国战船大翼长度为12丈,宽度为一丈六尺。按每尺相当于0.23米(今1尺为1/3米),则长度与宽度分别为27.6米和3.68米。考虑到在舱内划桨,舱底又铺设木铺板,则舱深应不小于2.2米。假定大翼战船的吃水约为5尺,折合1.15米。试取木铺板的

① 四川省博物馆:《成都百花潭中学十号墓发掘记》,《文物》1976年第3期,第40~46页。

高度为0.25米，又假设船舶剖面略呈盆状，可设绘出战船的船中剖面图。

如按上述试取船深、吃水，则大翼的宽深比为1.67，宽与吃水比为3.2。这些取值虽然是以划桨的要求为出发点的，但也能合于对船体强度与稳性的基本要求。桨孔在水线以上的高度约为0.3米，桨长3.25米，则划桨的力点到支点的距离为1.5米，支点距桨叶尖端为1.75米。这样的安排便于划桨，一把桨可由一名桨手划动，必要时也可由两名桨手同时划动。棹孔离水线只有0.3米，这难免会被舷外水浸入，但只要在棹孔周围钉以牛皮套并将此套绑缚在桨柄上，既可防止舷外水浸入，又不妨碍桨的划动。如此复原，则能与三种青铜器的船纹相一致，较便于划桨，船的重心较低，有利于稳性。吴国战船大翼的复原模型如图2-3所示。

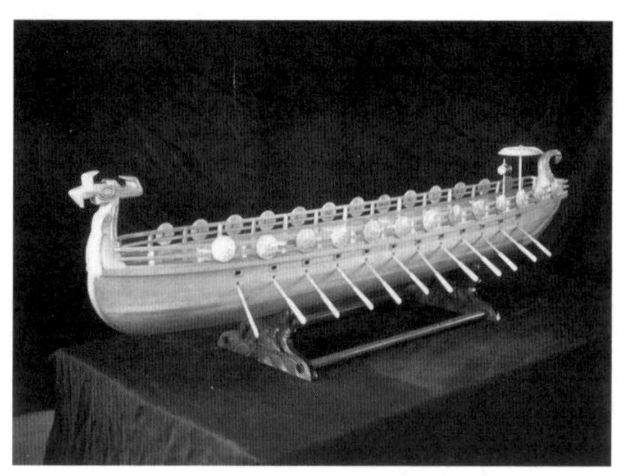

图2-3　吴国战船大翼的复原模型

(二)吴国王舟艅艎

早在1957年的文物普查中就已发现吴王阖闾城遗址。在21世纪初，江苏的考古工作者在文物复查中又有新的发现。有关部门在建设吴国王城的博物馆以及吴王阖闾城遗址公园时，要求我们为之复原研究吴国王舟艅艎以及由战船大翼、中翼等组成的舰队。吴王的舰队泊在无锡太湖，当成为新的旅游景点。

艅艎是王舟，又有作战的功能，应当是水师的旗舰。船舶的动力主要靠众多桨手划桨，这一点与战船大翼有共性，但是艅艎的尺度要比大翼大，桨手人数更多。因为是王舟，艅艎装饰很讲究，不仅要华丽，更应当雄伟。

如果全船设40把桨,则每舷为20把。设前后桨间距为1.25米,则20把桨的划桨区域即为25米,所以王舟艅艎的长度应有30米以上,是当时最大、最长的大船。

为使王舟艅艎有雄伟的造型,首先就要重视艅艎首尾的造型与装饰。为此,我们选取商周时期青铜器上的鹢首形象(见图2-4)作为造型元素。

图2-4 青铜器上的鹢首形象

王舟艅艎造型效果如图2-5和图2-6所示。众多桨手在甲板之下的船舱里划桨。在甲板之上设置国君的居住舱。周边设女墙,可供战士作战用。在露天甲板上设阁楼作为指挥舱,露天甲板也是战士作战的场所。

图2-5 吴国王舟艅艎造型效果图(一)

图 2-6　吴国王舟馀艎造型效果图(二)

第二节　战国时期的水运及船舶

一、文献记叙的长江水运船舶

战国时期,关于长江水运的规模和水运优越性,在《史记·张仪传》中是秦惠王的使臣张仪(?—公元前310)到楚国游说时,向楚怀王介绍秦国的情势时述说的。文曰:“秦西有巴蜀,大船积粟,起于汶(音岷,与岷通)山,浮江已下,至楚三千余里。舫船载卒,一舫载五十人与三月之食,下水而浮,一日行三百余里,里数虽多,然而不费牛马之力,不至十日而距扞关(楚之西界,今湖北省宜昌市长阳土家族自治县)。”在张仪的游说中对秦国难免有吹嘘和夸张之辞,但对航道和“舫船载卒”的表述,当在情理之中。在西周时期只有大夫这一等级的官员才能乘坐的舫,到了战国时期却变成了实用的货运工具,可见造船业发展之迅速。

二、出土的鄂君启金节所反映的长江水系船队

战国时期,楚怀王赐给鄂地封君名启的金节(实为青铜质),1957 年于安徽省淮南市寿县城南邱家花园出土。[①]此种青铜器分两种,一为车节,一为舟节(见图 2-7)。舟节是一个特准的水路运输免税通行凭证。

---

① 殷涤非、罗长铭:《寿县出土的“鄂君启金节”》,《文物参考资料》1958 年第4 期,第 8 ~ 11 页。

舟节上铸有错金铭文，字形耀目，“大司马昭阳败晋师于襄陵之岁”。《史记》卷四十载：“六年，楚使柱国昭阳将兵而攻魏，破之于襄陵，得八邑。”①由此可断定此金节为楚怀王六年（公元前 323 年）所铸。此金节可能是这位名叫启的鄂地封君随军战晋有功，因而获得的楚怀王的恩赏。金节铭文中的“败晋”与《史记》中所记的“攻魏”并不相悖。因为到公元前 377 年，韩、赵、魏“灭晋后而三分其地”②。

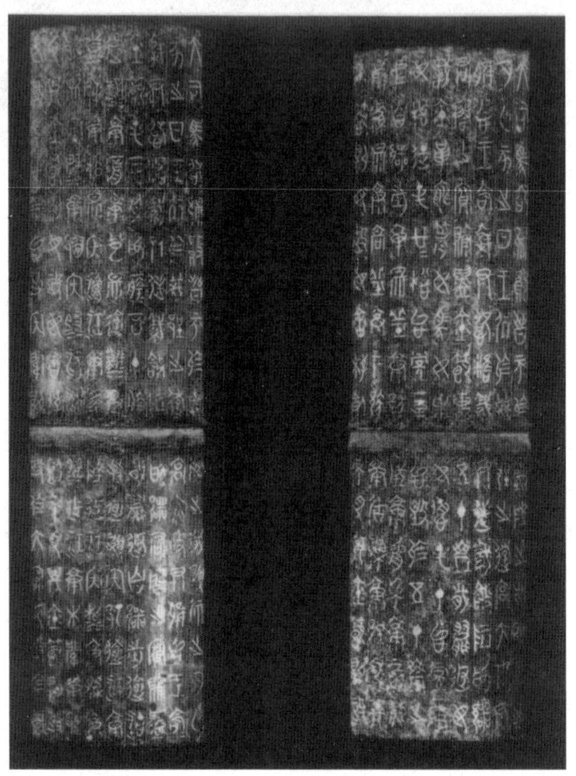

图 2-7　鄂君启金节

鄂君启金节所铸铭文，规定了舟船的数目：以 3 艘船为一批，每年以 50 批，即 150 艘为限；还具体划定了通航路线：自武昌（今湖北省鄂州市）出发经长江中游、汉水、湘、资、沅、澧和赣江，可走遍楚国。铭文有：“见其金节毋征，毋舍桴饲，不见其金节则征。”郭沫若考释为“言见其金

① 《史记·楚世家》，北京：中华书局，1959 年，第 1 721 页。

② 张传玺：《中国通史讲稿（上）》，北京：北京大学出版社，1982 年，第 66 页。

节则不征税收，并要加以优待，不要给予不好的食物。没有通行证，那就要征税，当然更不会受优待了”①。在楚国类似鄂君启这样具有水上运输特权的封君还有不少，鄂君启只是其中的一个例子。②从鄂君启金节这一文物，人们可以了解到战国时期的楚国如何“得水独厚”，船舶及水运业空前活跃。

三、从随葬船看战国的造船技术

战国距今已2千多年，我们只能通过有关文献和文物去了解当时船舶的概貌。若想得到古船的实物，则是很困难的。正因为这样，在1974—1978年于河北省石家庄市平山县发掘出战国时期的随葬船，显得特别珍贵。

（一）战国中山王墓中的随葬船

河北省文物管理处在平山县三汲乡发现战国时期的一座古城遗址，即中山国都城灵寿。古城内外有战国墓30座，一号墓出土器物极为丰富，考古学家考定为中山王墓，埋葬时期在公元前310年前后。③ 三汲乡在滹沱河北岸，古墓之封土现高约15米，当地称之为“灵台疙瘩”。中山王墓有若干陪葬及附葬坑，其葬船坑内有船数只，极为罕见。此等船只是中山王生前所御之游艇，用以随葬。

葬船坑总长136米，分为南室、北室、北沟道等三部分。北沟道总长100米，宽2米，其中未发现任何器物，据认为有象征河道之意。北室长18米，宽7.6米；南室长17.8米，宽9.3米，坑壁均夯土筑成。南室坑壁有柱10对，又有2行中柱，每行6柱，将南室分为3跨，各跨约3米。南室每跨均有一船，中、东、西并列木船3只，船首向南，船尾向北。西船的灰痕漆迹较为完整，以西船为主兼用中船、东船的遗迹作为补充，据以获得中山王御用游艇的完整形象。经复原研究，其船身总长13.1米，最大宽度2.3米，最大深度0.76米。④ 假设吃水为0.6米，则排水量为

① 郭沫若：《关于鄂君启节的研究》，《文物参考资料》1958年第4期，第3～6页。

② 湖北省水运史志编审委员会：《湖北航运史》，北京：人民交通出版社，1995年，第25～27页。

③ 张守中、郑名桢、刘来成：《河北省平山县战国时期中山国墓葬发掘简报》，《文物》1979年第1期，第1～31页。

④ 王志毅：《战国游艇遗迹》，《中国造船》1981年第2期，第96～102页。

13.28 吨,方形系数为 0.74,中剖面系数为 0.94,棱形系数为 0.78。其船体型线图如图 2-8 所示,这是我国迄今所发现的最古老的船舶遗迹。从型线图可以看出,战国游艇的尺度比例谐调,船舶具有相当理想的流线型,横剖线匀称,水线流畅飘逸。如果不是有河北平山战国游艇这一考古发现,人们很难想象早在 2 300 年以前就有如此完美的船型。

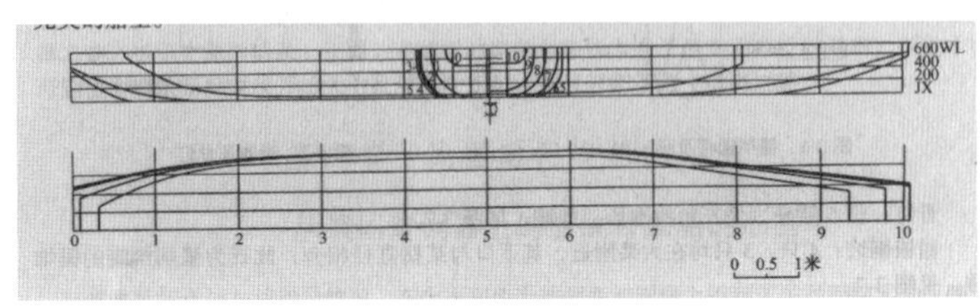

图 2-8　战国游艇船体型线图

(二)随船出土的船具等器物

在葬船坑的南室出土了船舶属具等器物①。

桨:大桨 5 只,桨身长 141 厘米,宽 9.5 厘米,桨柄残长 17 厘米;小桨 2 只,桨身长 58 厘米,宽 9.5 厘米,桨柄残长 28 厘米。大、小桨均有褐色及朱色彩绘,图饰瑰丽(见图 2-9)。

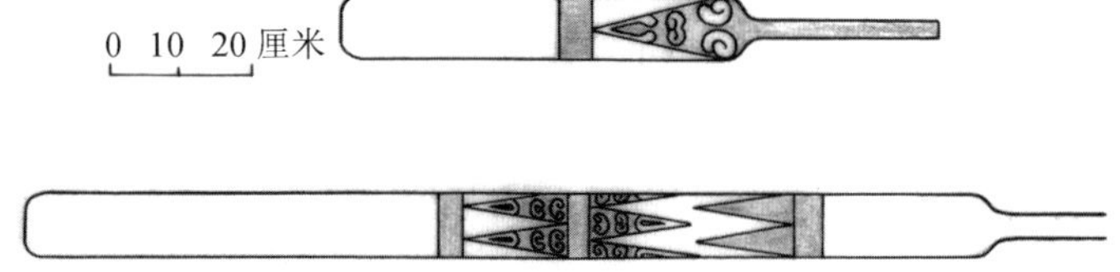

图 2-9　随船出土的桨

篷竿铜帽及环:篷竿铜帽 30 只。有些铜帽尚与篷竿残段相连,篷竿上也有彩绘。铜帽上有一钩,铜环即套于钩上,铜环下的平直部分即用以结篷。由此推知,此船或无上层建筑,仅有张篷盖而已,由于铜帽多在中船尾段,或仅中船有篷也未可知。

铜编钟及石磬:西船中部在舷处有编钟 3 只。编钟和石磬为泛舟时

① 王志毅:《战国游艇遗迹》,《中国造船》1981 年第 2 期,第 96～102 页。

音乐演奏之用。此葬船坑曾两次被盗掘,编钟等器物或有遗失,用于演奏的编钟应当不止3只。

骨丁:长5厘米,呈三角棱锥形,如镞。

错银铜饰:4只,3只均在大桨附近,其下口与桨柄直径相合,此或为桨柄柄端的铜饰件。

铜饰件:2只,在中船中部。这或许是设在甲板舷边处,为系缆绳之用。

(三)从连接船板的铁箍看战国时的造船工艺

在葬船坑的南室发现很多铁箍,西船31只,中船32只,东船8只。铁箍为宽20毫米,厚约3毫米的长铁片绕制而成。铁片虽未经金相分析,但肉眼观察可知其几乎与现代锻打的熟铁无异,可见当时的冶铁技术已经相当先进。船板的连接方法是先在相邻两列船板上,于距船板边接缝40~50毫米处各凿一20毫米×20毫米的方形穿孔,以铁片经穿孔绕扎3道或4道,相邻的两船板即为之联拼;然后将穿孔之间隙以木片填塞,再注入铅液封固,具体结构如图2-10所示。这种联拼方式极其牢固、可靠,在葬船坑中未经扰动的部位,铁箍仍然屹立。

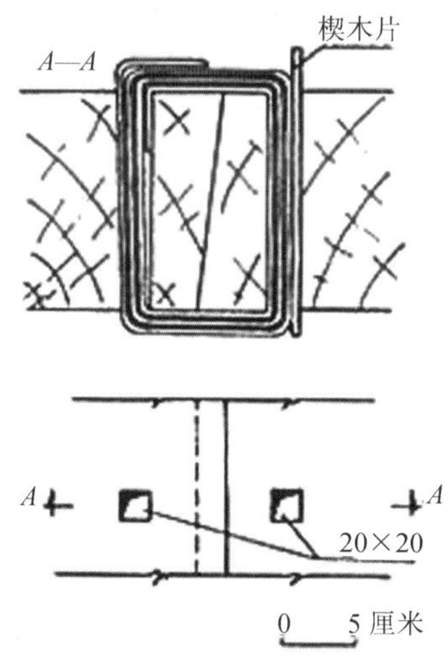

图2-10　战国游船用铁箍联拼船板

铁箍的形状不一,系船体外形所致。船体平直部分的铁箍为矩形,其高度由木板的厚度而定,所见高度为100~150毫米,由此可知所述战国游艇的外板厚度为 100～150 毫米。若绕扎铁箍的穿孔距相邻两列板的边缝各 40～50 毫米,则确定了铁箍的宽度为 80～150 毫米。在舭部的铁箍,其高度、宽度与前者相近,但其一边随船体型线呈现出不规则曲线。铁箍的纵向间距在 0.8～1.0 米。

由随葬船在底部和侧壁的灰痕漆迹可以看到,船板的宽度为 400～600 毫米,船首处的船板则稍窄,仅约 300 毫米。在两列板的边接缝处以铁箍相联拼,既牢固又可靠。

既然能锻制铁箍,当然也能锻制铁钉。与铁钉相比,铁箍更费工、费料。那么当时为什么不用铁钉而用铁箍?可能是在铁器应用之始,尚缺少对铁钉功效的认识,铁箍的应用当为用铁件联拼船板的早期阶段。之后,铁器使用日久,次要部位逐渐以铁钉代替骨钉,后经实践证明铁钉也具有牢固、可靠的效果,便完全取代铁箍了。这也许就是木船建造中使用铁钉钉联拼船板的历史演进过程。现代木船在最重要部位使用的锔钉,也称"蚂蟥钉",实际上就是半个铁箍,显然是铁箍的继承和发展。从战国时期以铁箍联拼船板的工艺,发展成宋代使用的锔钉以及挂锔工艺,这对保证船舶的坚固具有重要意义。

中山国为北方少数民族白狄所建。春秋以来虽有所发展,但战国时期仍不过是只有"千乘"的小国。中山地处北陲,且少大江、大河之利,竟有如此纹饰瑰丽的游船和这般高超的造船技艺,那么齐魏大邦定会更有甚之。南方的楚、吴、越各国,濒江滨海,自古以来其舟楫之盛,就已非中原所能及。正因为在战国时期的舟船技术有了坚实而广泛的基础,所以才有可能使我国从秦汉时期开始大力发展海洋船舶,并且开拓了海上丝绸之路。

第三节　中国船舶风帆的出现

风帆是推动船舶前进的工具。帆与桨、篙和橹一样,都被统称为船舶推进器。所不同的是,风帆利用自然界的风作为动力,不再受人力资源的局限,使船舶的航速大为提高、航区大为扩展,为船舶的大型化和远洋航行开辟了广阔的前景,风帆的出现是船舶发展史上重要的里程碑。

若论帆出现的年代,则埃及要比中国早得多。古埃及新石器时代晚期的陶质花瓶所描绘的方帆船,其年代可推溯到公元前 3100 年(见图

2-11)。[1]该船首尾两端高高地翘起,在近端处竖一桅并挂一方帆。在公元前 1500 年,埃及女王曾用帆船去远征,根据阿里－巴哈里的寺院里的浮雕可看出该帆船的形态(见图 2-12)。[2]该船长约 30 米,除每舷有15 名桨手划桨之外,还竖一桅挂一方帆。由这些文物可确信,在尼罗河流域的人们很早就已经开始使用帆船。

图 2-11　古埃及陶质花瓶所描绘的方帆船(公元前 3100 年)

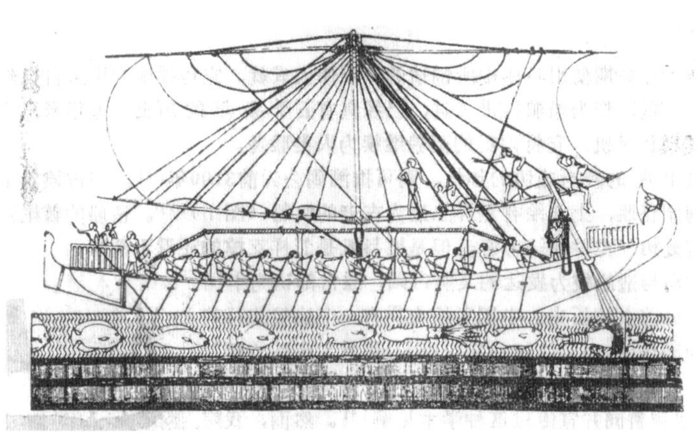

图 2-12　埃及女王远征用的帆船(公元前 1500 年)

中国船舶风帆出现的年代,迄今虽尚无定论,但近年的研究和一些考古发现使之趋于明朗。

① "Mariner's Mirror", *Combridge University Press*, vol. 46, no. 2(1960), pp. 145.

② Peter Kemp, *The History of Ships*, London: Orbis Publishing Limited, 1978, pp. 9.

一、殷商时期出现风帆说

在中国,以在殷商时期就出现了风帆的学术见解比较流行,那就是认为甲骨文中的"凡"字即为帆。杨槱的《中国造船发展简史》记有:"在甲骨文中还有'凡'字,作为象形文字很像船的帆,因此商代的人可能已在船上装帆利用风力来行船。"①此种学术见解获得一些学者的赞同,房仲甫在《扬帆美洲三千年——殷人跨越太平洋初探》中,从文化传播的角度和有关文物例证出发,探讨商代即有人夺海逃亡,最终到达美洲;在《殷人航渡美洲再探》一文中,更从美洲的文化与商文化的渊源、墨西哥发现的商代文化遗迹等多角度继续探讨殷人航渡美洲的问题。②③《中国航海史》也将甲骨文中的"凡"字释为"帆"④,杨槱将刘鹗的《铁云藏龟》二三七上篇的卜辞"戊戌卜,方其凡",释义为"戊戌日占卜,船上必须挂帆"。中国在殷商时期出现风帆的论据主要有两个:一是将甲骨文中的"凡"字释为"帆";二是从文化传播的角度出发,认为只有帆的出现和使用,才能使船舶进行长途航行。这一学术观点在年代上大致较尼罗河流域晚 1 500 年。

二、汉代出现风帆说

在中国的学术界也有不少人对殷商时期即出现风帆的论点持有异议。朱杰勤在《中国古代海舶杂考》中提出:"大致在公元前后,中国航海船舶已知使用风帆行驶在大海上。"⑤与之相近似的见解是《中国科学技术史稿》的论述:据《释名》说,"随风张幔同帆,帆,泛也,使舟疾泛泛然也……这说明至迟到东汉已使用布帆,它是利用风力解决船舶动力问

---

① 杨槱:《中国造船发展简史》,见中国造船工程学会:《中国造船工程学会1962年年会论文集(第二分册:运输船舶)》,北京:国防工业出版社,1964年,第8页。

② 房仲甫:《扬帆美洲三千年——殷人跨越太平洋初探》,《人民日报》1981年,12月5日。

③ 房仲甫:《殷人航渡美洲再探》,《世界历史》1983年第3期,第47~57页。

④ 中国航海学会:《中国航海史(古代航海史)》,北京:人民交通出版社,1988年,第13页。

⑤ 暨南大学历史系东南亚史研究室:《东南亚史论文集(第1集)》,广州:暨南大学历史系东南亚史研究室,1980年,第11页。

题的重大发明”[①]。《释名》的作者为刘熙，其生卒年不详，据清代学者毕沅考证，刘熙大约是东汉末年或三国魏时人。[②] 根据《释名》对帆做的解释认为在东汉末年已经使用了帆，当然是准确的，而且东汉末年是帆出现年代的下限。

在针对中国风帆出现的年代的学术讨论中，文尚光的《中国风帆出现的时代》[③]一文值得注意。首先，作者从《甲骨文编》《古文字类编》中查出清末以来几十年中发现的甲骨文中的“凡”字共28种体形和周代的金文及秦朝的篆文中的“凡”字，认为这些字都不具有“帆”的形象，甚至完全不像“日、月、水、舟”等字那样能表现出实物形象的某种特征。其次，从甲骨卜辞中“凡”字的释义来看，“凡”字有凡、般、盘、风、犯等5种释义，另外用作字的偏旁时与“舟”字、“皿”字相同。在《诗》《书》《易》《礼》《春秋》等13部儒家经典中，有“凡”字的句子共856句，也没有一句可将其中的“凡”字释为“帆”。由此得出的结论是：“甲骨文的‘凡’字并不能释为‘帆’字，所以，不能以之作为3 000多年前的殷商时期就已有风帆的证据。”据文尚光研究，“不但在先秦诸子百家的著作中没有关于风帆或桅樯的记载，甚至在西汉的典籍中也是如此”。汉武帝同时期的历史学家司马迁，其足迹遍布黄河上下、大江南北，然而在其所著的《史记》中，未见有孤桅片帆。

在我国的历史文献中，有关风帆的记载以东汉马融（公元79—166）的《广成颂》为最早。在汉安帝永初二年（公元108年），针对俗儒世士以为“文德可兴，武功宜废”的言论，马融上书以谏。在讲到将战舰艅艎组成水军的船队时，有对风帆的生动描述：“然后方艅艎，连舼舟，张云帆，施蜺帱，靡飔风，陵迅流，发擢歌，从水讴，淫鱼出，蓍蔡浮，湘灵下，汉女游。”[④]

马融在《广成颂》中明白无误地记载着船帆，因之可断定，至迟到公元1世纪，中国已出现风帆了。如此精美的彩绸帆，当然不会是最原始的，帆出现的上限年代还值得深入研究。

---

① 杜石然等：《中国科学技术史稿（上册）》，北京：科学出版社，1982年，第214页。

② 王先谦：《释名疏证补》，上海：上海古籍出版社，1984年。

③ 文尚光：《中国风帆出现的时代》，《武汉水运工程学院学报》1983年第3期，第66～73页。

④ 《后汉书·马融传》，李贤等注，北京：中华书局，1965年，第1 964页。

三、战国时期出现风帆的考证

林华东在《中国风帆探源》[①]中，也不赞成风帆始于殷商的观点，文中指出“倘殷商已有风帆，那么，历经西周至春秋当有发展，为何典籍和文物中均未见踪影，盖不足信矣”。基于对战国时期有关海上航行的文献的分析和对战国时期的两件文物的考证，林华东认为“中国船上的风帆，在春秋战国时期已经在吴、越，或者楚和齐等地开始出现。当然，这是原始的风帆，并不普遍，它可能是顺风便张帆，而逆风即划桨的小型而又简陋的帆船”。

关于春秋和战国时期的海上航行有相关文献记载，如《说苑·正谏篇》中说“齐景公游于海上而乐之，六月不归”。这些记载当会引起人们的思考和联想：作为帝王在海上航行又能感受乐趣，其船队当有相当的安全度和舒适性；六个月的航程也不谓不远，只靠划桨恐难以胜任。

在春秋末年及战国初年，中国北方沿海的航路已经开通，史书中的记载比比皆是。如果只靠划桨而无风帆作为船的动力，史籍上的诸多事例当难以实现。如《史记·吴太伯世家》载吴王夫差十一年（公元前485年）“齐鲍氏弑齐悼公。吴王闻之，哭于军门外三日，乃从海上攻齐。齐人败吴，吴王乃引兵归”。三年后“吴王北会诸侯于黄池，欲霸中国以全周室……于是越王勾践乃命范蠡、舌庸，率师沿海溯淮以绝吴路”[②]。再如公元前473年越国灭吴国之后，《史记·越王勾践世家》记有：“范蠡以为大名之下，难以久居……乃装其轻宝珠玉，自与其私徒属乘舟浮海以行，终不反。”范蠡浮海出齐，是从现今的东海北上，到达黄海，海程数百千米。如此在海上长途跋涉，对私人旅行已是常见的事。

在战国时期，不仅沿海的交通便捷、畅通，人们更积极向外海发展。司马迁在《史记·封禅书》中对此种探索做过形象而生动的描述：“自威、宣、燕昭使人入海求蓬莱、方丈、瀛洲。此三神山者，其傅在勃海中，去人不远；患且至，则船风引而去。盖尝有至者。”[③]这段叙述说明：齐威王、齐宣王和燕昭王等都曾多次派人出海远航；既是帝王派出的船队，其规模和技术均应属上乘；远航的艰难也跃然纸上。“船风引而去”更透露出“当时远航已用风帆，然因不能掉戗驶风，而被风引来引去，终莫能

---

① 林华东：《中国风帆探源》，《海交史研究》1986年第2期，第85～88页。

② 高士奇：《左传纪事本末（三）》，北京：中华书局，1979年，第786页。

③ 《史记·封禅书》，北京：中华书局，1959年，第1 369页。

至"[①]。

上述关于海上航行的诸多事例都可以从各种文献中查证,这些文献足以说明战国时期航海业的繁盛,还从侧面透露了船舶已经使用风帆的一些征候,只是仍不能依此即认定这时已经使用风帆了。林华东在《中国风帆探源》中引用两件战国时期的文物,提出了"中国船上的风帆始于战国时期"[②]的论点,值得人们注意与重视。其一,1976 年在浙江省宁波市鄞县(今鄞州区)云龙镇甲村石秃山曾出土了一件战国时期的青铜钺,正面高 9.8 厘米,刃宽 12 厘米,銎厚 2 厘米。[③] 其正面镌印有一幅珍贵的图案(见图 2-13):下方以边框线示舟船,船上有 4 个泛舟者头上有羽冠图案。许多研究家认为此"羽冠"与许多铜鼓上那种戴在划舟人头上的羽冠不同,若为旗帜之类,又与水陆攻战纹铜鉴战船上的旗帜有异。林华东认为"或许这正是一种原始的风帆"。其二,就是在湖南出土的战国时期越族铜镦,在其顶盘上刻有船纹。其中一种船纹在中部立有一扇状图形,很像风帆;也有的船纹在船首尾有桨,中部的图形也似为风帆之属(见图 2-14)。

图 2-13　战国青铜钺拓片摹本

综合各研究家的学术见解,由于甲骨文中的"凡"字不能释为"帆",甚至在《诗》《书》《礼》《易》等 13 部儒家经典著作中的"凡"字也不能释为"帆",在先秦诸子百家的著作中,也不见有关于风帆和桅樯的记载,

① 孙光圻:《中国古代航海史》,北京:海洋出版社,1989 年,第 100 页。

② 林华东:《中国风帆探源》,《海交史研究》1986 年第 2 期,第 85 ~ 88 页。

③ 曹锦炎、周生望:《浙江鄞县出土春秋时代铜器》,《考古》1984 年第 8 卷,第 762 ~ 764 页。

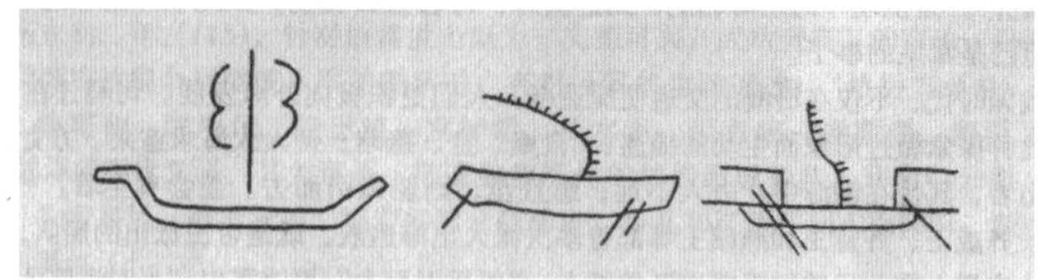

图 2-14 镦顶盘刻画的船纹图案

所以不能说在殷商时期就已有风帆。但是,如果说东汉时期才出现"帆"字,就认定风帆只在东汉以后才出现,也未免失之偏颇。许多技术的出现有渐进性,有一个演变过程。从战国时期我国沿海船舶交通较为繁盛的事实出发,再联系到这一时期积极开发远海交通的诸多事例,结合战国时期铜钺和铜镦上曾出现带有风帆图案的船纹,林华东认为中国船上的风帆始于战国时期。"可能是在吴、越,或楚、齐等地最先出现,但还不普遍,它可能是顺风便张帆,而逆风即划桨的小型而又简陋的帆船。"①据诸多学者考证,从文献和文物两方面求索,在战国时期,风帆已出现,这为船舶大型化,提高航速与扩大航区提供了技术保障,且为船舶的进一步发展奠定了技术基础。

① 施宣圆、林耀琛、许立言:《千古之谜——中国文化史 500 疑案》,河南:中州古籍出版社,1989 年,第 857 页。

第三章　秦汉时期造船业获得重大发展

秦始皇于秦王政二十六年(公元前221年)结束了战国长期割据的混乱局面,建立了统一的封建帝国。秦朝二世共15年。

第一节　秦代水陆交通的发展与航海船舶

一、秦统一全国后积极发展水陆交通

秦始皇统一全国后,进行了一系列改革,对于发展陆路及水路交通尤为注重。为了调发士卒和转运粮饷的方便,在第二年便开始筑驰道,"东穷燕齐,南极吴楚",驰道"以咸阳为中心,东至今江、浙、鲁、冀,南至今鄂、湘,西至今甘肃东部,北至今冀、晋北部。驰道宽广五十步,每隔三丈,植树一株,用铁椎(锤)夯打路基,使驰道平坦坚实"①。

秦王政二十五年(公元前222年),秦军"悉定荆江南地,降百越之君,置会稽郡(治今江苏省苏州市)"②。二十六年(公元前221年),秦始皇"使尉屠睢发卒五十万为五军,一军塞镡城(今福建省漳州市南靖县境)之岭,一军守九嶷(今湖南省永州市江华瑶族自治县境)之塞,一军处番禺(今广东省广州市)之都,一军守南野(今江西省赣州市南康区境)之界,一军结余干(今江西省上饶市余干县境)之水,三军不解甲弛弩"③。秦军长驱直入,在今浙江南部和福建置闽中郡(今福建省福州市),甚至占领了番禺。只是秦军在西线遇到西瓯人的顽强抵抗,甚至秦军统率尉屠睢也战死南方。为此,秦始皇不得不在若干年后再次组织向南进军。

秦始皇在灭六国之初,为了消除反秦势力可能利用的地形或建筑凭借,曾下令拆除各国旧城郭,决通壅阻河道的堤防,平掉易于据守的险阻。这就是《史记・秦始皇本纪》所载始皇帝三十二年(公元前215年)"堕坏城郭,决通川防,夷去险阻"。秦始皇执行这些政策,不仅有利于

---

① 张传玺:《中国通史讲稿(上)》,北京:北京大学出版社,1982年,第105页。

② 《资治通鉴》卷七,北京:中华书局,1956年,第232页。

③ 翦伯赞:《中国史纲要》,北京:人民出版社,1983年,第106页。

秦朝的统治,更有利于开发水路交通。秦时“决通堤防,疏浚鸿沟(河南汴河,今已湮废)作为水路中心,通济、汝、淮、泗等水。在吴、楚、齐、蜀等地,也大兴水利工程,行船和灌溉”[①]。同年(公元前 215 年),“始皇乃使将军蒙恬发兵三十万人北击胡,略取河南地”。这次重大行动便是以今山东省烟台市龙口市(黄县)、牟平区为后方补给基地,征集海船,渡渤海向河北军前运粮的。“历史学家把这次大规模的渤海运粮,定为中国海上漕运的开始。”[②]现在山东省烟台市牟平区的养马岛,已与陆地相连形成了半岛,这正是秦代饲养军马的遗址。秦代北击匈奴以及其后的汉代浮渤海征朝鲜,都是以此地为出发点的。

始皇帝三十三年(公元前 214 年),秦王“发诸尝逋亡人、赘婿、贾人为兵,略取南越陆梁地,置桂林(今广西壮族自治区桂平市)、南海(今广东省)、象郡(今广西壮族自治区崇左市);以谪徙民五十万人戍五岭,与越杂处”[③]。在进军中,为了转运粮饷,令史禄通运粮水道,史禄在今广西壮族自治区桂平市兴安县境内修 33 千米水渠,连通长江水系的湘江和珠江水系的漓江。此项水利工程是在湘江上游筑石堤,堤形像犁头,分湘江为南北两渠,南渠注漓江,北渠汇湘江。北渠水量占总水量的 7/10,南渠水量占 3/10。南渠所经都是高地,匠师采取了两种得力的技术措施:一种是选择迂回路线,增加渠道长度,降低河床的比降;再一种是在比降大的处所设置若干个斗门,即今日船闸的先导(见图 3-1)。[④]当船舶由低水位上溯高水位时,先将船舶后方的斗门关闭,打开船舶前方的斗门,待两个斗门间的水位相平时,船舶即可驶入前方斗门的水域。如此周而复始,船舶即可由低水位处“爬”向高水位处。满载粮饷的船舶自湘江上溯,通过北渠,进入南渠,逐“斗”提升,即可安然过山,这是秦代开发岭南的重要航路。“二千年前有这种灵巧的工程,号称灵渠,确是名实相符。”秦、汉以后,中原地区与岭南的交通也多取此航路。

---

① 范文澜:《中国通史(第二册)》,北京:人民出版社,1978 年,第 10 页。

② 章巽:《中国航海科技史》,北京:海洋出版社,1991 年,第 27 页。

③ 《资治通鉴》卷七《秦纪二》,北京:中华书局,1956 年,第 242 页。

④ 堀元美:《中国的海、船和人——中国海事史物语(日文)》,*Sea Power* 1983 年第 2 期,第 78 页。

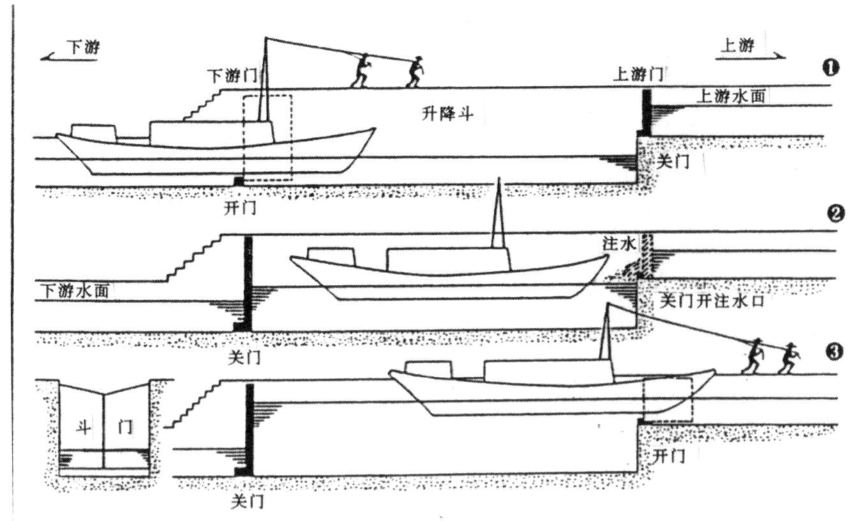

图 3-1　秦代灵渠的过闸示意图

二、探访蓬莱仙境与徐福东渡

秦始皇在统一后的 11 年中曾五次到外地巡游。第一次是在原秦国境内，其后四次是巡游旧齐、楚、燕、赵、韩、魏等地。在始皇帝二十八年（公元前 219 年），秦始皇东巡，封禅泰山，立石碑谴责六国旧贵族的黑暗统治，歌颂秦代统一功业；又东至芝罘（在今山东省烟台市北），南至琅琊，筑琅琊台（今山东省青岛市胶南区南境），立石颂德；还曾命方士徐市（即徐福）入海求蓬莱仙境。《史记·秦始皇本纪》记有："齐人徐市等上书，言海中有三神山，名曰蓬莱、方丈、瀛洲，仙人居之。请得斋戒，与童男女求之。于是遣徐市发童男女数千人，入海求仙人。"

渤海及其东面的黄海，是燕、齐两国长期渔猎和交通活动的海域，或因航行中直接接触，或因海市蜃楼景象的诱惑，激发了两国人民寻求世外桃源的热情。在秦之前，齐威王、齐宣王和燕昭王在位时已经使人入海求三神山，可见秦始皇派徐福入海并非什么创举，应当说是战国时期探索海上航路的延续。

徐福之行一去数载，并未有所获。《史记·秦始皇本纪》记有："方士徐市等入海求神药，数岁不得。费多，恐谴，乃诈曰：'蓬莱药可得，然常为大鲛鱼所苦，故不得至。愿请善射与俱，见则以连弩射之。'"徐福的第二次航行也没返回秦国。《史记·淮南衡山传》则记有："又使徐福入海求神异物……遣派男女三千人，资之五谷种种百工而行。徐福得平原广泽，止王不来。”[①]这是史籍对徐福带上3 000童男童女、大批能工巧匠以及粮食、纺织品和各类生产工具，到达一片宽广的平原之地，并在那里称王立国终不归秦的最早记载。

徐福定居的“平原广泽”之地，据诸学者研究分析，最大的可能是日本的畿内平原。因为秦代航海活动的海域，实为今日之渤海与黄海。在这一海域附近，能够称得上“平原广泽”的只有朝鲜和日本两地。秦时的朝鲜与中国已有较多联系，徐福若至此，似无定居称王或踪迹全无之可能；而日本列岛，无论从地理方位、地形特征或史学研究结果来看，都与“平原广泽”之地相符合。将“平原广泽”推定为日本应是顺理成章的。[②]继新石器时代的绳纹文化之后，日本出现了以开始使用青铜器、铁器和种植农业为特征的弥生文化，其时在公元前3世纪—3世纪，正值我国的战国末年到秦汉时期。日本史学界公认，弥生文化源于中国。日本历史学家井上清写道：“从公元前4世纪到3世纪，中国社会的生产力和文化更加迅速发展，这给予周围各地区以有力的影响。公元前3世纪末叶，汉帝国兴起时，拥有农耕和铁器的中国文明传到了朝鲜半岛，再从那里过海进入日本。几千年来朝鲜海峡使日本列岛的社会同大陆文明隔离开来，并难以航行，但到这个时期正相反，这个海峡成为联结两国文明的通路。”[③]徐福东渡日本，虽然没有正史记载，但民间传说历久不衰，而且日本朝野历来重视对徐福的崇尚和祭祀。相传今和歌山县新宫市一带的海滩——熊野滩，即为徐福的登陆处，而徐福正是在新宫市定居下来的，甚至相传那里还有徐福墓。北京科学教育电影制片厂于1985年上映的纪录影片《海上丝绸之路》，一开头就有日本和歌山县人民群众载歌载舞祭祀徐福的热烈场面。[④]日本和歌山县新宫市有“秦徐福碑”，《中国古代航海史》刊有其拓片，该书对徐福东渡的出航地点和可行性航路也有所探究。

为纪念秦朝方士徐福，在日本和歌山县新宫市，建有徐福公园（见图3-2）。公园大门是一座中国式的牌坊，这是按照中国的建筑风格所建造的，上面铺盖的是台湾制造的琉璃瓦。在平成六年（公元1994年）八月，和歌山县政府为了推动观光，以徐福雕像（见图3-3）为中心，重新整理徐福墓碑周边并建造牌坊之后，让徐福公园正式对外开放。

---

① 《史记·淮南衡山传》，北京：中华书局，1959年，第3 086页。

② 孙光圻：《中国古代航海史》，北京：海洋出版社，1989年，第148页。

③ 井上清：《日本の历史（上）》，东京：岩波书店，1966年。

④ 章巽：《中国航海科技史》，北京：海洋出版社，1991年，第28页。

图 3-2　和歌山县新宫市的徐福公园

图 3-3　徐福公园中的徐福雕像

中外文献对徐福航海并东渡日本对中日文化交流的重大贡献都给予肯定评价。虽然徐福是受秦始皇之命入海求三神山，觅长生不死之药的，但是，如果注意到秦始皇致力于开拓陆上和水上交通的诸多事例，便能透过寻仙觅药那种神话的迷雾，看出人们对发展海上交通的向往和追求。

三、徐福东渡所用船舶的复原探讨

毫无疑问,秦代的座船当有风帆。据"徐福船队东渡航路"①的探讨,徐福船队由琅琊起航,绕过今山东半岛的成山头到达芝罘港,然后由芝罘到蓬莱,经今庙岛群岛到达辽东半岛的南端老铁山,接着沿海岸航行并跨过鸭绿江口,继续沿朝鲜半岛西海岸航行,到达朝鲜半岛东南部海岸,即今釜山、巨济岛一带。在徐福东渡日本的航路中,渡过朝鲜海峡的难度最大。由朝鲜半岛东南沿海趁北风举帆南驶,釜山海峡最窄处的航程约 26 海里,晴天时可隔水相望对马岛。到对马岛后,船队可绕至东岸南航,在前进途中当可发现东南海域中的冲岛,此冲岛正好是渡过对马海峡的中间站。从冲岛到大岛约 25 海里,一旦船队到达大岛,就等于已航抵日本北九州沿海了。过朝鲜海峡时,会遇到流速为 1 ~ 1.5 节(1 节为 1 海里/小时)的对马暖流。如果只靠划桨航行,这段航路将异常艰险。然而秦时船舶已具有风帆,这使横渡朝鲜海峡的航行便捷多了。

图 3-4 为按照上述航行要求所复原的徐福东渡所用船舶,在战国之后使用风帆是理所当然的,使用拖舵也是必需的。问题是秦代是否具有拖舵?在本章,我们将从文献和出土文物两方面论述尾舵的产生和应用。

图 3-4　复原的徐福东渡所用船舶

① 孙光圻:《中国古代航海史》,北京:海洋出版社,1989 年,第 149 ~ 156 页。

第二节　汉代海上丝绸之路的开拓

由于对广大农民残酷奴役与剥削，秦王朝很快就被农民起义军推翻，接着是楚、汉争夺封建统治权的战争。在这场战争中，生产受到严重破坏，社会经济凋敝，新建的西汉府库空虚、财政困难。《史记·平准书》记有："自天子不能具钧驷，而将相或乘牛车，齐民无藏盖。"以汉高祖刘邦为首的西汉统治者，不得不实行一系列恢复农业生产、稳定封建秩序的"与民休息"的政策。因此，汉文帝、汉景帝统治时期（公元前179—前141年）的30多年间，社会经济逐渐恢复和发展，出现了一派繁荣景象，史称"文景之治"。《史记·平准书》载："汉兴七十余年之间，国家无事，非遇水旱之灾，民则人给家足，都鄙廪庾皆满，而府库余货财。京师之钱累巨万，贯朽而不可校。太仓之粟陈陈相因，充溢露积于外，至腐败不可食。"①

雄才大略的汉武帝刘彻，在社会经济繁荣和财富积累雄厚的背景下登上了历史舞台。建元三年（公元前138年），汉武帝派遣张骞出使西域，开辟了一条中西贸易的交通大道，这就是迄今仍载誉中外的丝绸之路。这条通路常因受到匈奴的骚扰而中断，于是在元狩元年（公元前122年）汉武帝派使者从四川开辟经过印度通往西方的新路线，但由于种种原因而未获成功。因此，开辟海上的航路就提上了议事日程。

一、征百越及开通南方航路

秦始皇时虽曾征服过百越，但在秦以后，百越各国又相继拒汉。为了开辟海上交通线，汉武帝曾派遣严助、朱买臣等吴人建立海上武力。建元三年（公元前138年），闽越出兵进攻东瓯，汉武帝派遣严助发会稽（郡治在今江苏省苏州市）兵浮海往救。元鼎五年（公元前112年），汉武帝借平定南越吕嘉叛乱之机，"遣伏波将军路博德出桂阳，下湟水（今广东连江，北江支流）；楼船将军杨仆出豫章，下浈水（今广东省境，北江支流）……皆将罪人，江、淮以南楼船十万人"。第二年（公元前111年）冬季攻克番禺（今广东省广州市）。吕嘉入海逃亡，被汉水军追杀。"遂以其地为南海、苍梧、郁林、合浦、交趾、九真、日南、珠崖、儋耳九郡。"元鼎六年（公元前111年），东越王余善又叛汉，汉武帝用九路兵将反击，

① 《史记·平准书》，北京：中华书局，1959年，第1 420页。

其中还有由句章(今浙江省宁波市西)出发的水师,浮海南征。《资治通鉴》记有:"上乃遣横海将军韩说出句章,浮海从东方往;楼船将军杨仆出武林(《汉书·武帝纪》作出豫章),中尉王温舒出梅岭,以越侯为戈船、下濑将军,出若邪、白沙,以击东越。"①

从南征百越的几次用兵中可以发现,当时水师对于季风已有了相当程度的认识。"两次的船军和海军都在秋季出发南航,顺利获胜,显然是在航行进军中充分掌握和利用了秋冬季节北来的季风的。"②

攻克番禺之后在南越所设九郡,除在海南岛的珠崖(治所在今琼山东南)、儋耳(治所在今海南省儋州市)两郡之外,就是在今广东、广西南部的南海、苍梧、郁林(治所在今广西壮族自治区桂平市)、合浦四郡和今越南境内的交趾、九真、日南三郡,号称交趾七郡。此七郡与中原和北方的交通主要取道于海上。《后汉书·郑弘传》记有:"旧交趾七郡贡献转运,皆从东冶泛海而至,风波艰阻,沉溺相系。"东冶在今福建省福州市,由东冶向南则航抵今广东、广西及今越南沿海,向北则可达句章、会稽。汉建初八年(公元83年),大司农郑弘奏开零陵、桂阳峤道(岭路),即增开通往今广东、广西的陆道,然海上航路仍然畅通。《后汉书·桓荣传》记有桓晔、袁忠诸人自会稽浮海到交趾的航程;《三国志·蜀书·许靖传》也记有许靖等"浮涉沧海,南至交州"。

二、击卫氏朝鲜并开通北方航路

汉初曾有燕人卫满侵入朝鲜半岛北部,灭了箕氏朝鲜,自立为王,史称卫氏朝鲜,建都王险,即今平壤附近。卫氏朝鲜对半岛中部的真番及南部的辰韩等邻国进行侵略,而且破坏交通并断了他们与汉帝国的联系,使汉帝国在渤海以东的航运受阻。

汉武帝在收复百越后的第二年,即元封二年(公元前109年),遣海陆两军征讨朝鲜,打通北方航路,即史载"上募天下死罪为兵,遣楼船将军杨仆从齐浮渤海,左将军荀彘出辽东,以讨朝鲜"。经过两年艰苦卓绝的征战,"遂定朝鲜,为乐浪、临屯、玄菟、真番四郡"③。

通过上述几次战争,汉帝国东面整个的海上交通线,北起渤海,南迄今越南沿岸,都畅通无阻了。④

---

① 《资治通鉴》卷二十,北京:中华书局,1956年,第668~674页。

② 章巽:《我国古代的海上交通》,北京:商务印书馆,1986年,第16页。

③ 《资治通鉴》卷二十一,北京:中华书局,1956年,第689页。

④ 章巽:《我国古代的海上交通》,北京:商务印书馆,1986年,第17页。

《前汉书 · 地理志》记有："乐浪海中有倭人，分为百余国，以岁时来献见云。"这是说汉武帝攻占朝鲜后，与日本建立了正常的海上交往。日本虽在中国的东方，但限于当时的航海知识和技术等条件，双方只能沿着传统形成的绕经朝鲜的沿岸航线航行。这是自汉武帝以后直至曹魏时期的中日交往的主要航线。近代在日本弥生时期的文化遗址发掘中，发现很多中国的古镜、璧、玉及王莽时期的货泉，这当然是汉代中日间海上交往的有力证据。

《后汉书 · 东夷传》记有：光武帝"建武中元二年（公元 57 年），倭奴国奉贡朝贺，使人自称大夫，倭国之极南界也。光武赐以印绶"。由此可见，到东汉初年，中日双方的交往更加密切了。日本于天明四年（公元 1784 年）在筑前国糟屋郡志贺岛叶崎（今福冈县北九州市）发掘到刻有"汉倭奴国王"的金印。[①]联系历史文献可知，这无疑是东汉光武帝赐给倭奴国王的印绶（见图 3-5）。按汉代印绶之制，天子玉印，诸王和宰相为金印紫绶，九畿为银印青绶，其下依次为铜印黑绶与木印黄绶。倭奴国王被授以金印紫绶，获得与诸王相当的礼遇，足见汉朝政府与日本列岛的亲密关系。此金印是自古以来中日友好往来的见证，因而受到两国人民的重视。

类似赐印的事例在曹魏时期也有过。《三国志 · 魏书 · 倭人传》载：景初二年（公元 238 年），六月倭女王遣大夫难升米等朝献，魏明帝于同年十二月诏封"亲魏倭王"并赐以金印紫绶，同时还赠送"绛地交龙锦、绛地绉粟罽、倩绛、绀青、白绢、铜镜、刀、真珠等"。这方金印虽尚未被发现，但在《宣和集古印史》上收有"亲魏倭王"的印样（见图 3-5），日本的《好古日录》之中也收有此印样。魏明帝赐倭女王卑弥呼以金印，说明当时中日双方往来的密切。从魏景初二年到正始八年（公元 238—247 年）前后 9 年间，除平常交通往来以外，倭国派使节到魏国有 4 次，魏派使节赴倭国有 2 次。魏朝使臣以亲身经历，把赴日本沿途所到的地方和行程，都详细记录在《三国志 · 魏书 · 倭人传》中。中国早期通往日本的航路，从双方平均一年多便有一次专使来看，发展到曹魏时期，已经是相当方便了。

---

① 木宫泰彦：《日中文化交流史》，胡锡年译，北京：商务印书馆，1980 年，第 12 ~ 14 页。

图 3-5 “汉倭奴国王”金印及“亲魏倭王”印样

三、印度洋以西海上丝绸之路的开拓

西汉时在开通沿海航路之后，沿海航运的发展，也促进了经南洋到今日印度洋的海上丝绸之路的开通。

最早具体提到从中国沿海经南洋诸岛到达今日印度半岛这条海上丝绸之路的是《汉书·地理志》。书中写道：“自日南障塞、徐闻、合浦船行可五月，有都元国，又船行可四月，有邑卢没国；又船行可二十余日，可谌离国；步行可十余日，有夫甘都卢国。自夫甘都卢国船行可二月余，有黄支国，民俗略与珠厓(崖)相类。其州广大，户口多，多异物，自武帝以来皆献见。有译长，属黄门，与应募者俱入海市明珠、璧流离、奇石异物，赍黄金、杂缯而往。所至国皆禀食为耦，蛮夷贾船，转送致之。亦利交易，剽杀人。又苦逢风波溺死，不者数年来还。大珠至围二寸以下。平帝元始中，王莽辅政，欲耀威德，厚遗黄支王，令遣使献生犀牛。自黄支船行可八月，到皮宗；船行可二月，到日南、象林界云。黄支之南，有已程不国，汉之译使自此还矣。”①

在上述航路中，起、讫的地名或国名，经中外学者考订，大都有明确的、均属一致的结论。诸如日南郡的治所，即地处今日越南平治天省广治西北广治河与甘露河的合流处；徐闻，即今广东省最南端濒琼州海峡的徐闻县，汉时属合浦郡；合浦郡，即今广西壮族自治区最南端的合浦县，现有港名北海，为今广西最大港。据《汉书·地理志》载，合浦郡当

① 《汉书·地理志》，颜师古注，北京：中华书局，1962 年，第 1 671 页。

时有15 398户 78 980 人。

该航路以黄支国为终点，该国地域辽阔、人口众多、物产丰富，其民俗与当时的海南岛相仿，自汉武帝时期便多次遣使进贡。黄支被认为今印度南部东海岸泰米尔纳德邦首府马德拉斯西南的康契普腊姆。黄支之南的已程不国，即为今斯里兰卡，古代被称为狮子国。该地盛产珍珠、宝石，又是南亚、西亚海上贸易中心地区，汉使既然是以黄金、丝绸"市明珠、璧流离、奇石异物"为旨，该地是非去不可的。船舶离黄支南航，也非常方便。"黄支国和已程不国都是泰米尔人聚居地，西汉时中国已经有人通其语言。"[①]汉代皇帝的黄门近侍中有专门通晓番语的官员，在整个航程中充当译员。

返航时，从黄支出发，经已程不国，历时 8 个月可到皮宗。对皮宗的考订，虽不尽一致，但多指马六甲海峡的东端一带，也有人认为是今新加坡西面的比实岛。自皮宗船行两月则返抵日南郡的象林县界，约在今越南岘港湾之北，为当时西汉帝国所经略的最南境。

在此航路中所经过的都元国、邑卢没国、谌离国、夫甘都卢国 4 处，各家的考据结果相差很大，因此所考订的航线也差别很大。我国著名中西交通史学者张星烺早在 1930 年即对黄支国、已程不国有确切考证[②]，唯对上述 4 处的考证尚须商榷。

在诸多地名和航路的考订工作中，笔者以为《中外交通史》[③]和《七海扬帆》值得被重视。《七海扬帆》对此段航程的表述是："汉使乘船离开日南（郡名，治今越南广治附近）或徐闻、合浦后，顺中南半岛东岸南行，经五个多月来到湄公河三角洲，泊于都元即今越南南部的迪石一带（古代扶南的著名海港即在此）。复沿中南半岛北行，经四个月航抵泰国的湄南河河口，停靠在邑卢没（即今佛统，亦古之贸易港）一带。由此南下沿马来半岛东岸，经二十余日驶抵谌离即今泰国之巴蜀。在此弃舟登岸，横越地峡，步行十余日到达夫甘都卢即今缅甸丹那沙林。从夫甘都卢再度登船，向西航行于印度洋，经二个月终于抵达黄支国即今印度东南岸之康契普腊姆。回国时，由黄支南下至已程不国即今之斯里兰卡，然后向东直航经八个月驶抵马六甲海峡，泊于皮宗即新加坡西面的皮散岛（即前述比实岛），最后再航行二个来月，由皮宗驶还日南郡的象

① 刘迎胜：《丝路文化·海上卷》，浙江：浙江人民出版社，1995 年，第 20 页。

② 张星烺：《中西交通史料汇篇（第一册）》，台湾：辅仁大学图书馆，1930 年，第 38～39 页。

③ 陈佳荣：《中外交通史》，香港：学津书店，1987 年，第 52～55 页。

林县境(治今越南维川县南的茶荠)。”①

西汉时期海上丝绸之路航路及所到地点和国名的考订,或有可商榷之处,但是西汉时期由中国通向印度的从太平洋进入印度洋的海上丝绸之路已经开通是不争的事实。当时汉使和应募的商人、船工主要是携带黄金和丝绸,途中常有番舶前来交易,贸易的收益虽十分丰厚,但也很危险,除不时有海盗抢掠以外,遇风浪翻船死人之事亦非罕见。航路开通以后,海外物产也源源不断地进入中国。《汉书》卷十二记有“(元始)二年(公元2年)春,黄支国献犀牛”。同书卷九十九记有:“黄支自三万里贡生犀。”看来航路开通之初,朝贡贸易性质的交往较多。及至东汉,类似的交往更加频繁。《后汉书·南蛮西南夷列传》载:“肃宗元和元年(公元84年),日南徼外蛮夷究不事人邑豪献生犀、白雉。”据研究认为,古音“究”读音近于“甘”,究不事即今日柬埔寨的对音。《后汉书·孝顺孝冲孝质帝纪》中记载:永建六年(公元131年)“十二月,日南徼外叶调国(今爪哇)、掸国(今缅甸)遣使贡献”。东汉官修的《东观汉记》更记有:“叶调国王遣使师会诣阙贡献,以师会为汉归义叶调邑君,赐其君紫绶,及掸国王雍由亦赐金印紫绶。”②

自西汉商人到达印度之后,得知自印度有海道通安息(波斯)和大秦(海西,罗马帝国),也有人随附印度商使远赴罗马。罗马帝国时代的史家在公元1世纪的史书中还对中国人的到达有所记载。研究认为,“这次出使不见于汉籍记载,大约是中国商人冒使臣之名私下前往罗马”③。在中国与西域大秦的交往中,安息人图谋以中间经纪人的身份从中盘剥。《后汉书·西域传》记有:“与安息、天竺(今印度)交市于海中,利有十倍……其王常欲通使于汉,而安息欲以汉缯彩与之交市,故遮阂不得自达。”直到公元166年,大秦国才得以直接与我国通使。“至桓帝延熹九年(公元166年),大秦王安敦遣使自日南徼外,献象牙、犀角、玳瑁,始乃一通焉。”这里提到的大秦王安敦即公元161—180年在位的罗马皇帝马尔古斯·奥列尤斯·安东尼努斯(Marcus Aurelius Antonninus,公元121—180),汉籍中没有留下名字的这位使臣,很可能是一位私商。④由中国南海经印度洋并通往大秦(罗马帝国)的航路,即使在今

① 姚楠、陈佳荣、丘进:《七海扬帆》,香港:中华书局有限公司,1990年,第29~34页。

② 《后汉书·孝顺孝冲孝质帝纪》,李贤等注,北京:中华书局,1965年,第258页。

③ 刘迎胜:《丝路文化·海上卷》,浙江:浙江人民出版社,1995年,第26页。

④ 刘迎胜:《丝路文化·海上卷》,浙江:浙江人民出版社,1995年,第27页。

日也堪称远洋航路。

第三节　从出土文物看汉代船舶形制

一、已出土的四艘汉代船舶模型

自 1949 年起，随着经济建设的开展，相继在长沙、广州、湖北江陵古墓葬中出土了汉代的木质和陶质的船舶模型。通过这些船舶模型可以了解汉代船舶的形制以及其若干基本特征。

（一）长沙西汉木船模型

中华人民共和国成立初期，在湖南长沙出土一只西汉时期的木船模型（见图 3-6），船身是由整木雕成，船细长，头部较狭，尾部稍宽，中部最宽，船底呈圆弧形。其船首、船尾上又各接出一段长方形平板，总长 1.54 米；在船身两侧和首尾平板上都有模拟的钉孔；两侧有较高的护舷板，左右共 16 只桨，为内河快速船型；尾有桨 1 只，可用来操纵航向。该船模现存于国家历史博物馆。[①]

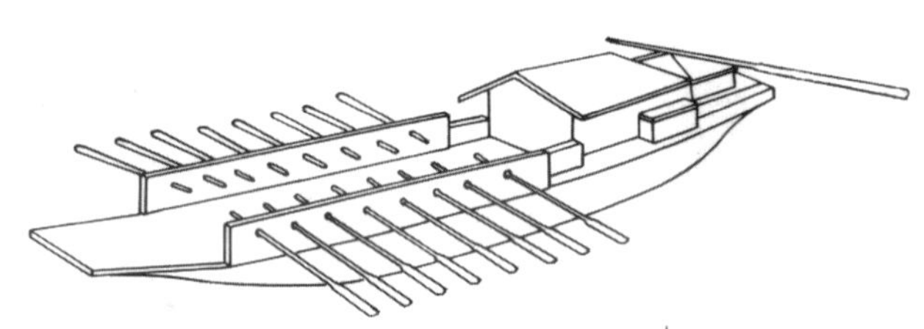

图 3-6　长沙西汉木船模型

（二）广州西汉木船模型

1956 年于广州西郊西汉木椁墓中出土一艘木船模型（见图 3-7）。[②]船模是用整木雕成的，船底中部略平而首尾部分略上翘。船中部有两间小房：前房较高呈方形，上为四阿（坡）式盖顶；后房稍低，长形，篷盖是

① 章巽：《中国航海科技史》，北京：海洋出版社，1991 年，第 33 页。

② 麦英豪：《广州皇帝岗西汉木椁墓发掘简报》，《考古》1957 年第 4 期，第 22～29页。

两坡式。在两间小房的两侧有用长板条构成的通道。前房以前为操舟之所,有木俑4个,持桨并坐两排,各持短桨一把。尾部有一间狭小的小房,顶盖是三面斜坡。在这尾区还有一木俑持一桨,疑是用以掌握船的方向的。此船模全长0.806米,通高0.206米。

图3-7 广州西汉木船模型

(三)广州东汉陶质船舶模型

1955年于广州东郊的东汉墓中出土一陶质船舶模型(见图3-8)。[①]底略平,全长54厘米,宽11.5厘米,通高16厘米。前窄后宽,从船首到船尾架8根横梁,横梁上铺甲板,甲板上建小房三处:前房矮而宽,上有横形篷顶;中房略高,方形,上盖圆形篷顶;后房更高,也是横形篷顶,作为舵楼。船首两侧各安桨架3支,船首悬一碇。最为重要的是船尾有拖舵,舵叶上有一孔。两舷有外延的板条,可作为船员撑篙的通道。船上有6个姿态各异的陶俑,分布在船面的不同位置。

图3-8 广州东汉陶质船舶模型

① 黄文宽、麦英豪:《广州市东郊东汉砖室墓清理纪略》,《文物参考资料》1955年第6期,第61~76页。

(四)湖北江陵西汉木船模型

1973年于湖北荆州地区江陵县凤凰山西汉墓中出土一只木船模型(见图3-9),也系用一段整木雕成,全长71厘米,宽10.5厘米。[①] 船细长,尾部略宽,首部呈流线型上翘。甲板上置两横梁并伸出舷外,作舷边通道板之支承。前部有4木俑各持1桨,尾部有后梢1支,与广州西汉木船模型颇有相似之处。该木船模型现陈列在湖北省荆州博物馆。

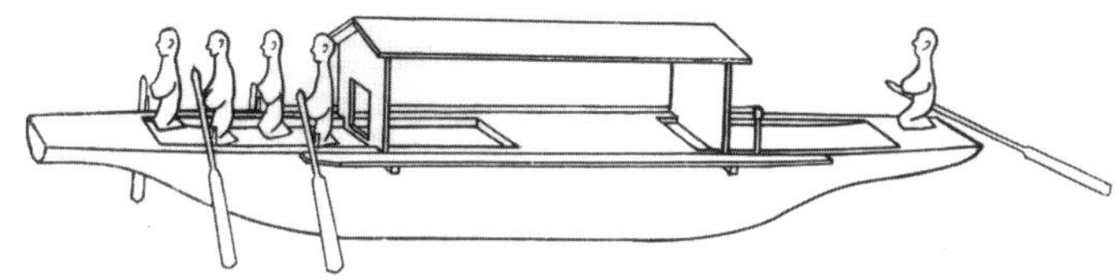

图3-9　湖北江陵西汉木船模型

二、从出土汉船模型看汉代船舶形制

在广州、湖南、湖北三省出土的4艘汉代船模型,尽管在年代上有西汉、东汉之分,船模有木质和陶质的不同,船模的用途也不尽一致,但是从这4艘船模的对比分析中,还是能看到汉代船舶的一些基本特征。

(一)船舶设有甲板和上层建筑

船上普遍设有甲板和上层建筑,是这4艘汉代船模的共同特点。汉代刘熙所著《释名》记有:“其上板曰覆,言所覆虑也;其上屋曰庐,象庐舍也。”[②]现在获得了实物证据。

以广州东汉的陶质船舶模型为例,上层建筑的长度几乎占了全船的3/4。即使是长沙西汉16桨船模,为了加快船速,设了众多的桨手和桨,仍具有相当长的上层建筑。和古希腊、罗马、北欧维京(海盗)船(约在公元10世纪)等大部分没有甲板或没有上层建筑的船相比,中国船的甲板和上层建筑的确别具特色。

---

① 长江流域第二期文物考古工作人员训练班:《湖北江陵凤凰山西汉墓发掘简报》,《文物》1974年第6期,第48页。

② 王先谦:《释名疏证补》卷七,上海:上海古籍出版社,1984年,第382页。

(二)船舶在两舷设瞰板(即舷伸甲板)

在上述4个船模中,除长沙西汉木船模型之外,其他3个船模在两舷都设有“瞰板”,现代造船术语中称为“舷伸甲板”,在古代木船上可用作撑篙船员的通道。在图3-6所示长沙西汉木船模型中虽未见处在两舷的“瞰板”,但据当时发掘报告,尚有93号、94号两块大小相同的长木板,不知应安装在何处。如果借鉴广州西汉木船模型和湖北江陵西汉木船模型,这两块长木板也应是“瞰板”并应安装在船之两舷,用作通道。

“瞰板”的作用,除用作通道和撑篙使用之外,沿“瞰板”还可缚上成捆的竹或木,当船舶超载时可提供一部分浮力,当船舶横向倾斜时可增加稳性并能减缓摇摆。

(三)前出艄和后出艄

上述3个木船模型在船首、船尾都有向外延伸的部分,这被称为“前出艄”和“后出艄”。如在两舷再安装两块“瞰板”,便可以在不改变船舶量度的条件下,增加船长和船宽,扩大甲板的装载面积和操作面积。

(四)铁钉在造船上的应用

从长沙西汉木船模型的舷侧板以及其他若干部件之间的连接部位都可见到模拟的钉孔。汉时的模型制作者的细微精神,为我们提供了实证。我们能够确定在战国时期人们是应用铁箍联拼船板技术造船的,到汉代造船时已广泛使用铁钉。长沙西汉木船模本是一种明器,该明器制作者想必是模仿当时社会的生产实际,以求该明器具有逼真的形象。

第四章　三国两晋南北朝时期的造船技术发明

汉代结束后，从公元220—589年，我国先后经历了三国、两晋和南北朝3个历史阶段，共369年。在这个时期，除西晋有过短暂的统一以外，或如三国的三足鼎立，或如南北朝的南北对峙，存在着几个政权并存的封建割据局面。战乱频仍，阻碍了生产力的发展，但是，我国幅员辽阔，各个政权都有相当大的疆域，足以保障自己的生存和发展。各个政权，在相对稳定的和平时期，甚至在战争时期，出于政治、经济和军事上的需要，都会采取一些改革措施，促进了生产力的发展和科学技术的进步。造船业和海上交通都有一定程度的发展。造船业的进步和水军的强大，对形成三国鼎立的局面，对晋灭吴，都起到了重大的作用。我国举世闻名的水密舱壁和车轮舟这两项重大发明就出现在晋代。

第一节　三国时期赤壁水战及其斗舰

一、赤壁水战大败曹军

东汉末年，曹操托名汉相，挟天子以征四方，遂统一了北方，随即厉兵秣马、训练水军，准备攻灭控制荆襄的刘表和虎踞江东的孙权。汉建安十三年（公元208年）七月，曹操统兵20余万南下，在今湖北当阳大败依附刘表的刘备，又占领了荆州，收降刘表的水军七八万人。刘备逃至夏口（今湖北省武汉市武昌区），旋即退至樊口（今湖北省鄂州市西北）。

孙权、刘备面对压境大军，组成5万兵力的联军，溯江而上，抗击曹军，在赤壁（今湖北省赤壁市西北长江南岸）与在乌林（长江北岸）的曹军隔江对峙。孙军统率周瑜的部将黄盖献计："今寇众我寡，难与持久。操军方连船舰，首尾相接，可烧而走也。"周瑜采纳黄盖这一火攻之计，"乃取蒙冲（艨艟）斗舰十艘，载燥荻、枯柴，灌油其中，裹以帷幕，上建旌旗，预备走舸，系于其尾。先以书遗（曹）操，诈云欲降。时东南风急，（黄）盖以十舰最著前，中江举帆，余船以次俱进。操军吏士皆出营立观，指言盖降。去北军二里余，同时发火，火烈风猛，船往如箭，烧尽北船,延及岸上营落。顷之,烟炎张天,人马烧溺死者甚众。(周)瑜等率轻锐继其后,雷鼓大进,北军大坏。(曹)操引军从华容道步走……”

二、斗舰及其复原研究

三国时期赤壁水战的斗舰久负盛名。其实,斗舰是东汉时出现的一种新型战舰,对它的记述首见于《三国志·吴书·周瑜鲁肃吕蒙传》中。孙权的部属说:荆州“刘表治水军,蒙冲(艨艟)斗舰,乃以千数”。雄踞江东已历三世的孙权,其水军斗舰之规模,当不亚于刘表,甚或过之。斗舰,在孙权与刘备组成联军共同抵御曹操强大兵力的赤壁之战中,创造了中国历史上以少胜多的辉煌战例。

李筌所撰的《太白阴经》成书于唐乾元二年(公元759年),对斗舰有如下描述:“战舰,船舷上设中墙,半身墙下开掣棹孔,舷(内)五尺,又建棚与女墙齐棚上,又建女墙重列战格,卜无覆背,前后左右,树牙旗、幡帜、金鼓,战船也。”

比《太白阴经》晚42年成书的唐代杜佑的《通典》,对斗舰的形制也有大体相同的记载。甚至北宋曾公亮的《武经总要》和明代茅元仪的《武备志》对斗舰的描述,除个别词语外,也与《太白阴经》及《通典》相一致。这说明东汉末年兴起的斗舰,其形制已经规范化了,然而缺乏斗舰的形象资料。迄今所见斗舰的外观图只能算得上是极其草率的示意图。

1987年,应北京中国人民革命军事博物馆之邀,我们完成了对赤壁之战斗舰的复原研究。经过论证绘出斗舰复原外观图。其主要尺度是:总长37.4米,水线长32.7米,船宽9.0米,船深3.0米,吃水1.8~2.0米。上甲板和战棚甲板均设有“可隐半身”的女墙,女墙上均设供射箭用的垛口。战棚的四周有可供射击和隐蔽均便的弩窗和四通大开门。全船设两桅、两帆、30把桨,设有四方旗、帅旗、旌旗、金鼓、矛戈等。所复原的斗舰以1∶30的比例制成楠木船模一只,当年收藏并陈列于北京中国人民革命军事博物馆中的古近代战争馆。

受我们当时的认识水平局限的影响,该斗舰的尾舵复原设计成垂直的轴舵,这是不正确的。汉代发明的尾舵,如广州东汉陶质船舶模型所表现的舵,被称为拖舵。此种拖舵一直沿用到唐代,笔者在参与淮北柳孜隋唐大运河遗址一批唐船的考古发掘与研究中也发现了此种拖舵。

在21世纪初,应邀为澳门海事博物馆对斗舰做复原研究时,我们以拖舵取代了轴舵。图4-1所示的斗舰模型,是澳门海事博物馆的技师用一年多的时间完成的,造型合理、制作精致。电影《赤壁》的美术师叶锦添也曾来校访问并索取斗舰的相关图片，以作为制作斗舰和赤壁水战场景的参考和依据。

图 4-1　斗舰模型的照片(采自澳门海事博物馆)

第二节　在晋代发明了水密舱壁和车轮舟

一、晋代的八槽舰为卢循所创建

东晋隆安三年(公元 399 年)十月，孙恩自海岛起兵，杀上虞县(今浙江省绍兴市上虞区)县令并攻占会稽(今浙江省绍兴市)。[①] 还迅速占有会稽等八郡，“旬日之中，众数十万……自号征东将军”[②]。

东晋安帝元兴二年(公元 403 年)正月，卢循率众攻东阳(浙江省)，八月又攻永嘉，均未得手。元兴三年(公元 404 年)十月航海南下并攻陷番禺(广州)。卢循“自摄州事，号平南将军”。

孙恩、卢循海上起兵凡十数年，多用水战，且两次航海南下。在多年的海上征战中，对舟船技术曾有所发明创造，乃近于常理。

“八槽舰”是晋代跟随孙恩海上起兵的卢循所建造的，其特点是利用水密舱壁将船体分隔成 8 个船舱，即使某个船舱破洞进水，仍可保证

---

① 《资治通鉴》卷一一一，北京：中华书局，1956 年，第 3 497 页。

② 房玄龄：《晋书 · 孙恩传》，上海：上海古籍出版社，1986 年，第 1 552 页。

船舶不致沉没。

在《晋书》的《孙恩传》和《卢循传》里，孙恩、卢循是被列为贼寇的，诸多文献并未记有卢循所建造的八槽舰，当然更不会褒奖或评价他们的功绩。但是，在某些帝王的言行录里和纪传里，却透露出卢循所创造、发明八槽舰的一些史实。

《艺文类聚》引《义熙起居注》曰："卢循新作八槽舰九枚，起四层，高十余丈。"[①]《宋书・武帝纪》在记述刘裕镇压卢循水军时，曾说卢循"别有八槽舰九枚，起四层，高十二丈"[②]。

卢循所造八槽舰，被认为是用水密舱壁将舰体分隔成8个船舱的舰船。船舶水密舱壁是中国的一项创造，其首创者为晋代起义军领袖之一的卢循，创造时间为公元5世纪之初。

西方学者认为，中国人发明水密舱壁是借鉴了竹子的横隔膜，是顺理成章的事情。美国科技史学者写道："建造船舶舱壁的想法是很自然的，中国人是从观察竹竿的结构获得这个灵感的，竹竿节的横隔膜把竹子分隔成好多节空竹筒。由于欧洲没有竹子，因此欧洲人没有这方面的灵感。"[③]

中国发明的水密舱壁技术，具有3项重要作用：其一，即使某一船舱因触礁破洞而进水，也可抑止进水，不至于波及邻舱，从而保证船舶不致下沉；其二，船壳板、甲板因有众多舱壁的支撑，增加了船体的刚度与强度；其三，舱壁为船体提供了坚固的横向结构，使桅杆得以与船体紧密连接，这也让中国古代帆船采用多桅多帆成为可能。

虽然迄今尚未发现晋代舱壁的实物，但却发现有两艘唐代古船是设置了水密舱壁的。其一是1973年6月在江苏省如皋县（今如皋市）发现的唐代木船。[④]该船船长约18米，分成9个船舱，两舱之间设有水密舱壁。船舱最长的为2.86米，最短的为0.96米。其二是1960年3月在江

① 欧阳询：《艺文类聚》卷七十一《舟车部》，见上海古籍出版社、上海书店：《二十五史》，上海：上海古籍出版社、上海书店，1986年，第1234页。

② 沈约：《宋书・武帝纪》，见上海古籍出版社、上海书店：《二十五史》，上海：上海古籍出版社、上海书店，1986年，第1633页。

③ 罗伯特・K・G・坦普尔：《中国：发明与发现的国度》，陈养正等译，江西：21世纪出版社，1995年，第397页。

④ 南京博物院：《如皋发现的唐代木船》，《文物》1974年第5期，第84～90页。

苏省扬州市邗江区施桥镇发现的唐代木船。[①]该船复原后的长度约为24米,共分为5个大舱。扬州施桥唐船的结构坚实、制作精细,木板之间用榫头和铁钉连接,板缝处填以油灰,水密性良好。

二、在公元5世纪初的晋代在渭水出现了车轮舟

晋朝大将刘裕,在镇压了孙恩、卢循(八槽舰创造者)所统率的农民起义军之后,就大举攻击建都长安的后秦。东晋义熙十三年(公元417年),刘裕的部将王镇恶由黄河乘桨轮船"溯渭(水)而进,舰外不见有行船人。北土素无舟楫,莫不惊以为神"[②]。《资治通鉴》则记有:"(王)镇恶溯渭而上,乘蒙冲(艨艟)小舰,行船者皆在舰内;秦人见舰进而无行船者,旨惊以为神。"[③]王镇恶所乘小舰,既不张帆也不划桨,藏在舰内的行船者当是脚踏车轮使船逆水急进,这是在世界上首次出现桨轮船的生动记录,为科技史家所公认。

所谓"轮桨",即将桨的叶片装在轮子的周边,这就可以使原本桨的直线、间歇、往复运动,变为圆周、连续、旋转运动。由连续旋转的轮桨不断划水,不仅可以连续推进,避免了手力划桨时所做的虚功,而且借自身的体重用脚踏转轴可较为省力。在同一根转轴上可因船宽的大小安装很多踏脚板,由很多人同时踏之,可以发挥多人的作用,提高车轮舟的推进效能和船速。车轮向前转,船就前进;车轮向后转,船就后退。进退自如、机动灵活,这就提高了船的机动性,对战船尤为重要。

中国发明和实际使用桨轮船或称车轮舟,自晋代至南北朝,都有所实践,未曾间断。"祖冲之(公元429—500),是南北朝时期杰出的数学家、天文学家和机械发明家。"[④]《南齐书·祖冲之传》记有:"冲之解钟律博塞,当时独绝,莫能对者。以诸葛亮有木牛流马,乃造一器,不因风水,施机自运,不劳人力……又造千里船,于新亭江试之,日行百余里。"[⑤]研究认为,这"不因风水,施机自运"的千里船,即车轮舟。

南朝梁的水军将领徐世谱为巴东(今属湖北省)人,世居荆州,有膂力,善水战,又能造船。梁大宝二年(公元551年),与侯景战于赤亭湖

---

① 江苏省文物工作队:《扬州施桥发现了古代木船》,《文物》1961年第6期,第52~54页。

② 李延寿:《南史·王镇恶传》,北京:中华书局,1975年,第2 720页。

③ 《资治通鉴》卷一一八,北京:中华书局,1956年,第3 708页。

④ 白寿彝:《中国通史》卷八,上海:上海人民出版社,1995年,第519页。

⑤ 萧子显:《南齐书·祖冲之传》,北京:中华书局,1972年,第906页。

(今湖南省岳阳市华容县)时,景军甚盛。"世谱乃别造楼船、拍舰、火舫、水车以益军势。将战,又乘大舰居前,大败景军,生擒景将任约,景退走。"①徐世谱所造"水车",即车轮战舰。

第三节　晋代顾恺之《洛神赋图》所表现的双体游舫

洛水(即今河南省漯河市)的女神洛嫔,谓系宓(伏)羲之女,称宓妃,因渡水淹死成为水神,其名也见于《离骚》。曹植(公元192—232)曾作有《洛神赋》。顾恺之(公元约345—409)是晋代著名画家,其画作《洛神赋图》描绘了洛神乘双体画舫嬉游的生动场面(见图4-2)。毫无疑问,顾恺之作为4世纪的画家,其所绘双体游舫当为晋代双体船的珍贵的形象资料。由图可见,该游舫的尺度并不大,因采用双船连舫,必然有良好的船舶稳性,这也是遵照《释名》中"短而广,安不倾危者也"这一船舶理论的设计实践。双体游舫是靠撑篙推进的,尾部有一操纵桨,人们称之为梢。在广阔的甲板上设有暖阁,其上设有遮阳的凉棚,可谓布置设计合理、造型典雅美观。

图4-2　《洛神赋图》所描绘的晋代双体游舫

① 姚思廉:《陈书·徐世谱传》,北京:中华书局,1972年,第197页。

研究认为,目前我们所见到的《洛神赋图》是宋人的摹本,其中以故宫博物院所藏清乾隆所题的第一卷为最古。[①] 如果不苛求这些艺术珍品的艺术真实性,就以其作为晋代的船舶形象资料一事,我们也足以感到欣慰了。

① 唐兰:《试论顾恺之的绘画》,《文物》1961 年第 6 期,第 7 ~ 12 页。

第五章　隋唐时期的造船技术成就

隋朝建立于公元 581 年，其统一中国的时间虽然只有短短的三十多年，但是在开掘运河、造船以及发展海上交通方面，却很有建树。

唐代是中国封建社会经济发展较快的时期，造船技术的进步对国内运输和海外交通方面起到了重大作用。正如唐人崔融所写，“天下诸津，舟航所聚，旁通巴、汉，前指闽、越，七泽十薮，三江五湖，控引河洛，兼包淮海。弘舸巨舰，千轴万艘，交贸往还，昧旦永日”[①]。唐朝，随着生产力不断发展，造船场地几乎遍布全国。唐朝自公元 618 年立国，到公元 907 年结束，经历了 289 年，唐末又出现了五代十国的分裂局面。本章论述隋唐时期传统造船技术的发展，在时间的跨度上则是从公元 581 年起到公元 960 年止，计 379 年。

第一节　隋代的造船技术成就

一、隋代五牙舰及其历史作用

为了讨伐江南的陈叔宝（后主），隋文帝杨坚吸取了晋朝于益州大造船舰伐吴的历史经验，命行军元帅杨素于永安（巴东郡，今重庆市奉节县）大造船舰，训练水师。隋开皇八年（公元 588 年），杨素统率由以五牙舰为主力，黄龙、平乘、舴艋等各型战船组成的庞大舰队，在长江与陈朝的守军展开激战，三战三捷。五牙舰在统一全国的战争中发挥了重大的历史作用。

《隋书·杨素传》记有：“素居永安，造大舰，名曰五牙，上起楼五层，高百余尺，左右前后置六拍竿，并高五十尺，容战士八百人，旗帜加于上。次曰黄龙，置兵百人。自余平乘、舴艋等各有差。及大举伐陈，以素为行军元帅，引舟师趣三硖。”

李盘所撰《金汤借箸十二筹》有对拍竿及五牙舰的记述，“拍竿：其制如大桅，上置巨石，下作辘轳，绳贯其颠，施大舰上。每舰作五层楼，高

① 刘昫等：《旧唐书·崔融传》，北京：中华书局，1975 年，第 2 998 页。

百尺，置六拍竿，并高五十尺，战士八百人，旗帜加于上。每迎战敌船，迫逼则发拍竿击之，当者立碎”①。该书对五牙舰的记述也与《隋书》一致。从几种文献的对比中大致可以看出：关于五牙舰以及隋陈水战的记述，可能出自《隋书》；关于拍竿的记述则以《金汤借箸十二筹》的表述最为生动、具体。

笔者的学术团队在1988年曾为北京中国人民革命军事博物馆做五牙舰的复原研究，总布置图如图5-1所示，只是在2002年又做了修改，将船尾舵改成拖舵。

以北周及隋朝时1尺合0.735 3市尺计，每尺合24.51厘米。②“高百余尺”则高达24.5米以上，可见并非楼高，故取通高为25米，即在第五层楼的甲板上再竖旗杆，其旗杆顶端高度达25米。

鉴于有五层楼的上层建筑，还有“并高五十尺”(合12.5米以上)的6根拍竿，为保证船的稳性，船宽不可太窄。再考虑到全舰要载战士800人，而且要在舰上操纵拍竿、划桨、摇橹、操舵，并使用弓弩等冷兵器作战，甲板面积太小也是不适宜的。经多方权衡，采用多方案比较法，确定五牙舰的主尺度如表5-1所示。

表5-1　五牙舰主尺度

总长	54.60米
水线长	50.00米
甲板宽	16.00米
型宽	15.00米
型深	4.00米
吃水	2.20米

① 李盘：《金汤借箸十二筹》卷十一。

② 吴承洛：《中国度量衡史》，上海：商务印书馆，1932年，第192页。

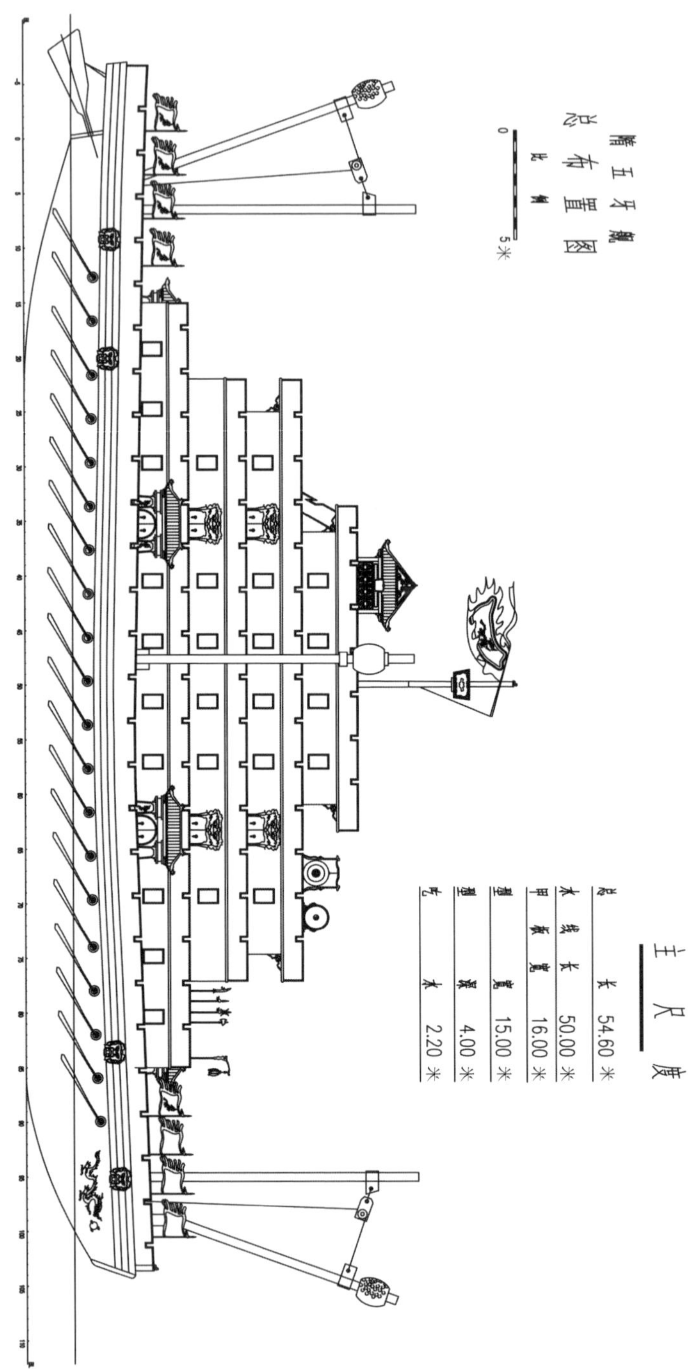

图 5-1　经复原研究而设绘的五牙舰总布置图

经复原研究的五牙舰模型,已正式展出于北京中国人民革命军事博物馆。修改后的五牙舰模型展出于浙江嘉兴船文化博物馆(见图5-2)。

图5-2 修改后的五牙舰模型(展出于嘉兴船文化博物馆)

二、隋朝大运河的开凿与龙舟船队的发展

隋朝兴建人工运河始于文帝杨坚,成于炀帝杨广。隋朝结束了延续三百多年的国内分裂局面,为有效地控制江南割据势力、巩固统一,开凿运河加强水陆交通是势在必行的措施。隋朝兴人工运河,是中国历史发展的必然。

隋炀帝于公元605年、610年和616年三次率庞大的旅游船队巡游江都,挥霍民财、扰乱民生达于极点。大业元年(公元605年),隋炀帝巡游江都,"自长安至江都,置离宫四十余所"。为此一项,特建造龙舟以及各种游船数万艘。《隋书·炀帝纪》记有:"遣黄门侍郎王弘、上仪同于士澄往江南采木,造龙舟、凤䑺 、黄龙、赤舰、楼船等数万艘。"①由此可见当时造船能力之强大。不过这都是在严苛监督下建造的,"东京官吏督役严急,役丁死者什四五"②。

隋代的龙舟船队是造船能力与船舶制式的大检阅:"龙舟四重,高四十五十尺,长二百丈。上重有正殿、内殿、东西朝堂,中二重有百二十房,皆饰以金玉,下重内侍处之。皇后乘翔螭舟,制度差小,而装饰无异,别有浮景九艘,三重,皆水殿也。又有漾彩、朱鸟、苍螭、白虎、玄武、飞羽、青凫、陵波、五楼、道场、玄坛、板䑩、黄篾等数千艘,后宫、诸王、公主、百官、僧、尼、道士、蕃(番)客乘之,及载内外百司供奉之物,共用挽

① 《隋书·炀帝纪》,见上海古籍出版社、上海书店:《二十五史》,上海:上海古籍出版社、上海书店,1986年,第3 258页。

② 《资治通鉴》卷一八〇,北京:中华书局,1956年,第5 619页。

船士八万余人，其挽漾彩以上者九千余人，谓之殿脚，皆以锦彩为袍。又有平乘、青龙、艨艟、艚艟、八棹、艇舸等数千艘，并十二卫兵乘之，并载兵器帐幕，兵士自引，不给夫。舳舻相接二百余里，照耀川陆，骑兵翊两岸而行，旌旗蔽野。”①

对运河的开发，隋炀帝做出了不可磨灭的贡献，但他急功近利，超出了人民的承受能力，又破坏了人民的安居乐业。唐代诗人皮日休有怀古诗七言绝句一首。②

汴河怀古二首（之一）

尽道隋亡为此河，至今千里赖通波。

若无水殿龙舟事，共禹论功不较多。

此诗既指出了其不计人民生死之过，又肯定了他开发运河的功绩可与大禹相媲美，实为罪在一时，功及后世。

龙舟（其模型见图5-3）在布置上的特点是具有高大的上层建筑，船舶重心过高。为显示龙的形象，其船身狭长，长宽比约为10，船宽相对较窄。如何保证船舶稳性至关重要。船身窄小的船舶其稳性如何解决，使人疑虑重重，然而孟元老在书中对龙舟特别写明：“底上密排铸铁大银样如桌面大者，压重庶不欹倒也。”③这说明当时人们对压重的必要性是重视的，其解决稳性问题的办法是科学的。

图5-3　龙舟模型（展出于嘉兴船文化博物馆）

① 《资治通鉴》卷一八〇，北京：中华书局，1956年，第5 621页。

② 商韬、商慧锦：《唐诗实用分类图典》，上海：上海远东出版社，2000年，第279页。

③ 孟元老：《东京梦华录注》，邓之诚注，北京：中华书局，1982年，第185页。

隋代龙舟长20丈,到了宋代如《东京梦华录》所载就增加到三四十丈。对这一尺度人们或有疑窦。孟元老所记以桌面大小的铸铁作压重而且“密排”,说明压重量较大。这又从侧面反映出龙舟之大。如果完全是虚夸不实之词,当时或并不深谙船舶原理的孟元老,恐怕也难以“编造”出“底上密排铸铁”这样的词句。

第二节　唐代的内河及海洋船舶

唐朝在开国不久的武德七年(公元624年),颁布了均田令和租庸调法。租,就是每个成年男人都要向官府缴纳实物地租粟2石;庸,是每个农民每年都要为官府无偿地服劳役20天,不服役者,准许以每天纳绢3尺或布三尺七寸五分抵免;调,就是随乡土所出,每年缴纳绢(或绫)2丈、绵3两。“租庸调制符合当时社会经济的发展要求,所以出现了唐初社会经济繁荣的景象”[①],从而也使内河航运承担了繁重的任务。“今国用渐广,漕运数倍于前。”

一、内河航运与船舶

开元二十二年(公元734年)兼任江淮、河南转运使的裴耀卿,分析了南北漕运的缘由:江南户口众多,为国库的重要来源。然而其所运送的租庸调等,于正月、二月上道,至扬州进入运河的斗门,适逢水浅而受阻。到四月份以后才能渡淮河而入汴河,这时又属汴河干浅季节,加上搬运、停留,到六七月份方能到达黄河。这时每又逢黄河水涨而不适于航运,常须停一两个月等待水势减弱才能航行。“计从江南至东都(洛阳),停滞日多,得行日少,粮食既皆不足,欠折因此而生。又江南百姓不习(黄)河水,皆转雇河师水手,更为损费。”[②]因此提出实行分段运转法,“凡三岁,运米七百万斛,省僦车钱三十万缗”[③]。

广德二年(公元764年),刘晏任河南、江淮转运使。他疏浚汴河,更针对汴河的水文,建造“歇艎支江船”,每船千斛,十船为纲,每纲300人,篙工50人。他既考虑到了黄河的急流,又考虑到船舶需具有驶上三门峡的能力,从而建造了“上门填阙船”。两种船建造数千艘以应需要。自刘晏以来,漕运更形成定制:“未十年,人人习河险。江船不入

---

① 白寿彝:《中国通史》卷九,上海:上海人民出版社,1999年,第705页。

② 刘昫等:《旧唐书·裴耀卿传》,北京:中华书局,1975年,第2 114页

③ 《资治通鉴》卷二一四,北京:中华书局,1956年,第6 808页。

汴，汴船不入河，河船不入渭；江南之运积扬州，汴河之运积河阴，河船之运积渭口，渭船之运入太仓。岁转粟百一十万石，无升斗溺者。”[①]“唐世推漕运之能者，推（刘）晏为首，后来皆遵其法度云。”

内河航运，以汴渠（通济渠）和长江干支流为主道。由蜀中沿江而下到扬州，或由交州、广州经湘江、赣水进长江达扬州，再经汴渠进入黄河，入渭河至长安。甚至经永济渠还可到达清河（河北）和幽州。“以扬州为中心，形成了通江达海的全国水运网。”[②]

在内河航运较为发达的唐代，在黄河有“上门填阙船”，在黄河与长江之间有适宜于汴河的“歇艎支江船”，航行于长江的则有大型船舶俞大娘船。

《唐国史补》载：“江湖语云，水不载万，言大船不过八九千石。然则大历、贞元间有俞大娘航船最大，居者养生，送死、嫁娶悉在其间，开巷为圃，操驾之工数百，南至江西，北至淮南，岁一往来，其利甚溥。此则不啻载万也。”[③]此种俞大娘船的名称来源虽不得而知，但所谓生死嫁娶悉在船上，实为以船为家的传统，较为可信。关于载量为八九千石的规模，也为北宋的文献所证实。张舜民《画墁集》，记述了他亲眼所见的万石船的实况：“丙戌，观万石船，船形制圆短，如三间大屋，户出其背。中甚华饰，登降以梯级，非甚大风不行，钱载二千万贯，米载一万二千石。”[④]经核算，其载重量为500～550吨。[⑤]

唐代的大都市除长安、洛阳二京外，以扬州、益州（今四川省成都市）最为繁荣，素有“扬一益二”之称。商贾乘船往来于四川和长江下游之间。唐代诗人张籍写有《相和歌辞·贾客乐》：“金陵向西贾客多，船中生长乐风波。欲发移船近江口，船头祭神各浇酒。停杯共说远行期，入蜀经蛮远别离……年年逐利西复东，姓名不在县籍中。农夫税多长辛苦，弃业长为贩卖翁。”张籍的一首诗，生动地描绘了船舶运输在长江上下游之间的繁荣景象。

---

① 欧阳修、宋祁：《新唐书·食货志》，北京：中华书局，1975年，第1 368页。

② 房仲甫、李二和：《中国水运史》，北京：新华出版社，2003年，第149页。

③ 李肇：《唐国史补》下卷，见郝玉麟：《景印文渊阁四库全书》，台湾：商务印书馆，1985年影印本，第1 035册，

④ 张舜民：《画墁集》卷八，《知不足斋丛书》，见《丛书集成初编》，上海：商务印书馆，1935年，第65页。

⑤ 席龙飞、杨熺、唐锡仁：《中国科学技术史（交通卷）》，北京：科学出版社，2004年，第85页。

李白有名诗:“朝辞白帝彩云间,千里江陵一日还,两岸猿声啼不住,轻舟已过万重山。”还有:“故人西辞黄鹤楼,烟花三月下扬州。孤帆远影碧空尽,唯见长江天际流。”刘禹锡也在诗中高唱:“吴越分双镇,东西接万艘。”这些诗句也都反映出长江航运的盛况。

唐玄宗开元二年(公元714年),广陵郡(今江苏省扬州市)江面骤起大风,加之海潮汹涌,江口船舶躲避不及者,一次沉没之船达数千只。唐代宗宝应二年(公元763年),鄂州(今湖北省武汉市武昌区)大火,烧船三千艘。代宗大历十一年(公元776年),杭州又遇大风,“海水翻潮,飘荡州郭五千余家,船千余只”[①]。一个口岸就有上千或数千只船停靠,整个长江航船之多可想而知。

唐玄宗天宝二年(公元743年),韦坚引灞水、浐水到长安城东长东坡望春楼下,汇成广运潭。韦坚调集各地舟船数百艘,在广运潭举办了一个各地船舶与物产的大展览。舟船来自数十郡,各地之船一律在明显处注明所在郡的郡名,船上满载当地的特产。例如,广陵郡(今江苏省扬州市),船载各色绫绣;会稽郡(今浙江省绍兴市),船载铜器、罗、吴绫、绛纱;南海郡(今广东省广州市),船载玳瑁、珍珠、象牙、沉香;豫章郡(今江西省南昌市),船载各名瓷、酒器、茶釜、茶铛、茶碗;宣城郡(今安徽省宣城市),船载空青石、纸、笔、黄连;始安郡(今广西壮族自治区桂林市),船载蕉葛、蚺蛇胆、翡翠;吴郡(今江苏省苏州市),船载糯米、方丈绫。[②]各郡舟船“皆首尾相衔进,数十里不绝”。渭水虽也通船,但船数、种类相对较少。展览之日众船云集,不但数量多,而且船型各异,“关中不识连樯挟橹,观者骇异”[③]。

二、海上交通与海洋船舶

唐代经济之繁荣,文化之发达,疆域之广袤,国力之强盛,在当时世界上是绝无仅有的。唐朝兴起之时,在西亚和北非一带,也兴起了一个强大的阿拉伯帝国。两国间的经济文化交往密切,极大地促进了唐代海上交通的发展。

公元8世纪末,任宰相的贾耽(公元730—805),曾出任鸿胪寺卿,主持与各国交往及朝贡事宜,他熟悉边疆山川风土,曾绘《海内华夷图》

① 刘昫等:《旧唐书》卷三十七。
② 刘昫等:《旧唐书·韦坚传》卷一〇五。
③ 欧阳修、宋祁:《新唐书·韦坚传》卷一三四。

并撰《古今郡国县道四夷述》等地理学著作。[①] 新的航线起源甚早,是一般商船乐于采用的方便而安全的航线,通常称之为北道。至于大规模的海上用兵,如公元 660 年因新罗求救而进兵百济,则往往从山东半岛直航朝鲜半岛西岸,这条航路常被称为北南道。《文献通考》记有"至六朝及宋,则多从南道",说明此航线是从六朝期间(公元3 世纪—6 世纪末)开始形成的。

从长江口横渡东海直达奄美大岛的航线,也称南岛道。在日本遣唐中期(公元 672—769 年),从日本博多扬帆,先到五岛列岛,经屋久岛再到奄美大岛,然后西行,横渡东海,从扬子江口驶入扬州港,沿运河到达唐朝首都长安。

从中国到日本最近的航线是南道,也称大洋道。从明州(今浙江省宁波市)出发,横渡东海,直达日本的五岛列岛。从日本来中国时,从博多扬帆,先到五岛候风,等到顺风时则可一气横渡东海到达明州或扬州。

据日本《安祥寺惠运传》记载:唐会昌二年(公元 842 年),海商李处人的唐船载日本学问僧惠运,由日本值嘉岛(即平户岛)出发经 6 天抵达浙江温州。[②] 又据《安祥寺惠运传续后记》记载,唐大中元年(公元 847 年),海商张之信的唐船自明州(今浙江省宁波市)望海镇出发,用 3 天时间即到达日本的值嘉岛,为当时南道最快的航船。[③] 南道(大洋道)是中日间最便捷的航线,日本遣唐使在后期也多利用这条航线。[④]

中日海上通路的开辟,是两国造船师和航海家经多年奋斗和牺牲才获得的成果。日本船史著作《船の世界史》写道:"自公元 630 年到 894 年的 264 年间,虽计划派出遣唐使计有 18 次,然而实际成行的有 15 次,其中得以完成任务并安全返国的只有 8 次。"[⑤]

在 9 世纪时,往来于中国和日本的,大体上是唐船。日本遣唐使船,虽由日本朝廷下令在日本各地建造,但也注意吸取中国造船经验。据日

---

① 刘昫等:《旧唐书·贾耽传》,北京:中华书局,1975 年,第 3 784 页。

② 《水运技术词典》编委会:《水运技术词典(古代水运与木帆船分册)》,北京:人民交通出版社,1980 年,第 41 页。

③ 《水运技术词典》编委会:《水运技术词典(古代水运与木帆船分册)》,北京:人民交通出版社,1980 年,第 41 页。

④ 陈佳荣:《中外交通史》,香港:学津书店,1987 年,第 217 页。

⑤ 上野喜一郎:《船の世界史》上卷,东京:舵社,1980 年。

本木宫泰彦的《日中文化交流史》记载："建造者和驾驶者，大都是唐人。"[①]图5-4所示的遣唐船，是依据日本1975年发行的邮票图案绘制的。船上所用双帆是用篾席制成的，这种硬帆的优越性在于可利用侧向来风。只要是非正逆风，皆可行驶，这是中国风帆的优秀传统。首部设有绞碇机，由图可见，这碇石显然是木石结合碇。在舷侧缚有竹橐，其作用有两个：一是在横摇时增加入水两舷的浮力，减缓横摇的幅度；二是作为载重线标志，用以限制船舶的装载。北宋文献对此记有："又于舟腹两旁，缚大竹为橐以拒浪。装载之法，水不得过橐，以为轻重之度。"[②]

图5-4　日本遣唐船（据日本邮票转绘）

三、唐代的造船地点

在唐代，随着国内生产力的发展和国际海上交往的频繁，造船生产力进一步发展。造船地点几乎遍及全国。值得注意的是，这个时期的主要造船基地，多与盛产丝绸和瓷器的地区相一致。造船与丝绸、瓷器生产相互推进，相得益彰。

沿海地区历来是建造海船的主要地区。北方主要有登州、莱州，南方则以扬州、明州（今浙江省宁波市）、温州、福州、泉州、高州（今属广东省茂名市）、琼州（今海南省海口市一带）和交州（今属越南）等地最为著名。[③]

---

① 木宫泰彦：《日中文化交流史》，胡锡年译，北京：商务印书馆，1980年，第108页。

② 徐兢：《宣和奉使高丽图经》卷三十四，北京：故宫博物院，1931年影印本。

③ 陈希育：《中国帆船与海外贸易》，厦门：厦门大学出版社，1991年，第10页。

内陆广大地区设有造船工厂。有文献可参考的有江南的宣州（今安徽省宣州市）、润州（今江苏省镇江市）、常州、苏州、湖州、杭州、越州（今浙江丽水）、江州（今江西省瑞昌市）、洪州（今江西省南昌市）、饶州（今江西省上饶市鄱阳县）以及剑南道（今四川省境内）沿江各地。①

第三节　从出土的唐代古船看唐代的造船技术

一、江苏如皋唐船展示了水密舱壁

1973 年 6 月，在江苏省如皋县（今如皋市）发现一只古代木船。② 如皋木船的船首部分已损坏，船尾残缺，一部分船舷和船底木质腐朽，盖舱板多已不存，但船身和船底以及舱壁板大部分完好，木纹和结构均清晰可见。该木船的平面和纵断面图如图 5-5 所示。现存船身残长 17.32 米，复原后约为 18 米，船宽 2.58 米，船深 1.6 米。其船体细长，由 3 段木料榫合而成。首部和尾部较窄，船底横断面呈圆弧形。船舷木板厚 40 ~ 70 毫米，船底木板厚 80 ~ 100 毫米，自首及尾共分为 9 个舱，在第 2 舱后舱壁处尚存一段残桅，残长 1 米，尚存有一块带桅孔的盖板。显然这是一艘单桅运输船。据估算，该船排水量为 33 ~ 35 吨，载重量可达 20 ~ 25 吨。

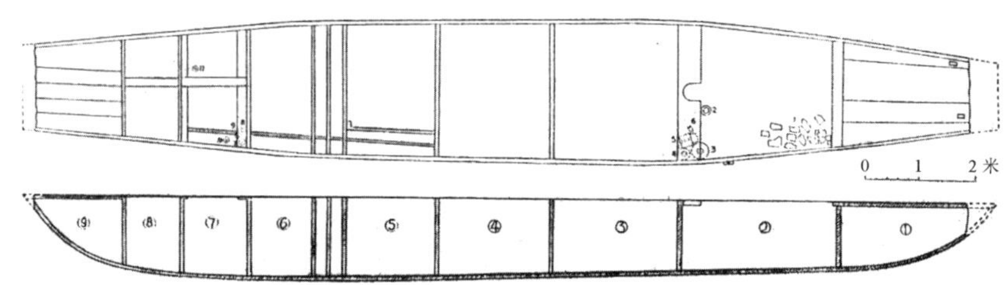

图 5-5　江苏如皋发现的唐代木船的平面和纵断面图

船舱的木板缝中出土“开元通宝”铜钱 3 枚，应是船民所遗留。3 枚

---

① 《资治通鉴》卷一九七至一九九，北京：中华书局，1956 年，第 6 209、6 249、6 258、6 259 页。

② 南京博物院：《如皋发现的唐代木船》，《文物》1974 年第 5 卷，第 84 ~ 90 页。

铜钱大小不一，字体亦异，又无州名之铸迹，因此认为可能是江民私铸之钱，从铜钱也可推测出此船年代的上限。随船同时出土的大多数文物是陶瓷器，器形简单，质地粗糙，均是民间日用品，这在已知的隋唐五代出土的陶瓷器中，很是少见。

考古学家认为“此船应属唐代，约在高宗以后”，即应在公元 649 年以后。

在第 7 舱发现 2 块兽骨，均放在瓷碗和瓷钵旁，这显然是食物的残留。此外，第 6、第 7 舱之间为舱门，第 7、第 8 舱的舱底铺有木板，木板上有竹席，因此可认为第 6、第 7、第 8 舱是船民居住的生活舱，在第 3 舱底有一件木水勺，应是挹水工具。在前舱之外淤土中发现有竹缆绳，或为引船的纤索。

如皋唐船出土在如皋东南约 70 里，南距长江不到 30 里，唐代距江较近，或即为通江的河口。该船型瘦长，船板又不厚重，笔者认为这是航行于苏北水网地区的货船。

江苏如皋唐代木船的发掘，最可贵的是让人们看见了船舶水密舱壁这一传统造船技术的先进性。发掘报告中特别指出了该船的捻缝技术：“船舱及底部均以铁钉钉成人字缝，其中填石灰、桐油，严密坚固。”①

二、扬州施桥发现了古代木船

1960 年 3 月，在江苏省扬州市邗江区施桥镇挖河工程中，发现古代木船一只（见图 5-6），同时还伴有一只独木舟。施桥镇在扬州市南 9 000 米，镇东不远处有一条长江的夹江，夹江西段称为沙头河，它由东向西流到距施桥 300 米处，南折入长江。1960 年的挖河工程即是修浚一条南北向的新河道，向南 5 里即进入长江。木船就是在距施桥东南 400 米处的新河的靠西坡处发现的。

大型木船由楠木制成，料厚质坚。出土时船尾部分破损严重，残长 18.4 米（原长 24 米），中宽 4.3 米，底宽 2.4 米，深 1.3 米，船板厚 13 厘米。全船分为 5 个大舱。整个船身是以榫头和铁钉并用连接的，船内隔舱板及舱板枕木，均与左右船舷榫接。船舷是由 4 根大木料，以铁钉成排钉合而成的。铁钉长 17 厘米，钉帽直径 2 厘米，平均每隔 25 厘米有一钉。船底亦用此法建造。

---

① 南京博物院：《如皋发现的唐代木船》，《文物》1974 年第 5 卷，第 84 ~ 90 页。

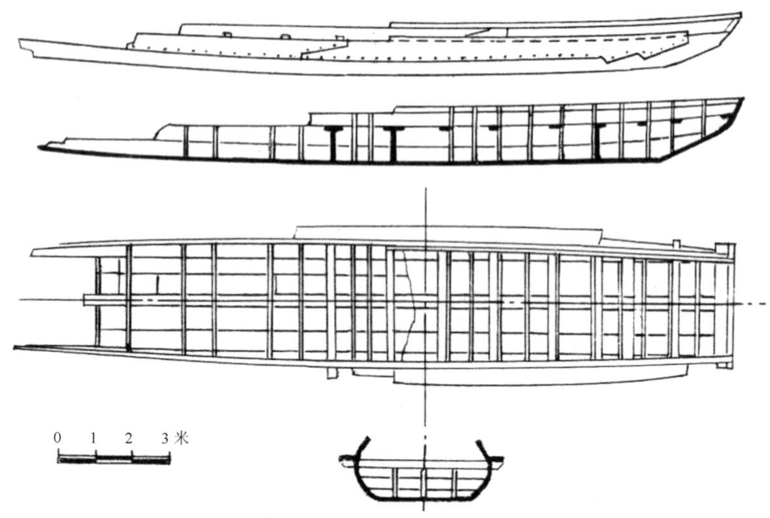

图 5-6 扬州施桥的古代木船(按《文物》1961 年第 6 期,第 53 页改绘)

扬州施桥古船结构坚实、制作精细,木板之间都以油灰填缝。木料上有节疤和裂痕处,则用小木块补塞。《扬州古港史》的研究认为:扬州施桥古船是唐代的文物。①

《新唐书·食货志》记有:“(刘)晏为歇艎支江船二千艘,每船受千斛。”按前述“以粳米一斛之重为一石。凡石者以九十二斤半法”计算,这“受千斛”之船,其载重当为 46.25 吨。按扬州施桥唐船长、宽及吃水的尺度,取船长为 24 米,船宽为 3.6 米,再取吃水为 1.0 米,船体方形系数设为 0.7,则其排水量约为 60.48 吨。其净载重量足以达到 45 吨,与“受千斛”相当。

航行在汴河(运河)上的船,其推进方式主要是两种:一是撑篙,二是拉纤。施桥唐船每舷均设舷伸甲板,正是为撑篙而备的。该船舷墙极度向内收拢,正好便于在货物之上加盖以篾席。该船发掘时,在船底及周围,清理出许多竹缆(拉纤用)和竹编织物残片。这些均可为“歇艎支江船”之说当佐证。

三、在隋唐大运河首次发现一批唐代沉船

1999 年 5 月—11 月在安徽淮北市濉溪县的柳孜,配合宿州至(安

① 吴家兴等:《扬州古港史》,北京:人民交通出版社,1988 年,第 26 页。

徽）永城公路改建工程进行的考古发掘中，发现一批唐代沉船及全国各地20余座窑口的大量瓷器等文化遗物，曾被评为1999年全国十大考古新发现之一。[①]这一重大发现使人们认识到大运河在唐代水运上的重大价值。

（一）柳孜运河1号沉船带有完整的拖舵

柳孜运河1号沉船的照片和拖舵的照片如图5-7和图5-8所示。这是继1978年在天津静海发现北宋河船带有完整的舵之后，又一具年代更早的唐代的完整舵。此舵的形式与现代的舵不同，并不具有垂直的转轴，但与在广州东郊东汉陶制船舶模型所带的舵基本相似。此舵有很大的舵面积拖在船尾，故也称为拖舵。

图5-7　柳孜运河的1号沉船（照片）

该船复原后的船长18.97米，总宽2.58米，船深1.10米，船的满载排水量13.69吨，载重量可达8～10吨。该船的拖舵杆长2.1米，舵杆直径110毫米，舵叶长2.15米，舵叶端部最大宽度为1.26米。该1号唐船的拖舵及操舵原理图如图5-9所示。

---

① 阚绪杭、龚昌奇、席龙飞：《柳孜运河一批唐代沉船的发掘与研究》，见安徽省文物考古研究所、安徽省淮北市博物馆：《淮北柳孜——运河遗址发掘报告》，北京：科学出版社，2002年，第144～161页。

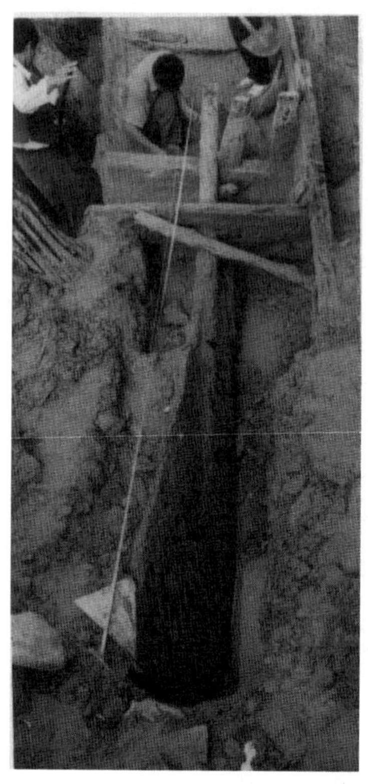

图 5-8　1 号沉船的拖舵(照片)

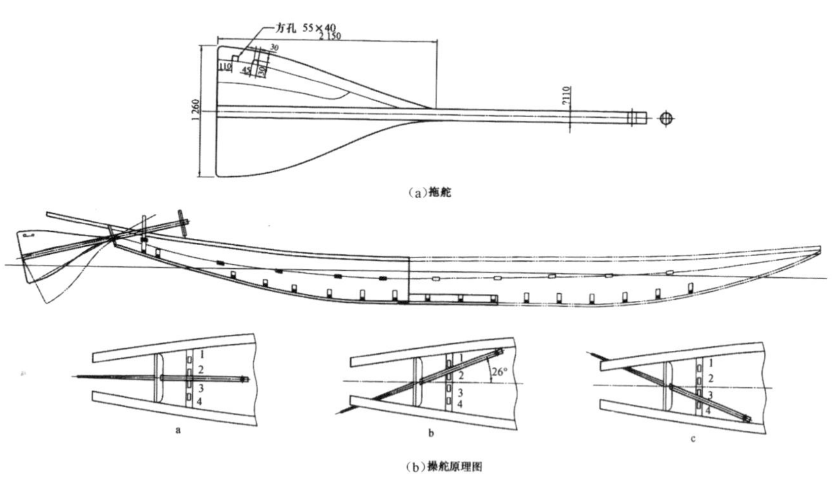

图 5-9　1 号唐船的拖舵及操舵原理图图样(未注单位为毫米)

拖舵的构造是:在船的尾封板上有一圆孔,舵杆由此圆孔插入船内并担在一个空梁上。空梁上有4个限位桩,1、2、3和4。舵杆如果放在2号和3号桩之间,则成正舵;如果放在1号和2号桩之间,则成右舵;同理,如果放在3号和4号桩之间,则成左舵。

(二)柳孜运河4号唐船也应是一艘“歇艎支江船”

柳孜运河4号唐船实际上是一段并不完整的船首部结构,材质坚硬、结构工艺精良。由测绘图的侧视图可见,该首部的形式与前所述扬州施桥唐船颇为相似。由于是在汴河(通济渠)中发现的,研究者认为这也应当是一艘《新唐书·食货志》中提到的“歇艎支江船”。

(三)柳孜运河6号唐船是一艘运粮船

6号唐船沉没前已破损得相当严重。残体仅存船中至船尾的左舷舷侧列板和中部一段宽约0.6米的船底板,整个残体长23.6米。它头西尾东侧躺于河道南岸河底,舷侧板上还保留有11根肋骨和3根空梁。仅存的左舷残体中,首部已经完全破损。

6号唐船尺度大、用材优良,代表了运河漕船的典型结构。6号唐船残骸的实测图、全船构造复原图和型线图如图5-10所示。其工艺水平综合反映了当时的造船发展水平。在加工方法上,6号船用了对接、搭接、钉铆等多种木工技术,列板缝线非常密实。例如,顶板与舷顶列板之间的槽形配合,在三向曲度条件下,十多米长的范围内,准确、完整、协调、美观,装配精度之高,就是在现代化机械加工条件下也不易实现。从建造工艺上,6号唐船表现了精、巧、美的特点。

6号唐船总长27.0米,水线长23.2米,宽3.70米,深1.40米。经计算:船舶排水量为51.5吨,方形系数为0.6,其载重量为30~40吨。

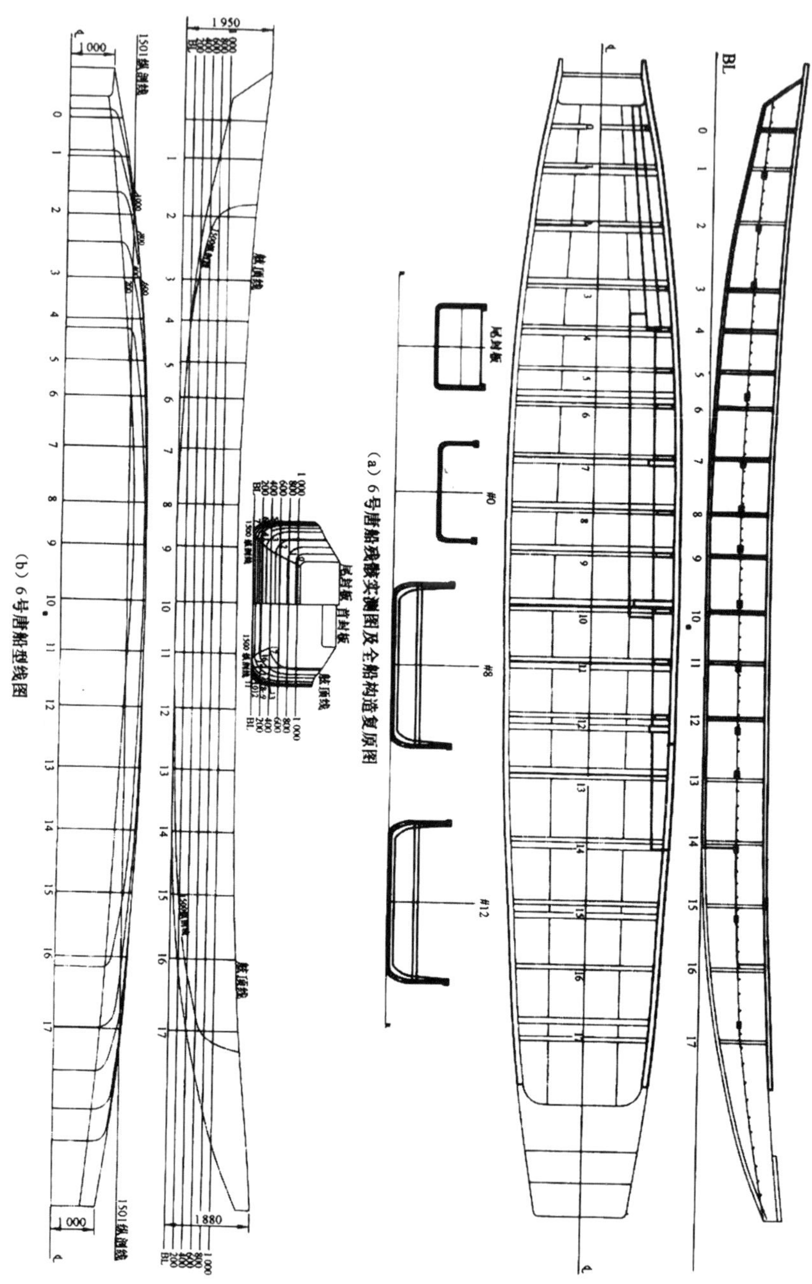

图 5-10　6 号唐船残骸的实测图、全船构造复原图和型线图

第六章　宋代造船技术的发展与成熟

第一节　宋代海运业的发展及宋代海运船舶

自唐末至五代,由于连年割据战争,中国社会经济遭到极大的破坏。公元960年正月,后周的御前都点检赵匡胤在陈桥驿发动兵变,回开封建立了北宋王朝。北宋建立后仍须进行统一全国的战争。北宋初年,在广州、泉州、成都、常德、江陵、杭州和金陵,都还存在着割据政权,在河东还存在着北汉。北宋王朝南征北战十多年才相继使他们纳土归附,到太平兴国四年(公元979年),才把十国中的最后一个北汉征服,但即使穷其国力仍无法控制北方及西北地区的混乱局面。由于辽与西夏的阻遏,河西走廊已完全被隔断,宋代在整个统治的300多年间,与西域的陆路交往严重受阻。因此,中国与外部世界的交流主要依赖海上交通,尤其是在南宋偏安时期,宋代的海上交通有了长足的发展。

一、丝绸与瓷器制造业的成就促进了海运业的发展

特别应当提到的是,“在北宋,独立手工业者的数量较前代加多了,矿冶、制瓷、丝织和造纸等手工业部门的发展都十分显著”[①]。在宋代,丝绸生产从黄河流域和巴蜀地区,向南方发展起来。浙江地区的丝织品也“名著天下”。据陆游所记,亳州出轻纱,拿在手里若有若无;用来做衣服,淡淡的就像蒙上一层薄雾,可谓精妙绝伦。瓷器的制造,在北宋一代,不论在产量上还是在制作技术方面,都比前代有很大的提高。北宋有五大名窑:定窑、汝窑、官窑、哥窑、钧窑,各具特色。定窑,在今河北省保定市曲阳县,所出为名色瓷,有刻花、划花、印花等花色。汝窑,在今河南省汝州市临汝县,属青瓷窑,“屑玛瑙为釉”。哥窑,在浙江龙泉市,所出为青瓷,器形复杂。官窑,在今河南省开封市一带,风格大体与哥窑相同,以粉青色为上。钧窑,在今河南省禹州市,所出瓷器有朱砂红、葱翠青、茄皮紫等色,“红如胭脂,青若葱翠,紫若墨黑”。南宋时官窑南迁,

① 翦伯赞:《中国史纲要(下册)》,北京:人民出版社,1983年,第22页。

在杭州凤凰山、乌龟山下建窑，产品承继了北宋官窑的风格。此外还有景德镇，唐时为昌南镇，宋景德年间以制青白瓷著名，遂改名景德镇，建瓷窑几万座，在江西吉安还有吉州窑。南宋时在广州和潮州也发展了以外销瓷为主的制瓷业。福建沿海的制瓷业密集在同安、泉州、福清、连江等地，都以烧造青瓷为主，产品包括各式碗、盏、碟、盘等，主要是销往海外。

宋代的丝绸、陶瓷贸易主要依靠海运。在唐以前中国同外国的贸易往来以丝绸为大宗，到了宋代，陶瓷大有后来居上之势。当时"船舶深阔各数十丈，商人分占贮货，人得数尺许，下以贮货，夜卧其上。货多陶器，大小相套，无少隙地"①。中国盛产的精美陶瓷，由广州或泉州出发，经由南海行销东南亚、南亚、西亚、北非乃至东非沿岸各港埠。

二、宋代古沉船"南海一号"为海运业发展的实证

在广东省川山群岛的上川岛和下川岛之间海域，在20世纪80年代就发现有古代沉船。经多次水下探摸得知沉船较为完整。根据沉船地点和打捞出来的瓷器、铜钱、金器和铁器等文物判断，确认这是南宋时期我国的远洋贸易船，它在海底已沉睡了840多年。鉴于该古船船体完整、尺度较大，所承载的文物丰富而精美，遂定名为"南海一号"。2007年12月22日，在鞭炮声中，"南海一号"由4 000吨起重船"华天龙号"吊出水面并落位到半潜驳船上。25日晚，"南海一号"连同沉箱被拖到阳江市海陵岛岸边。26日开始登陆，用气囊垫在沉箱下缓缓向前滚动。28日方始入驻设在阳江市的广东海上丝绸之路博物馆的"水晶宫"。虽然"南海一号"尚在清理所载文物，但其舟船先进的技术已为世人瞩目。

第一，根据多种文献记载，我国自北宋起已经在海船上广泛使用指南浮针。人们期待在"南海一号"上能够发现指南浮针的实物。如果能有所获，那将是国宝级文物，在世界上也是唯一的。

第二，"南海一号"的船体结构保存完好，一直到舷部的外板都是三层，这将是迄今所发现的最为完整的海船。这对了解和研究中国古船的船型、结构和用料是极为珍贵的。

第三，船的桅杆已不存在了，但是桅杆的下半部、桅夹板和桅座必定存在。中国古船的多桅多帆的技术领先于世界的成就必将昭示于人。

① 朱彧：《萍洲可谈》卷二。

经过研究和复原，人们将能见到具有八面来风特点的中国风帆。

第四，船尾舵也是我们特别关注的文物。宋代的尾舵已经可以利用绞关轴控制其升降。出海后将尾舵降下以获得较高的舵效，还可以抗横漂；当船舶驶入浅水或港口时将舵提起，使舵叶得到保护。要知道，与“南海一号”同一时期的西方船舶，还不曾有船尾舵。在西方《船舶史》的著作中，作者们一再强调，他们的船尾舵出现在1242年。

第五，“南海一号”木石结合碇的部件——石质碇杆已经被发现，这是呈棱形的长石条。与木质的碇杆、碇钩相结合就能成为完整的木石结合碇。过去，我们曾见过元代的木石结合碇，现在则可以将此种碇推前到宋代。此种带有横向石质碇杆的船碇，与20世纪初西方发明的带有横杆的钢质海军锚，在作用原理上颇为相似。虽然还不能说海军锚借鉴了中国的古碇，但是中国古代的带有横杆的木石结合碇，其作用原理的先进性和合理性已为后世的海军锚所证实。

“南海一号”是我国宋代海运业十分发达的实物证据。我们期待着对“南海一号”的进一步考古发掘，相信“南海一号”必将极大地丰富中国的造船技术史。

三、港口及其管理机构市舶司的建设

为了方便对商贸事务和往来船舶的管理，宋政府在主要的通商海港设立有市舶司、市舶务或市舶场等机构。除了唐代开元二年（公元714年）在广州设立市舶使之外，在北宋及南宋时曾设立市舶司的地方有以下多处。

广州，971年设市舶司。这是汉、唐以来南方的主要海港，侨居的外国人很多，宋时称为番坊。“南宋初年，广州仍保持着最大航海贸易港的地位。”①

杭州，978年设两浙（路）市舶司，989年设市舶司。“北宋时，它是直通汴京的大运河与海相通的南大门，故以国际贸易港和中转港的面目出现，其作用是舶货的进口征榷，使节、贡物由外海转内河并向京城汴梁的中转。南宋时，国都设在杭州，因而杭州港更带有浓厚的友好交往港的形态，以接待来访的各国使臣和舶商为主。从海外贸易角度来说，它是中国唯一的建过都城的海港。”②

① 中国航海学会：《中国航海史（古代航海史）》，北京：人民交通出版社，1988年，第161页。

② 吴振华：《杭州古港史》，北京：人民交通出版社，1989年，第190页。

明州（今浙江省宁波市），999 年设市舶司。在建立市舶司之前曾先后由两浙市舶司、杭州市舶司管辖。明州虽非都会，但为海道辐辏之所，南通闽广，东则倭国（今日本），北则高句丽，商舶往来，物货丰衍。北宋末年起，为避免辽东金人的骚扰，所有与日本、高丽往来的船舶，悉由明州进出。

泉州，1087 年设市舶司。泉州位于闽东南海滨，扼晋江的入海口，既有江岸，又有海湾，有利于靠泊，是交通南洋的门户，海船往来之盛仅次于广州。南宋时，泉州获得大发展；到宋末元初时，泉州的重要性已凌驾于广州之上。

密州板桥镇（今山东省胶州市），1088 年设市舶司，是北宋时北方的重要海口。由于山东半岛北面的登州、莱州太靠近辽国，故在此设市舶司。

秀州华亭县（今上海市松江区），1113 年设市舶务，有专任盐官，旋即改由县官兼监，不久又改为专任。南宋绍兴二年（公元 1132 年），一度将两浙市舶司移至此，至乾道二年（公元 1166 年）罢。绍兴年间，两浙市舶司下有市舶务六处，包括临安、明州、温州、江阴以及秀州的华亭与青龙镇（今上海市青浦区）。

温州，1132 年以前开始设市舶务。

江阴，1145 年设市舶务。

秀州澉浦（今属浙江省嘉兴市海盐县），1246 年于此设市舶官，1250 年设市舶务。

除了上述设有市舶司、市舶务的港口之外，长江以北的通州（今江苏省南通市）、扬州、楚州（今江苏省淮安市）、海州（今江苏省连云港市东海县），长江以南的镇江、平江（今江苏省苏州市）、越州（今浙江省绍兴市）、台州、福州、漳州、潮州（今广东省潮州市潮安区）、雷州（今广东省海康）、琼州（今河南省海口市）等，也都是两宋时期重要的通商港口。

四、造船工厂遍布沿海与内陆

北宋时期建都于开封，南北的漕运还占相当重要的地位，在船舶种类中漕运船也称纲船，其他也有座船（客舟）、战船、马船（运兵船）等类。到了南宋时期，运河的漕船锐减，漕运船（纲船）产量随之下降，因江防、海防的任务较突出，战船的产量逐渐提高。宋代的造船工厂遍布内陆各州和沿海各主要港埠地区。

宋代造船业有官营和民营两类。为江防、海防打造战船之类的任务当由官营造船工厂承担。漕运船、客舟之类的任务虽也有官营承担的，但民营的分量也不小，甚至朝廷出使国外，也要仰仗民营造船工厂并向其“顾募客舟”[①]。

宋代的官营造船工厂具有封建性，其造船工匠来源有三种：被发配的犯人；招募的地方军（时称厢军）中有一定手艺的兵役；从民间征发来的工匠。所谓具有封建性是指各类工匠都无自由可言。如果有“厌倦工役，将身逃走”[②]者，则追捕办罪。

宋代官营、民营造船场地的分布，以内河与沿海运输的港口和连接点为主，并且要计及有利于造船材料（木材、铁钉、桐油、石灰、麻皮、煤）的供应。在诸多研究中以日本学者斯波义信的著作《宋代商业史研究》[③]对造船场地的考证最为详尽。他充分利用中国的文献列出的以下地点。

两浙——温州、明州、台州 、越州（今浙江省绍兴市）、严州（今浙江省建德市）、衢州、婺州（今浙江省金华市）、杭州、杭州澉浦镇、湖州、秀州（今浙江省嘉兴市）、秀州华亭县、苏州、苏州许蒲镇（今江苏省常熟市）、镇江、江阴。

福建——福州、兴化（今福建省莆田市）、泉州、漳州。

广南——广州、惠州、南恩（疑为今广东省恩平市）、端州（今广东省肇庆市）、潮州。

江东——建康（今江苏省南京市）、池州（今安徽省池州市贵池区）、徽州（今安徽省黄山市歙县）、太平（今安徽省马鞍山市当涂县）。

江西——赣州、吉州（今江西省吉安市）、洪州（今江西省南昌市）、抚州（今江西省抚州市临川区）、江州（今江西省九江市）。

湖北——鄂州、江陵、鼎州（今湖南省常德市）、荆南（亦即湖北省荆州市江陵县）。

湖南——潭州（今湖南省长沙市）、衡州（今湖南省衡阳市）、永州（今湖南省永州市）。

四川——嘉州（今四川省乐山市）、泸州、叙州（今四川省宜宾市）、眉州（今四川省眉山市）、黔州（今重庆市黔江地区彭水苗族土家族自治县）。

淮南——楚州（今江苏省淮安市）、真州（今江苏省仪征市）、扬州、

---

① 徐兢：《宣和奉使高丽图经》卷三十四。

② 徐松等：《宋会要辑稿·职官》。

③ 斯波义信：《宋代商业史研究》，日本：风间书房，1968 年，第 73 页。

无为(今安徽省芜湖市无为县)。

华北——三门(今河南省三门峡市)、凤翔、开封、京东西濒河。

宋代造船场地分布图应当能给出较为明确的印象。

五、文献记述的宋代海运船舶

(一)以神舟与客舟组成的豪华海运船队

《宋史·高丽传》记下了宋神宗于元丰元年(公元1078年)遣安焘出使高丽国事,"造两舰于明州(今浙江省宁波市),一曰凌虚致远安济;次曰灵飞顺济,皆名为神舟。自定海绝洋而东。既至,国人欢呼出迎"。

宋徽宗于宣和四年(公元1122年)遣路允迪及傅墨卿出使高丽时,就以2艘神舟、6艘客舟组成大型豪华船队。《宣和奉使高丽图经》卷三十四记有:"其所以加惠(高)丽人,实推广熙(宁)、(元)丰之绩。爰自崇宁元年(公元1102年)以迄于今,荐使绥抚,恩隆礼厚。仍诏有司更造二舟,大其制而增其名:一曰鼎新利涉怀远康济神舟,二曰循流安逸通济神舟。巍如山岳,浮动波上。锦帆鹢首,屈服蛟螭。所以晖赫皇华,震慑夷狄,超冠古今。是宜(高)丽人迎诏之日,倾国耸观而欢呼嘉叹也。"同行的6艘客舟也"略如神舟"。徐兢在书中写道:"旧例每因朝廷遣使,先期委福建、两浙监司顾募客舟,复令明州装饰,略如神舟,具体而微。其长十余丈,深三丈,阔二丈五尺,可载二千斛粟。其制皆以全木巨枋(舫),搀叠而成。上平如衡,下侧如刃,贵其可以破浪而行也。"

客舟的载量按2 000斛计,以每斛粟为120斤(60千克)核算,则共计可载120吨。按前述长、阔、深的尺度计,其排水量约为250吨。如按书中所述"若夫神舟之长、阔、高大,什物、器用、人数,皆倍客舟也"计算,神舟的载量应能达到240吨之数。客舟、神舟的长度将分别达到30米和38米。

(二)提高航海性能并增加航海安全的各项技术措施

提高航海性能并增加航海安全的各项技术措施如下:

(1)如《宣和奉使高丽图经》所记:在船两舷缚两捆大竹以增加在风浪中的稳定性与安全性。"于舟腹两旁,缚大竹为橐以拒浪。装载之法,水不得过橐,以为轻重之度。"

(2)"若风涛紧急,则加游碇,其用如大碇。"当船舶在风涛中做横向及纵向摇摆时,游碇均可增加对摇摆的阻尼作用,以减缓摇摆,保证稳定与安全。

(3)帆樯的设计和驶风技术都有所改进。除了以篾制成的硬帆(利篷)外,还设有软帆(布帆);将帆转向左右两舷之外,以便获得最大的风力;在正帆之上还加设小帆(野狐帆),风正时用之。《宣和奉使高丽图经》中则有:"风正则张布帆五十幅,(风)稍偏则用利篷。左右翼张,以取风势。大樯(桅)之巅,更加小帆十幅,谓之野狐帆,风息则用之。然风有八面,唯当头风不可行……大抵难得正风,故布帆之用,不若利篷翕张之能顺人意也。"

(4)在风浪海中,船舶难免失速,降低了抵御风浪的能力。加野狐帆,借风势劈浪前进是改善风浪中船舶耐波性、适航性的最有效措施。"舟行过蓬莱山之后,水深碧色如玻璃,浪势益大。洋中有石,曰半洋焦(礁),舟触焦则覆溺,故篙师最畏之。是日午后,南风益急。加野狐帆,制帆之意,以浪迎舟,恐不能胜其势,故加小帆于大帆之上,使之提挈而行。"

(5)船舶在远洋航行中,如何及时妥善处理海损事故、提高船舶生存能力显得尤为重要。现代海军称之为"损害管制措施"。今日从宋代的文献中也能窥其一斑。《萍洲可谈》即记有:"船忽发漏,既(即)不可入治。令鬼奴持刀、絮自外补之。鬼奴善游,入水不瞑。"①

(三)指南浮针应用于航海

中国是世界上最早使用指南针(其装置方法示意图,见图6-1)导航的国家。成书于宣和元年(公元1119年)的《萍洲可谈》记有:"舟师识地理,夜则观星,昼则观日,阴晦则观指南针。或以十丈绳钩取海底泥嗅之,便知所至。"成书于宣和六年(公元1124年)的《宣和奉使高丽图经》共四十卷。书中写道:"是夜,洋中不可住维,视星斗前迈。若晦冥(暝),则用指南浮针,以揆南北。"②

北宋科学家、政治家沈括(公元1031—1095)所撰《梦溪笔谈》撰成于元丰八年(公元1085年),据认为最早的刻本刊于乾道二年(公元1166年)。书中记有"方家以磁石磨针锋,则能指南,然常微偏东,不全南也"③。书中还记有装置磁针的4种方法:水浮、指爪、碗唇、缕悬。

---

① 朱彧:《萍洲可谈》卷二,见《丛书集成初编》,上海:商务印书馆,1939年,第18页。

② 徐兢:《宣和奉使高丽图经》卷三十四。

③ 沈括:《元刊梦溪笔谈》卷二十四《杂志一》,北京:文物出版社,1975年,第15页。

20 世纪 40 年代,科技史家王振铎以图解的方式将 4 种装置方法进行形象而准确的诠释,并为《中国科学技术史稿》①所采用。缕悬法即“取新纩中独茧缕,以芥子许蜡,缀于针腰,于无风处悬之,则针常指南”。此法虽被沈括赞为“最善”,但后世广为应用的却是水浮法(见图 6-2)。

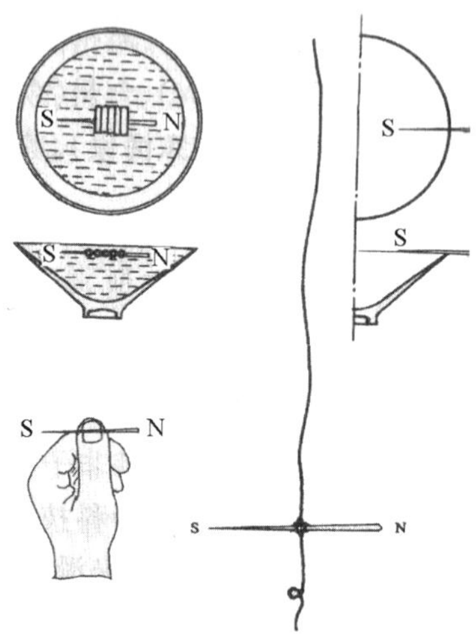

图 6-1　指南针装置方法示意图

图 6-2　早期的木制指南水浮针盘图

① 杜石然等:《中国科学技术史稿(下册)》,北京:科学出版社,1982 年,第 12 页。

第二节　北宋《清明上河图》所表现的汴河船

北宋徽宗时期的宫廷画师张择端所绘《清明上河图》，约成画于政和、宣和年间，即1111—1125年。这是一幅描绘北宋都城汴京社会经济生活的宏伟巨著。在长达5.25米的长卷里，画家以生动、完美的技巧，如实地表现了从宁静的春郊到汴河的众多景物，斜跨大河的虹桥，巍峨的城楼和繁华的街市。河上大船浮动，街上车水马龙。“它的伟大价值不仅表现在画面人物众多，景象的宏伟丰富以及表现技巧的生动完美，更值得注意的是它所反映的社会内容，在美术史上具有鲜明的先进性和突出的重要意义……即使从世界美术史看，在十二世纪初期，就能够以这样的规模反映社会经济活动和都市面貌的绘画作品也极其少见。”①

难能可贵的是在《清明上河图》长卷中画有各种视角的船24艘，其中客船11艘，货船13艘。特别重要的是，由于在历史上人们有偏重于科举登仕、不同程度地鄙薄工程技术的传统，在浩如烟海的著作中，特别缺少关于工程技术的较为真实形象的插图、图样。且不论春秋战国时期，即使是秦汉、隋唐时期，也几乎见不到各个时期的较为真实、形象的船舶图样。张择端却开历史之先河，为后世留下了能反映当时技术成就的诸多船舶图样（见图6-3）。

图6-3　张择端《清明上河图》（局部）中的船舶

① 张择端绘图、张安治著文：《清明上河图》，北京：人民美术出版社，1979年，第10、19页。

北宋时当然不可能探讨高等数学上的悬链线方程，但他所绘出的拉纤船夫所牵拉的系在桅顶的纤绳的形象，却合乎悬链线方程，真实而形象。张择端观察得细微，表现得真切，至少在船舶图样方面是前无古人的。

《清明上河图》所表现的汴河船，具有时代的先进性。汴河是在天然河流基础上加以人工整治的运河，由于原取水于黄河，黄河河身的不断变化使汴河取水口不得不随之伸缩改动。黄河水猛涨猛落，也给航运带来困难。大量的挟沙使汴河水流不畅，甚至形成地上河。

宋神宗元丰二年（公元 1079 年），清汴工程完成，闭塞旧汴口，建清汴引水渠，即引洛河的清水为汴河水源。汴河“自元丰二年至（哲宗）元祐初，八年之间，未尝塞也”①。岁漕江、淮、湖、浙米数百万石，及至东南之产，百物众宝，不可胜计。“故于诸水，莫此为重。”从而，汴河船也正是宋代最具代表性的内河船型。从图上所绘的船舶中，可以探索到船舶发展的许多技术成就。

第一，在船型上有明确的货船与客船的区别，这充分反映了当时汴河的货运和客运是各具规模的。例如，汴河船图（见图 6-4）中的后数第 2 艘船，体态丰盈，尾甲板并不向后伸延，是一艘典型的货船。② 最后一艘则是客船，除了遍设客舱之外，在两舷设舷伸甲板供作撑篙步道之用。客船与货船的最大区别，在于尾部向后延伸，相当于现代内河船常用的假尾，古时称为虚梢，从而增加了甲板和舱室的面积。

图 6-4　汴河船图（临摹自《清明上河图》）

第二，客船（汴河客船模型，见图 6-5）的总体布置精当且合用。客

---

① 脱脱等：《宋史 · 河渠志》。

② 席龙飞：《北宋的汴河运输和船舶》，《内河运输》1981 年第 3 期，第 75 页。

舱的两舷都有相当大的窗子，通风与采光是相当充足的，遇风雨气候可用木板窗将窗口关闭，这时顶棚的两列气窗既可供采光又可供通风。客舱的顶棚用苇席制成，显然是轻型的。顶棚之上，只供少数船员进行起、倒桅操作，也可存放一些轻型物件，如蓑衣、绳索之类，显然这对于船的稳定与安全是有利的。

图 6-5　汴河客船模型（采自《中国古船图鉴》）

货船（汴河货船模型，见图 6-6）的顶棚与客船不同，从成排的钉眼看，它显然是用木板钉成拱棚以挡风雨，而装卸货物则通过开向两舷的货舱口。这种以拱形顶棚代替甲板的设计，对于宽度大而吃水小的船来说，能多装货物且便于装卸。

图 6-6　汴河货船模型（采自淮北市博物馆）

汴河船的尺度，可以参照中国桥梁史学家罗英按人的身高、肩宽估算虹桥长宽尺度的办法，进行估算。[①]根据在客船舷伸甲板上走动的水手身高略高于顶棚，可大致认为自舷伸甲板到顶棚的高度约 1.5 米，稍大些的货船长约 24 米或更长，宽 5 米，长宽比约 4.8。据《宋史・河渠志》记载“大约汴舟重载，入水不过四尺”，从而吃水可取 1.2 米。如取汴河货船的方形系数为 0.6，则其排水量约为 86.4 吨，载重量可达 50～60 吨。这相当于 1 000 料的货运船。

第三，从图 6-7 来看，汴河里的船未见有用帆的，船上的人字桅显然是供逆水而上时拉纤用的。过桥时人字桅须放倒，所以都采用轻型，而且在结构上并不伸向船底，而是榫接于横在顶棚的圆木上。这根圆木由两舷的木柱支撑并可转动，从而使人字桅的起、倒都很方便。

图 6-7　汴河客船模型(上海交通大学船舶海洋与建筑工程学院提供)

第四，北宋时船舶所用的舵是相当先进的，从图中可见，舵叶的一部分面积在舵杆(舵的转轴)之前，这说明中国远在 12 世纪之初就已开始应用平衡舵。很明显，转动这种平衡舵轻便得多，既可减轻舵工的劳动强度，更可改善船的操纵灵活性。此外，“舵都用链条或绳索拉住并卷在船尾的横向圆辊上。可因航道的深浅而降下或升起。将舵降下可提高舵效；将舵提起可得到保护”[②]。舵叶在结构上是用竖向板拼接，纵向用桁材加固，这与近代舵叶结构没什么区别，反映了宋代舵技术已成熟并已达到的先进水平。要知道，在我们已经应用平衡舵的年代，欧洲的许多国家尚未出现最早的舵。他们声称：最早的舵出现在 1242 年。

第五，船头有起碇用的绞车。碇或锚应是必备的属具，但在各船上

① 罗英：《中国桥梁史料(初稿)》，上海：上海科学技术出版社，1959 年，第 67 页。

② 席龙飞：《桨舵考》，《武汉水运工程学院学报》1981 年第 1 期，第 27 页。

没有发现。这或许是因为船舶在岸边靠泊时用缆索把船拴在岸上的木桩而不是用锚。作画人目所未见之物,也不妄自添加,说明作者具有忠于现实的严谨的创作态度。在一艘客船的近尾处设有一约高1.2米的圆形围栏,这或许是供旅客如厕的处所。

张择端的一幅《清明上河图》绘出客船、货船共24艘,把宋代汴河上的船舶体型、结构和布置特点、船用属具以及航行操作等各方面的直观资料概括无遗。它既是美术作品的瑰宝,也是考稽中国宋代内河船的重要文物。

第三节 宋代古船的发掘与研究

一、天津市静海县(今静海区)出土的宋代内河船

1978年6月,在天津市静海县东滩头乡元蒙口村发现了一只宋代木船。木船齐头、齐尾、平底,船长14.62米,最大宽度为4.05米,型深1.23米,首尾有相当的起翘;无隔舱,无桅杆遗迹,但有一较完整的平衡舵;船体较完好,唯左舷上部腐朽。[①] 图6-8为该船的出土现场。报告还正确估算出其排水量约为38吨,因此其静载重量也不会少于28吨。

图6-8 天津静海宋代内河船出土现场
(天津市文物管理处提供)

① 马大东:《天津静海元蒙口宋船的发掘》,《文物》1983年第7期,第54~58页。

随船出土的遗物有“开元通宝”“政和通宝”等钱币。“政和通宝”提供了沉船年代的上限,即应晚于政和元年(公元1111年)。从地层看,其第4层到第6层,均为浅黄色、黄色的淤积、冲积土层,总厚度约为1.5米,土质十分纯净。这极有可能是政和七年黄河泛滥、沧州河决堤造成的,静海距沧州约70千米。由此推断船的建造年代应在政和七年(公元1117年)之前。这种判断和舱内遗物的年代也颇为一致。

由发掘报告可知,船的舷板经鉴定多为楸木、楠木或槐木,横梁为槐木。船材主要是就地取材,大多利用树木的自然丫杈,左右舷常不对称,显然是由民间船工所造。

空梁的间距为0.66~0.93米,截面宽100~170毫米,厚130~200毫米;舱底肋骨截面宽90~150毫米,厚80~110毫米;舷内加强肋(只有4对)宽70~80毫米,厚90~100毫米。天津静海宋船的基本结构如图6-9所示。船体横剖面结构如图6-10所示,空梁、舱底肋骨、加强肋骨,构成了坚固的封闭框架。在空梁间还有直径为30~50毫米的树枝丫做成的肋骨予以加强,在空梁和舱底肋骨上均有拐形肘材。所有这些构件都保证了船体有足够的横向强度。此外,在空梁与舱底肋骨之间还有短支撑木用以支撑,这对于构成整体刚性和传递在空梁上因载货物而承受的力,都是有益的。

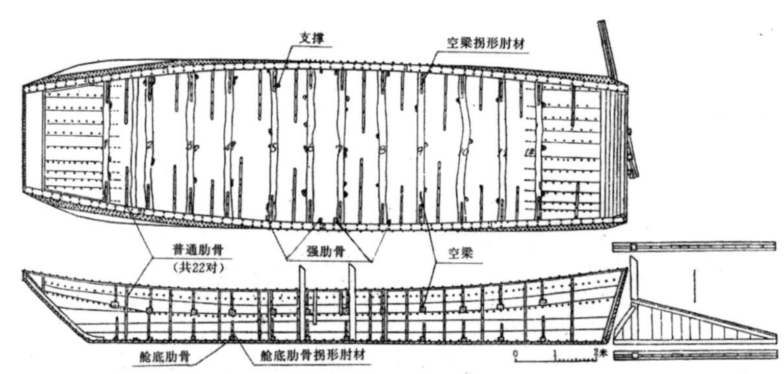

图6-9　天津静海宋船的基本结构图

鉴于空梁的间距很小,空梁与舱底肋骨之间又有许多短支撑,舱底肋骨还开了不少流水孔,舱底难免会存积少量因渗漏而涌入舱内的水,笔者以为在通舱内载货是不甚适宜的。如果在空梁上铺以木板和苇席,则在空梁上载包装货甚至散装粮谷都是可行的。空梁以上直到舱口尚有约0.5米的空间,载货的容积也是足够的。

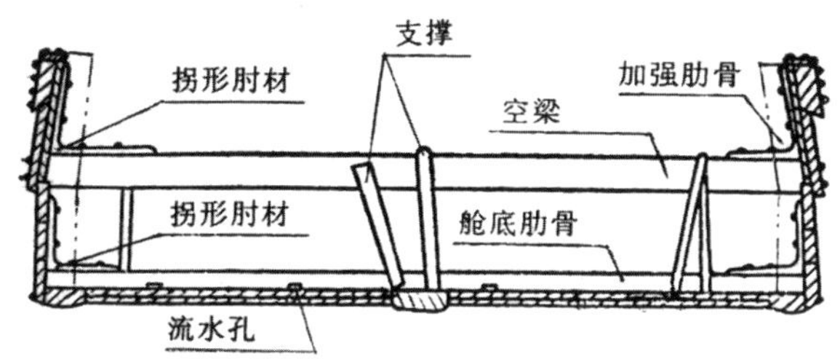

图 6-10　天津静海宋船的横剖面结构图

静海宋船在出土时,考古学家发现舵被淤泥挤在紧靠船尾板的位置。舵杆为一整修过的树干,残高 2.19 米。舵叶呈三角形,底边长 3.9 米,高为1.14 米,舵叶总面积为 2.223 平方米。在舵杆前的平衡部分面积为 0.285 平方米,舵的平衡系数为 12.8%。此舵的平衡系数偏小,大约只有现代船舶的 1/2,但此舵仍不失为平衡舵。[①] 此舵叶的形状与《清明上河图》中的船舵颇为相似,只因所处河道极浅,此舵的展弦比(舵叶高与舵叶宽之比)更小些。天津静海宋船复原图如图 6-11 所示。

图 6-11　天津静海宋船复原图

静海宋船的年代与《清明上河图》的年代基本一致,静海宋船平衡舵的发现,从一个方面证实了张择端所绘船舶形象的准确与可信。

在 1117 年,西方尚未出现舵,更不用说平衡舵了。因此,天津静海宋船的平衡舵是迄今为止世界上最古老的舵。"最宝贵的是,它提供了第一个保存较为完好的宋代平衡舵实物,这是我国船舵臻于成熟的重要物证。"[②]

① 席龙飞等:《船舶设计基础》,武汉:武汉造船工程学会《武汉造船》编辑部,1978 年,第 424 页。

② 席龙飞:《桨舵考》,《武汉水运工程学院学报》1981 年第 1 期,第 25 页。

二、泉州湾宋代海船的发掘与研究

1974 年夏，在福建省泉州湾的后渚港出土了一艘宋代木造航海货船（见图 6-12）。这一重大考古发现，在中国和全世界都是罕见的。1975 年 3 月 29 日的新华社播发的这一新闻电信①，引起国内外广泛关注。同年在《文物》第 10 期发表了发掘报告②以及有关学术论文。自此，在全国各种学术刊物上不断有关于泉州湾宋代海船的研究论文发表。1979 年 3 月在古港泉州召开了“泉州湾宋代海船科学讨论会”，集中了考古、历史、造船、航海、海外交通、地质、物理、化学、医药和海洋生物等诸多学科共百余位学者，就宋代海船的年代、建造地点、航线、沉没原因、古船的复原以及出土文物的鉴定与考释等问题进行了深入的讨论并得出相应的结论。泉州湾宋代海船的复原模型作为一项重要展品，1983 年 6 月在美国芝加哥科学工业博物馆举行的《中国：七千年的探索》展览会上展出。美国《芝加哥论坛报》在 6 月 5 日发表评论文章：“中国人对世界发展做出了巨大贡献。”③文中对中国的水针罗盘、造船和航海技术给予高度的评价。

图 6-12　泉州湾宋代海船出土现场图

① 福建泉州湾发现一艘宋代木造海船（《人民日报》1975 年 3 月 30 日）；福建省文物考古工作者在泉州湾发掘出一艘宋代木造海船（《光明时报》1975 年 3 月 31 日）。

② 泉州湾宋代海船发掘报告编写组：《泉州湾宋代海船发掘简报》，《文物》1975 年第 10 期，第 1 ~ 8 页。

③ 《参考消息》1983 年 6 月 28、29、30 日。

(一)泉州湾宋代海船的船型

泉州湾宋代海船出土时,基本上只残留一个船底部。船首保存有首柱和一部分残底板。图6-13为古船残骸的测绘草图。

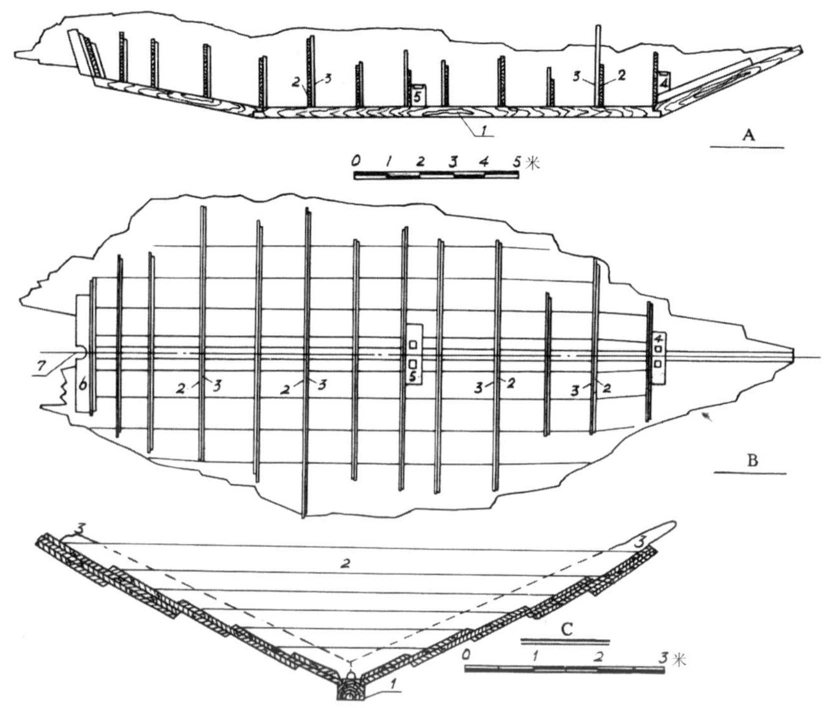

图6-13　泉州湾宋代海船残骸的测绘草图

1—龙骨;2—舱壁;3—肋骨;4—头桅座;5—主桅座;6—舵杆承座;7—舵轴孔

古船残骸长24.20米,宽9.15米,深1.98米。根据残长,将各舱壁及首、尾轮廓线顺势外延,可初步估算出船长为30米。鉴于残宽已达9.15米,如使横剖线光顺地向上过渡,甲板处的宽度至少应为10.5米,这时满载水线处的宽度为10.2米。

许多史料都指出宋代远洋海船的吃水深且具有较好的航海性能。"海中不畏风涛,惟(唯)惧靠搁。"[①]"海行不畏深,惟(唯)惧浅搁。以舟底不平,若潮落,则倾覆不可救,故常以绳垂铅锤试之。"[②]据此,笔者根

① 朱彧:《萍洲可谈》卷二。

② 徐兢:《宣和奉使高丽图经》卷三十四。

据各种尺度比值的分析对比，船舶吃水取为3.75米，获得泉州湾宋代海船的主要尺度①如表6-1所示。

表6-1　泉州湾宋代海船主要尺度

船长 L	30.0米	干舷 F	1.25米
水线长 L_{wl}	27.0米	干舷船宽比 F/B	0.123
甲板宽 B_{max}	10.5米	干舷型深比 F/D	0.25
水线宽 B	10.2米	深吃水比 D/T	1.33
型深 D	5.0米	方形系数 C_B	0.44
吃水 T	3.75米	排水量 Δ	454吨

该船经复原的船体型线图如图6-14所示，图中标注线（高度约2.0米）以下为据实测值精确绘制，标注线以上为复原的结果。对船长及船宽的复原获得杨槱教授的支持。②

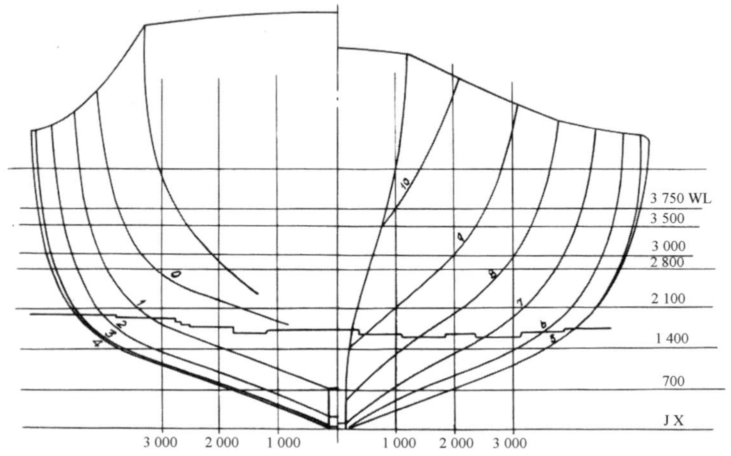

图6-14　泉州湾宋代海船复原的船体型线图

泉州湾宋船的宽度大且长宽比小，这对保证船舶稳性是极为有利的。船略长也有利于减少板材的接头，对船体强度有利。这样小的长宽比并不会影响船的快速性，因为木帆船毕竟比现代船舶的航速低得多，

① 席龙飞、何国卫：《对泉州湾出土的宋代海船及其复原尺度的探讨》，《武汉水运工程学院学报》1979年第2期，第117页。又见福建省泉州海外交通史博物馆：《泉州湾宋代海船发掘与研究》，北京：海洋出版社，1987年，第94页。

② 杨槱：《对泉州湾宋代海船复原的几点看法》，《海交史研究》1982年第4期，第34页。

对应于较低的航速选小的长宽比还是可行的。特别应当指出,古船的型线非常瘦削,这对保证船的快速性是很重要的。正如宋代徐兢在《宣和奉使高丽图经》中所说:“上平如衡,下侧如刃,贵其可以破浪而行也。”[①] 由复原的型线图可见:“横剖线呈 V 形,斜剖线很平缓,水流除满载水线附近是沿水线流动之外,主要是沿斜剖线流动。据计算,该船的方形系数 C_B 为 0.44,中剖面系数 C_m 为 0.69,均较现代货船小得多。这一点可弥补长宽比过小对快速性带来的不利影响,同时,平缓的斜剖线可使弯曲外板的加工工艺得到改善。V 形的横剖面有利于改善耐波性。尖底和深吃水相配合可有较好的适航性,受到横向风吹袭时,抗横漂能力也较强。由此可见,泉州湾宋代海船的船型设计是综合考虑了稳性、快速性、耐波性和加工工艺等多种要求的。从现代船舶设计理论的角度来评论,也是值得称道的。”[②]

在 1979 年 3 月于古城泉州召开的“泉州湾宋代海船科学讨论会”上,对泉州古船的研究获得了以下几项重要成果。

1. 关于古船的年代

断定泉州湾海船为宋代船根据有三:首先,船舱中出土大量陶瓷器碎片,能复原的共 58 件,从器形、釉色、纹饰来看都具有宋代特征,未见有宋以后的瓷器。第二,舱中出土铜钱 504 枚,除 33 枚为唐钱外,其余全为宋钱。其中最晚的是一枚背为“七”的南宋“咸淳元宝”,乃咸淳七年(公元 1271 年)所铸。这可认为是海船沉没绝对年代的上限。[③] 第三,通过对沉船地点淤泥样品进行海滩沉积环境的研究,结论是该船的沉没埋藏过程当有 700 年以上的时间。[④]

2. 关于古船的航线

综合研究的结论是:这是一艘由南洋返航的远洋船。首先,船舱中出土的香料、药物,在数量上占出土文物的第一位,计有降真香、沉香、檀香等香料木和胡椒、槟榔、乳香、龙涎、朱砂、水银、玳瑁等药物。这些香

① 徐兢:《宣和奉使高丽图经》卷三十四。

② 席龙飞、何国卫:《对泉州湾出土的宋代海船及其复原尺度的探讨》,《武汉水运工程学院学报》1979 年第 2 期,第 111 页。

③ 泉文:《泉州湾宋代海船有关问题的探讨》,《海交史研究》1978 年(创刊号),第 51 页。

④ 林禾杰:《泉州湾宋代海船沉没环境的研究》,《海交史研究》1982 年第 4 期,第 42 ~ 51 页。

药的主要产地是南洋诸国和阿拉伯沿岸，俗称“南路货”，而载此货的船当为南路船。第二，北宋元祐二年（公元1087年），政府已在泉州设市舶司，南宋时泉州是通向南洋的重要门户，判断该船航行于南洋合乎历史、地理条件。第三，船中出土的贝壳和船壳附着的海洋生物，大部分属于暖海种。更发现船壳上有很多钻孔动物——巨铠船蛆，对船板破坏严重。这种船蛆标本是在我国沿海从未发现过的。这是船舶来自南洋一带的最有力的证据。①

3. 关于古船的建造地点

从造船工艺来看，船板用铁钉钉合，缝隙又塞以麻绒油灰，这不仅与大食（波斯）船、日本船、扶南（柬埔寨）船很容易区别，就是与本国的广东船建造方法也不尽相同。“特别值得注意的是，海船龙骨接合处凿有‘保寿孔’（见图6-15），孔中放铜镜、铜铁钱等物，其排列形式如‘七星伴月’状，据称这是本地造船的传统习惯。”②

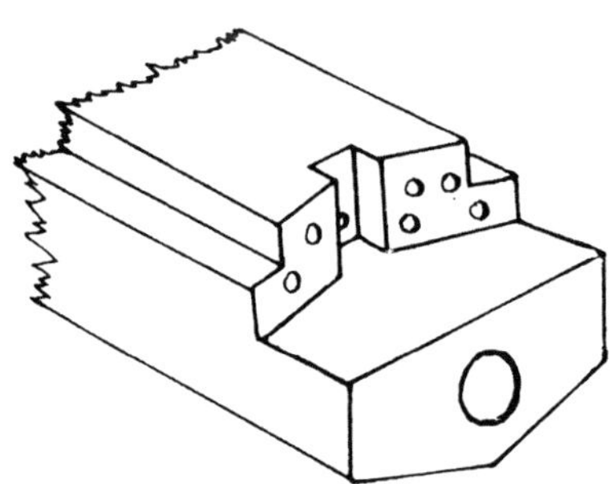

图6-15　龙骨接合处的“保寿孔”图

4. 关于海船的沉没原因

船底无损，可认为并非触礁；港道水深，不会搁浅；只要驶向附近的洛阳江也可避台风；即使遇难，只要有人管理也可营救。从海船上部皆损破，大桅也被拔掉，舱内瓷器多成碎片，且一件瓷器的碎片分散到各舱等情况看，说明沉船前或有风浪冲击，或有人为的战乱，造成了“野渡无人舟自横”的局面。许多史学家分析，南宋末年，泉州提举市舶司蒲寿

① 李复雪：《泉州湾宋代海船上贝类的研究》，《海交史研究》1984年第6期，第107页。

② 泉文：《泉州湾宋代海船有关问题的探讨》，《海交史研究》1978年（创刊号），第51页。

庚降元朝，宋将张世杰率军进攻泉州，泉州风云突变，战火纷飞。海船可能是此期间沉没的，时为1277年。

(二)泉州湾宋代海船的船体结构

1. 龙骨

泉州宋船松木主龙骨断面宽420毫米，厚270毫米，长12.4米。其尾部接有长度为5.25米的尾龙骨。首端接以樟木首柱，残长4.5米，接头用“直角同口”榫合，接口340毫米，未见铁迹。

2. 壳板

船壳系多重板构造。紧临龙骨的第1列、第2列板为樟木，其余为杉木。壳板都以整木裁制，板宽280～350毫米，长9.21～13.5米。船壳的内层板厚82～85毫米，中层板厚50毫米，外层板厚45～50毫米。关于中国船舶在结构上的特点和优点，马可波罗曾说：“船用好铁钉结合，有二重板叠加于上。”①日本学者桑原骘藏曾考证：“侧面为欲坚牢，用二重松板。”②泉州湾宋代海船为上述论述提供了实物证据。所有边接缝和端接缝均采用子母口榫合，并塞以麻丝、桐油灰捻料，还加上铁钉。钉有方、圆、扁诸种，钉法多样。

3. 舱壁及肋骨

泉州湾宋代海船设有12道水密舱壁将船分隔成13个货舱。舱壁板厚100～120毫米，多为杉木，边缝榫接并填塞捻料。最下一列壁板用樟木是为了耐腐蚀，在近龙骨处开有120毫米×120毫米的流水孔。

舱壁板周边与壳板交界处，装设由樟木制成的周边肋骨。值得注意的是：船中以前的周边肋骨都装在舱壁板之后，船中以后的肋骨又都装在舱壁板之前，这有助于舱壁板的固定和全船的整体刚性。近代铆接钢船上的水密舱壁设周边角钢，从功用到安装部位，这周边肋骨与周边角钢都是一致的，可以说后者是由前者演变而来的。

《马可波罗行记》写道：“若干最大船舶有最大舱十三所，以厚板隔之，其用在防海险，如船身触礁或触饿鲸而海水透入之事，其事常见……至是水由破处浸入，流入船舶。水手发现船身破处，立将浸水舱中之货物徙于邻舱，盖诸舱之壁嵌甚坚，水不能透。然后修理破处，复将徙出货

① 马可波罗：《马可波罗行记(上册)》，冯承钧译，上海：商务印书馆，1936年，第620页。

② 桑原骘藏：《蒲寿庚考》，陈裕菁译，北京：中华书局，1929年，第5页。

物运回舱中。”[①]泉州湾宋代海船用12道舱壁将船分隔成13个舱，与马可波罗的记叙是非常一致的。

4. 可眠桅技术

泉州湾宋代海船保存下来的两个桅座，都是用大块樟木制成的。与现代中国帆船相一致，两个桅夹柱应是与舱壁相连的，用来固定船的桅杆。中国船的桅杆可眠倒和拆卸，在泉州湾宋代海船主桅前的第5号舱壁上留有宽300毫米，残高340毫米的方形孔，证实了泉州湾宋代海船当时已经采用了可眠桅技术。

5. 舵可以升降

现存的舵杆承座由3块大樟木构成，又用两重樟板加固于承座之背面。舵杆承座板残长3.44米，残高1.37米，宽0.44米，附加樟板厚200毫米。舵承的轴孔直径为380毫米，可知所配舵杆直径应近于380毫米。舵承的轴孔向后倾斜22°，这一数据与现代帆船相近。在第11舱还曾出土一樟木的绞车轴残段，长1.4米，直径350毫米。[②]轴身凿有2个直径130毫米的圆通孔，应当是绞棒孔。这绞车轴或就是起舵用的绞关构件。中国海船的舵一向可以升降：降下去可以提高舵效，还有利于抗横漂；升起来使舵获得保护。看来这一成熟技术在泉州湾宋代海船上已经使用。

（三）泉州湾宋代海船造船工艺的先进性

1. 二重、三重板技术

泉州湾宋代海船三重板的总厚度约为180毫米。若用单层板，不仅弯板困难，还会因板材具有残留应力而有损于强度，是不可取的。若采用双重、三重板，两重板之间应不留空隙，以避免和减缓腐蚀，这就要求加工工艺十分精细。

2. 选材适当且讲究

泉州湾宋代海船各种构件均依所处部位、受力状况和受腐蚀程度的不同而选用不同的木材。各部位的木材均经过科学鉴定。[③]

---

① 马可波罗：《马可波罗行记（上册）》，冯承钧译，上海：商务印书馆，1936年，第620页。

② 福建省泉州海外交通史博物馆：《泉州湾宋代海船发掘与研究》，北京：海洋出版社，1987年，第21～22页。

③ 陈振端：《泉州湾出土宋代海船木材鉴定》，《海交史研究》1982年第4期，第52页。

龙骨,采用马尾松,取其纹理直、结构粗壮、耐腐蚀的特点。其材在我国分布很广,福建数量最多,从古到今都是我国南方造船用材。

舷侧板、船底板、舱壁板等,主要采用杉木,取其纹理直、疤节少、材质轻的特点。杉木分布于浙江、安徽、福建、江西、湖南、湖北、四川、贵州、云南、广西、广东各省,一向是我国的优良造船材料。

周边肋骨、首柱、舵杆承座、桅座、舱壁最下一列板,临龙骨的第1列、第2列壳板以及绞车轴等,均采用樟木,取其结构细致、坚实和耐腐蚀的特点。樟木分布于福建、台湾、江西、浙江等许多省份,以福建、台湾为最多,历来是我国南方重要的造船材料之一。泉州湾宋代海船在我国的重要地位,也在于它能就地取材。

3. 壳板的钉连技术

壳板横向的连接缝系平接与搭接混合使用。纵向则采用“斜面同口”“滑肩同口”“直角同口”等方法,“钩子同口”在泉州湾宋代海船上尚未发现。“不论是横接或纵接都予以子母榫榫合,并塞以麻丝、桐油灰捻料,还加上铁钉。”①在中国,钉连船板技术中最为重要的,也最具有技术先进性的,是使用挂锔或称为锔钉。

挂锔的根本作用,在于将外板拉紧并钉连在舱壁上。做法是先在舱壁上预先开锔槽,在外板上开孔缝,把锔(钉)由外向内打进并就位在舱壁的锔槽内,再用钉将锔钉钉在舱壁上(见图6-16)。

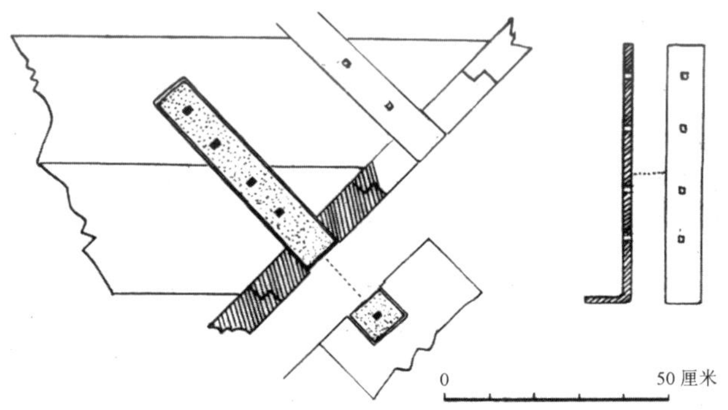

图6-16　泉州湾宋代海船所用的挂锔(锔钉)及其钉法

① 福建省泉州海外交通史博物馆:《泉州湾宋代海船发掘与研究》,北京:海洋出版社,1987年,第19页。

4. 水密捻缝技术

泉州湾宋代海船采用麻丝、桐油灰捻缝，以保证水密并使铁钉减缓锈蚀的技术。此种成熟的技术一直沿用到现在。关于捻料，在泉州发现的有两类：一类捻料的构成为麻丝、桐油、石灰；一类捻料的构成为桐油、石灰。前者适用于填塞板缝及较大的缺损部位，后者适用于表面填补和封闭。①

桐油的化学成分是桐油酸甘油酯，易产生氧化、聚合反应，形成的漆膜坚韧耐水。石灰本身有很强的黏接性，将石灰和桐油调和，能促进桐油的聚合而使其干结，并能生成桐油酸钙，有很好的隔水填充作用。贝壳灰的碳酸钙含量可达90%以上，经高温焙烧的贝壳俗称“蛎灰”，曾称为“上粉”，最适于调和桐油灰捻料。麻丝或麻制旧品（如旧渔网等）经人工复捣，在捻料中有充填、增加附着性、防止开裂和提高团块的机械强度等重要作用。

三、宁波宋代海船的发掘与研究

1979 年 11 月 26 日，新华社播发了“宁波发现宋代海运码头遗址和古船”的消息。接着，1980 年 1 月 3 日《人民日报》报道：“浙江省宁波市新近发现古代海运码头遗址和一艘古船。据考证，这是宋代的遗物……宋代海运码头和外海船的发现，为研究古代宁波的对外交通贸易和造船工业提供了新的实物例证。”②

宁波古船压在宋代层之下，在船的底部出土有“乾德（公元 963—968 年）元宝”一枚，出土的瓷器也是五代至北宋时期的产品。因此，可认为船舶是在北宋时期建造的。

（一）宁波宋代海船的船型概况

发掘报告正确地指出：“这是一艘尖头、尖底、方尾的三桅外海船。”依据发掘报告提供的实测图，经过研究③，宁波古船的复原尺度如表 6-2 所示。

---

① 李国清：《对泉州湾出土宋朝海船上捻料使用情况的考察》，《船史研究》1986 年第 2 期，第 32 ~ 33 页。

② 《宁波发现宋代海运码头遗址和古船》，《人民日报》1980 年 1 月 3 日。

③ 席龙飞、何国卫：《对宁波古船的研究》，《武汉水运工程学院学报》1981 年第 2 期，第 23 ~ 32 页。

表 6-2　宁波古船复原尺度

水线长	13.00 米	总长	15.50 米
型宽	4.80 米	甲板宽	5.00 米
吃水	1.75 米	型深	2.40 米
排水量	53.00 吨		

(二)宁波宋代海船的结构特点

古船的龙骨剖面为 260 毫米 × 180 毫米。龙骨接头采用“直角同口”连接。

龙骨用松木,首柱用杉木。首柱与龙骨交接处选在第 1 号舱壁之下,此舱壁之前设有头桅座,在这狭小的空间填以麻丝与桐油灰以确保水密。在第 5 号肋位设有水密舱壁,舱壁之前设主桅座。前桅座与主桅座制作讲究。

宁波宋代海船在结构上的一个特点是:全部用樟木制成“舱壁肋骨”,制作规整,底部宽度一般为 160 ~ 250 毫米,越向上越窄,其厚度仅 70 ~ 100 毫米。若在此处加舱壁,则舱壁加在此“舱壁肋骨”之上。它是船体横向结构的主要部分,由于是用樟木制成的,所以保存都较完好。在底部,即与龙骨交接处,每挡都有一个流水孔。

船壳板多用杉木制作。壳板最宽达 420 毫米、最窄为 210 毫米、厚 60 ~ 80 毫米。壳板的纵向接头采用“滑肩同口”连接,接头的长度达 1.55米以上。壳板横向边接缝采用子母口榫合的方法,子母口高度为 20 ~ 40 毫米。壳板缝均用桐油、石灰、麻丝捣成的捻料加以填充。

(三)宁波宋代海船装上了减摇龙骨

对宁波宋代海船的研究有一项惊人的发现,那就是该船竟装有现代海洋船舶经常装设的减摇龙骨。减摇龙骨由半圆木构成,最大宽度为 90 毫米,贴近船壳板处的厚度为 140 毫米,残长达 7.10 米,用两排间隔 400 ~ 500 毫米的参钉固定在第 7 列和第 8 列壳板的边接缝上。

如图 6-17 所示,此半圆木远在舷边之下,它绝不是通常的护舷木,从部位和断面尺寸看,也不是对总纵强度有重要作用的大擸。此半圆木正好处在船的舭部,即使船舶在空载时也不会露出水面。当船舶在风浪里做横摇运动时,它会增加阻尼力矩从而能起到减缓摇摆的作用,它正是现代船舶中经常运用的舭龙骨，即减摇龙骨，如图 6-18 所示。[①]

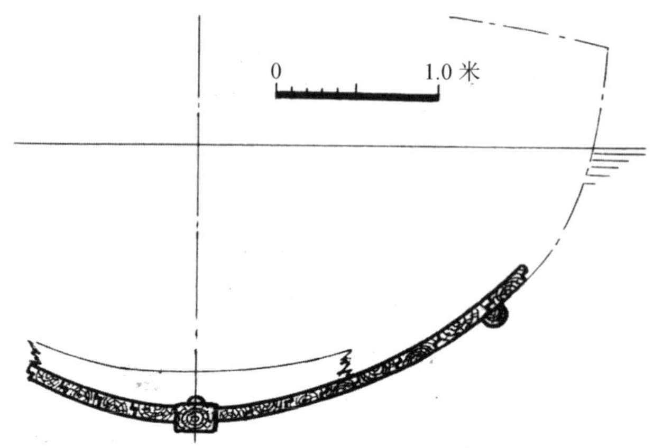

图 6-17　宁波宋代海船第 6 号肋位的实测图

图 6-18　宁波宋代海船的减摇龙骨
（宁波文物管理委员会提供）

国外，“开始使用舭龙骨是在 19 世纪的头 25 年，即在帆船时代”[②]，也就是说在 1800—1825 年。“宁波出土的宋代海船说明，我国至晚在北宋（公元 960—1127 年）末年，就实际应用了减摇龙骨，它比国外大约要

① 席龙飞、何国卫：《对宁波古船的研究》，《武汉水运工程学院学报》1981 年第 2 期，第 29 页。

② C. H. 勃拉哥维新斯基：《船舶摇摆》，魏东升等译，北京：高等教育出版社，1959 年，第 420 页。

早七百年。”①

经查阅,中国关于减摇龙骨这一技术也有文字记载和图形资料。清代道光六年(公元1826年)刊印的《江苏海运全案》中有“沙船底图”,图中的梗水木(见图6-19)即减摇龙骨。② 梗水木是设在船舶底部开始向舷部转弯部位(即舭部)的两条木板,当船舶在风浪作用下横摇时,因梗水木有阻水的作用,从而产生阻尼力矩以减轻摇摆。用梗水木一词既确切又形象。这幅图画得逼真,不失为我国古典图籍中少有的佳品。

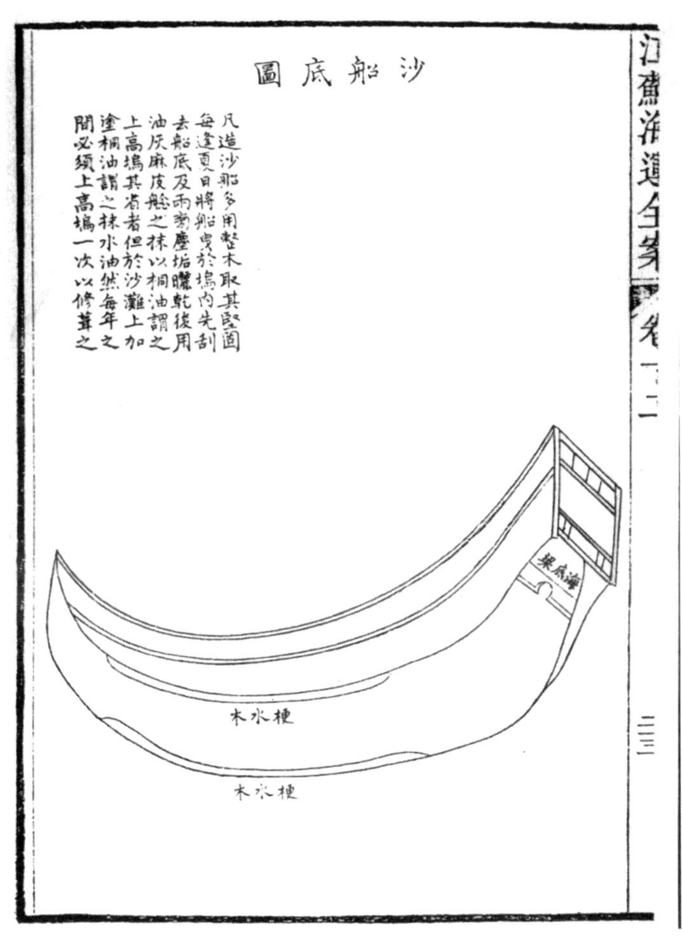

图6-19　梗水木(采自《江苏海运全案》)

① 席龙飞、何国卫:《中国古船的减摇龙骨》,《自然科学史研究》1984年第4期,第369页。

② 贺长龄:《江苏海运全案》卷十二。

宁波宋代海船实际应用了减摇龙骨这一技术，对改善船舶航海性能、保证航海安全起到了重要作用。“由于这一技术具有简单、经济的重要特点和优点，迄今仍在继续发挥重要作用。这是我们祖先对世界航海事业的重大贡献之一。”①

① 席龙飞、何国卫：《中国古船的减摇龙骨》，《自然科学史研究》1984 年第 4 期，第 371 页。

第七章　元承宋制的元代造船业

蒙古军经过40多年的战争,于至元十六年(公元1279年)消灭宋王朝而取得全国政权。其骑兵骁勇的蒙古贵族统治者,在夺取全国政权的战争中,建立起了自己的水师。元世祖时还曾多次用兵于邻国。元朝的国祚虽不长,但元朝却是当时世界上最强大、最富庶的国家,它的声威遍及亚洲并远震欧洲、非洲。由于中外往来频繁,中国人发明的罗盘、火药、印刷术经过阿拉伯传入欧洲,中国所造的巨大海船因马可波罗的传播而闻名于世。

第一节　元代的水战与战船

一、建立水师与攻灭南宋

蒙古军在消灭金军之后,与宋军相持并频繁交战。宋军常以水军控扼江淮、江汉防线,阻遏蒙古军南下。为了克服江河的屏障,蒙古军不得不建立自己的水师。蒙古窝阔台汗十年(公元1238年),其将领解诚,"善水战,从伐宋,设方略,夺敌船千计,以功授金符、水军万户,兼都水监使"①。此盖为元代水军之始。

南宋根据其时的形势,采取了以汉中保巴蜀,以樊城、襄阳卫鄂州,以两淮卫长江的战略。宋宝祐四年(公元1256年),时年21岁的文天祥中状元,理宗皇帝"亲拔为第一"。是年文天祥曾上书进言:"元人未必不朝夕为趋浙之计,然而未能焉,短于舟,疏于水,惧吾有李宝在耳……夫东南之计,莫若舟师,我之胜(金大将)兀术于金山者以此,我之毙(金国主完颜)亮于采石者以此。"②文天祥对元军的评价代表了当时朝野几乎一致的见解,唯忽略了元军吸取金人因水战失利招致溃灭的教训而迅速扩建水师的新动向。

对元世祖忽必烈,史称:"仁明英睿……思大有为于天下,延藩府旧

① 宋濂:《元史·解诚传》,北京:中华书局,1976年,第3 870页。

② 文天祥:《文山先生全集》。

臣及四方文学之士,问以治道。”[①]在忽必烈即位的中统元年(公元1260年),即任命张荣实为水军万户兼领霸州,加上孟州、沧州及滨棣州海口、睢州等地诸水军将吏共1 705人。[②]加之先前的水军万户解诚是时统领的1 760人,元水军已达3 465人。更为重要的是,忽必烈在向南宋大举进攻时,采纳了宋降将刘整的“先事襄阳,浮汉入江”的进军策略。至元七年(公元1270年)三月,“阿术与刘整言:‘围守襄阳,必当以教水军、造战舰为先务。’诏许之。教水军七万余人,造战舰五千艘。”至元十年(公元1273年)三月,“刘整请教练水军五六万及于兴元(今陕西省汉中)、金(金州,今陕西省安康市西)、洋州(今陕西省汉中市洋县)、汴梁等处造船二千艘,从之”[③]。

对襄阳、樊城久攻未下。至元十年(公元1273年)正月,元军用张弘范计,先切断襄阳、樊城间的水上联络,接着调炮队并集中水陆兵力猛攻樊城。“相地势,置炮于城东南隅,重一百五十斤,机发,声震天地,所击无不摧陷,入地七尺。”[④]樊城攻陷后,襄阳守将开城降元。次年九月,元军出襄阳沿汉江南下;十二月,伯颜率战舰数千艘克鄂(今湖北省武汉市)。至元十二年(公元1275年)七月,阿术率战舰数千蔽江而下。宋廷重臣“贾似道迫于朝野压力,亲自督师,率诸路军十三万,号称百万,并战舰二千五百艘,迎击元军。两军在池州下的丁家洲遭遇,宋军未战而溃,丢弃战舰二千余艘,兵甲器杖无数”[⑤]。“镇江一战,南宋溃不成军。元水军乘胜出长江口。在长江口收编了渔民武装首领朱清、张瑄所部数千人,获海船500艘。然后,元军浮海南下,直捣临安。接着,又进攻闽粤……至元十六年(公元1279年),元军以水军大举进攻南宋的最后基地崖山(今广东省江门市新会区以南)。宋军战败,陆秀夫负宋帝赵昺投海自尽。至此,统治中国三百多年的赵宋王朝灭亡。”[⑥]

元灭宋之战,得力于水师,短短三年间就造战船7 000艘(至元七年5 000艘,至元十年2 000艘)。这是按宋降将刘整的奏请并由刘整督造

---

① 宋濂:《元史·世祖纪》,北京:中华书局,1976年,第57页。

② 宋濂:《元史·兵志》,北京:中华书局,1976年,第2 510页。

③ 宋濂:《元史·世祖纪》,北京:中华书局1976年,第128、148页。

④ 宋濂:《元史·阿老瓦丁传》,北京:中华书局,1976年,第4 544页。

⑤ 李培浩:《中国通史讲稿(中)》,北京:北京大学出版社,1983年,第193～194页。

⑥ 张铁牛、高晓星:《中国古代海军史》,北京:八一出版社,1993年,第113、114、117页。

的。为用兵海外，从至元十一年到至元二十九年，共造海船 9 900 艘。[①]此外，其间还命高丽建造了 1 900 艘。这就是至元五年（公元 1268 年）要高丽"当造舟一千艘，能涉大海可载四千石者"[②]。再有则是至元"十一年三月，命凤州经略史忻都、高丽军民总管洪茶丘，以千料舟、拔都鲁轻疾舟、汲水小舟各三百，共九百艘，载士卒一万五千，期以七月征日本"[③]。总之海外用兵竟动用海船近一万二千艘，此项造船任务工程巨大，为造船要大举伐木。元人当时有诗感叹此情景："万木森森截尽时，青山无处不伤悲，斧斤若到耶溪上，留个长松啼子规。"[④]

二、几次出师海外的失败

元世祖忽必烈野心勃勃，在国内战争尚未完全结束的情况下，就着手为海上扩张做准备。为适应海上作战的需要，在福建建立了沿海水军万户府，招募水兵，练习海战。为征日本，在至元五年（公元 1268 年），就曾诏谕高丽"当造舟一千艘，能涉大海可载四千石者"。两年后"于高丽设置屯田经略司"，又诏谕高丽"兵马、船舰、资粮，早宜措置"，甚至指责高丽："往年所言括兵造船至今未有成效。"[⑤]

至元十一年（公元 1274 年）和至元十八年（公元 1281 年），忽必烈两次发兵进攻日本；至元十九年（公元 1282 年），从海上进攻占城（今越南南部）；至元二十四年（公元 1287 年），又从海上进攻安南（今越南北部）；至元二十九年（公元 1292 年），跨海南征爪哇。这 5 次海上用兵，动用了大量兵力，官兵少则 5 000 人，多则 14 万人；战船少则 500 艘，多则 3 400 艘。但是，这几次渡海作战都由于战争的非正义性，以及指挥失误、缺乏后援等原因而遭到重大损失，败师而归。从此，元水军便一蹶不振了。

---

① 章巽：《中国航海科技史》，北京：海洋出版社，1991 年，第 79 页。

② 宋濂：《元史 · 高丽传》，北京：中华书局，1976 年，第 4 614 页。

③ 宋濂：《元史 · 日本传》，北京：中华书局，1976 年，第 4 628 页。

④ 吴葳兰：《元代的造船事业》，见中国造船工程学会：《中国造船工程学会成立四十周年论文集》，1983 年，第Ⅲ~6 页。

⑤ 宋濂：《元史 · 高丽传》，北京：中华书局，1976 年，第 4 614、4 618 页。

第二节　元代的海运漕运及其船舶

一、海上交通往来频繁

元世祖忽必烈灭宋以后，收纳了南宋许多与航海事业有关的人才。其中最著名的是曾在南宋时任提举泉州市舶三十年、拥有大量海舶的蒲寿庚。蒲寿庚降元后，大受宠信，先后升任闽广大都督兵马招讨使、江西省参知政事、中书左丞等职，并受命诏谕海外，以复互市。《元史・世祖纪》记有：至元十五年（公元 1778 年）八月，“诏行中书省唆都、蒲寿庚等曰：‘诸蕃（番）国列居东南岛寨者，皆有慕义之心，可因蕃（番）舶诸人宣布朕意，诚能来朝，朕将宠礼之。其往来互市，各从所欲’”①。此外还有南宋末年长江口的崇明人朱清和嘉定人张瑄，二人都是渔民出身，一同贩过私盐，也做过海盗，官吏搜捕紧急时，航海北逃到渤海一带，“往来若风与鬼，影迹不可得”。他们十分熟悉海道与航海业务，被忽必烈收用后，曾随元丞相伯颜浮海南下攻灭南宋，后来成为“大元海运”的主持人。

元承宋制。宋代的诸海港，仍是元代的重要海港。元代也和宋代一样，在全国几个重要海港分设市舶司。

元代重视对外的经济与文化交流，海外来中国的各界人士甚众，且多得到元朝廷的优厚待遇，有的还在元朝位居要职。同时，元朝也不断派出使节、游历家等至海外通好。其中影响较大的有亦黑迷失、杨庭璧、周达观、汪大渊等。

元朝廷在遣使沟通西洋航路的同时，还派人加强同邻近国家真腊（今柬埔寨）和占城（今越南中部）的海上联系。元贞二年（公元 1296 年）周达观随使臣出使真腊，先后三年，谙悉其俗，返国后遂记其闻，撰成《真腊风土记》一书，约八千五百字。该书虽不长，但记载了柬埔寨13 世纪末社会生活的情景，生动且翔实。

在周达观赴真腊 30 多年后，又有汪大渊两下西洋之举。在长期的远航活动中，汪大渊所到之处，凡“其目所及，皆为书记之”。据两次经历，撰成《岛夷志略》，记载他所到达之地有 200 余处，几乎包括现在的越南、柬埔寨、泰国、新加坡、马来西亚、印尼、菲律宾、缅甸、印度、斯里兰卡、马尔代夫、沙特阿拉伯、伊拉克、也门、索马里、坦桑尼亚、肯尼亚等国

---

① 宋濂：《元史・世祖纪》，北京：中华书局，1976 年，第 204 页。

家的广大地区。[①]值得指出的是，汪大渊在当时仅为一介平民，名不见经传。他能够不畏艰险，独身附舶，远洋跋涉，遍游东西洋诸国，实难能可贵。他所撰《岛夷志略》，内容宏富、分条细致、记载翔实，可补正史之缺，纠前人之偏，成为中外海上交通之珍贵史料。这也标志着元代海外交通的发展。

二、远洋船的声名远播海外

元代的远洋海船，由马可波罗的《东方见闻录》而远播海外。马可波罗（公元约1254—1324），在至元八年（公元1271年）夏，随父、叔离开故乡威尼斯，至元十二年（公元1275年）由陆上丝绸之路到达元朝的上都，觐见世祖，深得世祖之宠信，留仕元朝17年。至元二十八年（公元1291年）初，为护送阔阔真公主一行，分乘十四艘四桅十二帆、配备两年食物的大船，从刺桐（今福建省泉州市）港起碇，赴伊儿汗国的都城。[②]

马可波罗在他的行记中说道："我郑重地告诉你们吧，假如有一只载胡椒的船去亚力山大港或到信奉基督教诸国之别地者，相比起来，必有一百只船来到这刺桐（今福建省泉州市）港。因为你们要晓得，据商业量额上说起来，这是世界上两大港之一。"关于中国船舶在结构上的特点和优点，马可波罗说道："船用好铁钉结合，有二重板叠加于上。""若干最大船舶有最大舱十三所，以厚板隔之，其用在防海险，如船身触礁或触饿鲸而海水透入之事，其事常见……至是水由破处浸入，流入船舶。水手发现船身破处，立将浸水舱中之货物徙于邻舱，盖诸舱之壁嵌甚坚，水不能透。然后修理破处，复将徙出货物运回舱中。"[③]马可波罗对中国元代船舶的描述，已为泉州湾出土的沉于宋末（公元1277年）的远洋海船所证实，由此更能领会舟船有"元承宋制"这一事实。

三、海上漕运与漕船

元代的海上漕运，突破以往任何一个朝代。由最初的至元二十年（公元1283年）的年运量4万余石，到天历二年（公元1329年）最高年运量达350余万石，先后经历46年之久。元建都于大都（今北京市），十分仰

---

① 张铁牛、高晓星：《中国古代海军史》，北京：八一出版社，1993年，第111页。

② 姚楠、陈佳荣、丘进：《七海扬帆》，香港：中华书局，1990年，第164页。

③ 马哥孛罗：《马哥孛罗游记》，张星烺译，上海：商务印书馆，1936年，第337、342页。又见马可波罗：《马可波罗行纪》，冯承钧译，上海：商务印书馆，1936年，第619～620页。

仗江南盛产的粮食，海上漕运正是每岁二运的经常而重要的运输任务。

《元史·食货·农桑》记有："太祖(成吉思汗)起朔方，其俗不待蚕而衣，不待耕而食，初无所事焉。世祖(忽必烈)即位之初，首诏天下，国以民为本，民以衣食为本，衣食以农桑为本。"《元史·食货·海运》记有："海运元都于燕，去江南极远，而有司庶府之繁，卫士编民之众，无不仰给于江南。自丞相伯颜献海运之言，而江南之粮分为春夏二运。盖至于京师者一岁多至三百万余石，民无挽输之劳，国有储蓄之富，岂非一代之良法欤!"

然而，早期为了沟通北方政治中心和东南经济中心区域，元政府曾试图开通南北大运河，结果却未能完全满足需要，尤其是在粮运方面，不得不假道于海上。《大元海运记》记有："运浙西粮涉江入淮，由黄河逆水至中滦旱站，搬运至淇门之御河，接运赴都。次后创开济州泗河，自淮至新开河，由大清河至利津河入海接运。因海口沙壅，又从东阿旱站运至大清河至利津河及创开胶莱河道通海缵运。至元十九年(公元1282年)，太傅丞相伯颜见里河之缵运粮斛，前后劳费不赀而未见成效，追思至元十二年(公元1275年)海中搬运亡宋库藏图籍(借)物货之道，奏命江淮行省限六十日造平底海船六十只，听候调用。于是行省委上海总管罗璧、张瑄、朱清等依限打造。当年八月有旨，今海道运粮至扬州，罗璧等就用官船军人，仍令有司召顾梢碇水手，装载官粮四万六千余石，寻求海道。"①

元代"海运"的主要创行者，就是张瑄和朱清。据《大元海运记》卷下可知，海漕运粮数字逐年增加。例如，至元二十年(公元1283年)为4.6万石，公元1284年猛增到29万石。公元1286年为57.8万石，公元1290年为159.5万石，公元1305年为184.3万石，公元1310年为292.6万石，公元1315年为243.5万石，公元1320年为326.4万石。到公元1329年达到最高额为352.2万石。所用平底海船数额，在延祐元年(公元1314年)时，由浙西平江路刘家港开洋者为1 653艘，由浙东庆元路(今浙江省宁波市)烈港开洋者为147艘，合计共1 800艘。此期船舶的载量是：小者二千余石，大者八九千石。

对于张瑄、朱清的海运业绩，有一些蒙古族官吏并不赞赏，也有的认为朱清、张瑄为"南人"，屡有谗言。还有阿八赤等人言"广开新河"运粮，"然新河候潮以入，船多损坏，民亦苦之"②。唯忽必烈始终重用张瑄

① 胡书农：《大元海运记》上卷，雪堂丛刻本。

② 宋濂：《元史·食货·海运》，北京：中华书局，1976年，第2 364页。

和朱清。至元二十八年(公元 1291 年)世祖“罢江淮漕运,完全用海道运粮”。更升迁张瑄为骠骑卫上将军、淮东道宣慰使兼领海道都漕运万户府事,朱清为骠骑卫上将军、江东道宣慰使兼领海道都漕运万户府事,中书省奏准合并设立海道都漕运万户府二处。①

海运漕船(其模型见图 7-1)主要有遮洋船和钻风船二型,钻风船约可载四百余石,遮洋船载货八百石或一千石。遮洋船行驶于万里长滩、黑水洋及山东半岛北面的沙门岛(今山东省烟台市长岛县)航道,风险不大,其建造费用仅及出使琉球、日本海船的十分之一,尺度比运河漕船略大,舵杆必用铁梨木制以保证其坚固可靠。“凡海舟,元朝与国初运米者曰遮洋船,次者曰钻风船。”②《水运技术词典》遮洋船条记有:“遮洋船容载一千石,船体扁浅,平底平头,全长八丈二尺,宽一丈五尺,深四尺八寸,共十六舱。其长宽比 5.4 小,宽深比 3.1 大。设双桅,四橹,铁锚二。舵杆用铁力木,有吊舵绳,使舵可升降。”③延祐以来,海运船已航驶在离岸深水航道上,船舶体型和载量均增大。小者二千余石,大者八九千石。“当时以海关石计算,海关石等于 154.5 千克,说明延祐以来大小海船容量已是 300 ~1 390吨了。”④

图 7-1　海运漕船模型(采自尤飞君:《中国古船图鉴》)

---

① 胡书农:《大元海运记》上卷,雪堂丛刻本。

② 陈梦雷、蒋廷锡:《古今图书集成——经济汇编·考工典》,北京:中华书局,1988 年影印本,第 96 959 页。

③ 《水运技术词典》编辑委员会:《遮洋船条》,《水运技术词典》,北京:人民交通出版社,1980 年,第 25 页。

④ 吴葳兰:《元代的船舶事业》,见中国造船工程学会:《中国造船工程学会成立四十周年论文集》,1983 年,第Ⅲ ~7 页。

四、运河漕船

元代的运河漕船船体窄长，长宽比为7.6，载重量限为150～200料，约12吨。这种标准船型的产生，与京杭大运河的航道管理有关。元代从至元十七年（公元1280年）便致力于开凿京杭运河。到至元二十八年（公元1291年）才全部完工，其中从东平到临清一段叫作会通河，是全程中的最高程，水源不足、河道浅窄，只准150料漕船通行。到了延祐初年，有些"权势之人，并富商大贾，贪嗜货利，造三四百料或五百料船，于此河行驾，以致阻滞官民舟楫"，于是影响河道畅通。为此都水监差官在这段会通河的南端沽头和北端临清两处建设闸门，闸口仅宽九尺，称作隘闸，只有船宽八尺五寸的200料船才能通过。超过这个宽度的船，受隘闸所限，便不能在运河全程通航。一些航商为了提高单船载货量，便在八尺五寸宽度的限制下，尽力增加船长。《元史·河渠志》记有，泰定四年（公元1327年）以后，"愚民嗜利无厌，为隘闸所限，改造减舷添舱长船至八九十尺，甚至百尺，皆五六百料，入至闸内，不能回转、动辄浅阁，阻碍余舟，盖缘隘闸之法，不能限其长短"。因之河道拥塞问题仍未解决。经过访问造船工匠，得知二百料船，宽若限为八尺五寸时，船长应该是六丈五尺。其后又在隘闸旁立中间距离为六丈五尺的两块石标，叫作"石则"，船过闸时先要量长短，超过石则者不准入隘闸，即所谓"有长者罪遣退之"。

第三节　元代古船的发掘与研究

虽然关于元代船舶的文献并不缺乏，但关于元代船的微观描述和较为准确的图样，仍很难觅获。因此，对于在考古发掘中获得的元代实船，确有重大学术价值。人们从中得悉中国船舶在设计、构造以及施工中的许多精湛之处。

一、韩国新安海中国元代航海货船的发掘与研究

（一）新安船的发现、发掘及展出

1976年，在韩国全罗南道光州市的西部新安郡道德岛海面作业的渔船，起网时曾发现几件中国瓷器。以此为开端，韩国政府直接参与，由文化公报部所属的文物管理局组成调查团，由海军派潜水员协助，于

1976年11月进行试发掘，查明确有木质船体遗存，沉船位置在北纬35°1′15″东经126°5′6″。黄海海面岛屿间的潮流速率为5海里/小时左右，作业只能在停潮的不足1小时的时间内进行。海面下的能见度只有几米，作业条件十分艰苦。①随着发掘的深入，沉船的平面轮廓大致出现：残长约28米，宽6.8米，埋在水深20米的海底，船身向右倾斜约15°，船体由7个舱壁分隔成8个舱，上半部已经被腐蚀，埋在海泥里那部分船舱免于损坏，尚可辨认出原本的形状。沉船残骸拼装后如图7-2所示。②

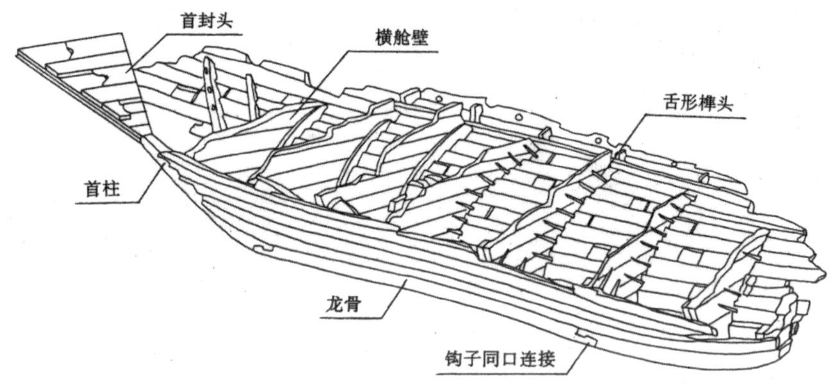

图7-2 拼装后的元代新安沉船残骸

在1976—1984年的8年间，发掘打捞工作持续进行了10次，在1984年和1987年还有两次复查性打捞。所获文物为陶瓷器20 691件，除仅有的几件高丽青瓷和日本陶瓷之外，绝大多数是中国宋元时期的制品，其中有不少精品；金属遗物729件，石材45件，此外还有每件长1～2米的紫檀木1 017件，船员日常用品1 346件。值得重视的是，还有铜钱28 019.6千克。铜钱是用吸引软管打捞起的，都是中国铸造的，包括唐、北宋、南宋、辽、金、西夏、元等各代的铜钱。

新安沉船和相关文物的打捞，受到国际学术界的重视。1977年在

① 尹武炳：《新安海底遗物》，见东京国立博物馆：《新安海底引扬げ文物》，日本：中日新闻社，1983年。

② Lee Chang-Euk, *A Study on the Sructural and Fluid Characteristics of a Rabbetted Clinker Type Ship* (*The Sunken Ship Saluaged off Shinan*), Shanghai: Procedings of International Sailing Ships History Conference, 1991, pp. 154-168.

韩国汉城(今首尔),1983 年在日本,先后召开了两次“新安海底文物国际学术讨论会”。1991 年 12 月在上海召开的“世界帆船史国际学术讨论会”上,韩国学者发表了关于新安海底沉船的学术报告。

1994 年 12 月,在韩国光州市木浦海滨建成国立海事博物馆(National Maritime Museum),陈列了新安船(见图 7-3)、另一艘小型古船及相关文物。

图 7-3　韩国国立海事博物馆(木浦)展出的新安船

(二)新安沉船的年代

所发掘的元代铜钱中有“至大通宝”,这是元武宗至大三年(公元 1310 年)铸造的。因此,1310 年当为沉船年代的上限。在打捞到的瓷器中,发现一件龙泉窑的青瓷盘,在底面阴刻有“使司帅府公用”六字①,这可作为判断沉船年代的重要依据。“使司帅府”当为“宣慰使司都元帅府”的简称。据《续资治通鉴》记载,于大德六年(公元 1302 年)十月甲子,元朝的浙东道宣慰使改为“宣慰使司都元帅府”②,此青瓷盘应为该府成立以后烧制的。

在 1982 年打捞的表明货主的木签中发现有两个墨书至治三年(公元 1323 年)的木签,这应看作解决沉船年代问题的重要依据。这一年代与前述各种推断是可以统一起来的。

---

① 李德金等:《朝鲜新安海底沉船中的中国瓷器》,《考古学报》1979 年第 2 期。

② 毕沅:《续资治通鉴》,元大德六年,北京:中华书局,1957 年,第 5 284 页。

(三)新安沉船的目的港与始发港

新安船的目的港是哪个国家,可以从船上运载的大量中国元瓷和中国铜钱找到答案。

大量的中国铜钱是运往日本的,这在两国的古文献中都能找到依据。虽然元政府曾两次派兵征讨日本,但据日本历史的记载,元代日本赴中国的贸易船从未间断,而且“发现日元之间的交通意外频繁”[①]。《元史》则记有:“(至元)十四年(公元1277年),日本遣商人持金来易铜钱,许之。”[②]日本古文献《和语连珠集》则载有:“上古本邦无铜,以异邦输入之铜铸造。”[③]由之可见,日本从中国输入铜和铜钱由来已久。

关于中国元瓷,韩国尹武炳和中央博物馆崔淳雨馆长都一致指出:在13—14世纪的高丽是生产青瓷的主要国家之一,它没有必要输入元代中国瓷器。[④⑤] 从考古学的角度看,在朝鲜出土的中国瓷器以北宋时期的居多,元代的几乎见不到。当时的日本倒是中国瓷器的主要进口国。

新安船的始发港是何处呢? 比较集中的意见是浙江的明州(今浙江省宁波市)和福建的福州。

明州是中国著名港口,唐宋以来就是通向朝鲜和日本的主要港口之一,在新安船上发现一个镌有“庆元路”铭文的秤砣[⑥],反映了该船与明州的密切关系。

另一种意见是从诸多瓷器的窑址去考察和分析。龙泉青瓷,其窑址包括浙江南部瓯江沿岸的龙泉、丽水、遂昌、云和以及永嘉。宋时青瓷的重要产地逐渐从瓯江下游移到上游。龙泉青瓷能方便地沿着松溪运到福建的福州,然后再由商船运往国外市场。新安沉船打捞到的瓷器,其窑址除浙江南部以外,还有江西和福建的北部。闽北的窑址分布在今沿

---

① 木宫泰彦:《日中文化交流史》,胡锡年译,北京:商务印书馆,1980年,第389页。

② 宋濂:《元史·日本传》。

③ 郭沫若:《出土文物二三事》,北京:人民出版社,1972年,第35页。

④ 尹武炳:《新安海底遗物》,见东京国立博物馆:《新安海底引扬げ文物》,日本:中日新闻社,1983年。

⑤ 崔淳雨:《韩国出土的宋元瓷器》,“新安海底文物国际学术讨论会”论文,汉城,1977年。

⑥ 尹武炳:《新安海底遗物》,见东京国立博物馆:《新安海底引扬げ文物》,日本:中日新闻社,1983年。

松溪的松政，沿南浦溪的浦城，沿崇溪的崇安、建阳，沿建溪的建瓯、南平，沿富屯溪的光泽、邵武和顺昌。诸窑址的瓷器产品都可以沿闽江方便地运到福州。中国台湾学者陈庆光持这种见解，他指出："元代的税局就设在泉州，商船为了逃税，往往从福州开航。"①沉船中没有发现位于泉州附近同安窑的瓷器。根据这一情况，新安船的始发港应当是福州。

从下面讨论的船型特征看，"新安船是中国著名船型之一的福船，它的基地港主要是泉州和福州。说该船是由福州开出的将更为合理"②。

(四)新安船的船型特征及建造地点

随着发掘工作的进展，几乎所有的学者都逐渐认为这是建造于中国的海洋货船。在1977年韩国汉城(今首尔)"新安海底文物国际学术讨论会"上，担任新安海底遗物调查团团长的忠南大学博物馆馆长尹武炳教授著文指出："造船专家、首尔大学工学院教授金在瑾认为有可能是中国人建造的船舶，特别是舱壁构造特征更显出是中国形式。"但也在该文中指出："没有任何东西可以确切地说明其国籍问题。"③

首尔大学金在瑾教授作为船舶学术权威曾参与新安沉船的发掘与研究。在1980年9月的《新安海底文物发掘调查报告书》中曾给出初步复原图。他给出的复原尺度是：总长约30米，最大宽度约9.4米，型深约3.7米，水线长由侧面图可以看出约为26.5米，长宽比约为2.8，宽深比约为2.54。金在瑾认为："本船属高丽船的可能性甚少，更非日本船。以构造的方式也可几乎确认为中国船。"但是他也认为："这类构造的方式是非常特殊的，是东西方古船中至今尚未见到过的。"

在1982年开始在海底肢解古船残骸之前，技术人员曾用泵吸出充满船体内的铜钱。在打捞铜钱时发现若干表明货主的木签。木签多数长约10厘米，宽2.5厘米，厚0.5厘米。木签表面墨书有货主的姓名。判读这些姓名时不仅发现确有日本人的姓名，而且还有(日本)"东福

① 陈庆光：《福建输出的早期元瓷研究》，"新安海底文物国际学术讨论会"论文，汉城，1977年。

② 席龙飞：《朝鲜新安海底沉船的国籍与航路》，见中国太平洋历史学会：《太平洋》，北京：海洋出版社，1985年，第141页。

③ 尹武炳：《新安古沉船之航路及有关问题》，"新安海底文物国际学术讨论会"论文，汉城，1977年。

寺”这样的寺名。[①] 这是否意味着沉船有可能是日本船呢？参加1983年在日本召开的国际学术讨论会的中国陶瓷专家冯先铭，从其直感出发，他认为船无疑是中国的。但在与会过程中他曾发现有的日本学者认为是日本船，虽然他们并没有发表有关论文。1984年1月3日，在全国人大常委会副委员长周谷城教授的主持下，中国太平洋历史学会在北京人民大会堂召开了成立大会，笔者躬逢其盛。承学会相约和冯先铭研究员提供1983年国际会议的有关文献，笔者乃撰著《朝鲜新安海底沉船的国籍与航路》[②] 一文。该文确信新安沉船是中国建造的福船船型并陈述论据。

如今，韩国文化公报部文化财管理局已有正式发掘报告《新安海底遗物》（朝鲜文）相继于1981年、1984年、1985年、1988年分篇发表，我们还见到了日本船史专家多田纳久义博士1990年对韩国木浦海底遗物保存馆（现今木浦国立海事博物馆前身）的访问记[③] 和韩国学者李昶根、李昌亿的学术论文[④⑤]。在1991年（上海）世界帆船史国际讨论会上还看了新安船发掘录像。这些资料和研究成果支持了笔者1985年论文的观点，《对韩国新安海底沉船的研究》[⑥]一文，更以8点论据，确信新安海底沉船为建造于中国福建的福船船型。人们从船型的这些特点入手，更能了解该船的概貌及其技术成就。

（1）新安船的主尺度比值与泉州古船十分相近。

（2）新安与泉州两古船的型线相似。

（3）龙骨的构造、连接和线型具有福船的特色。

新安船具有截面为700毫米×500毫米的龙骨。龙骨分中段（主龙

---

① 尹武炳：《新安海底遗物》，见东京国立博物馆：《新安海底引扬げ文物》，日本：中日新闻社，1983年。

② 席龙飞：《朝鲜新安海底沉船的国籍与航路》，见中国太平洋历史学会：《太平洋》，北京：海洋出版社，1985年，第129～142页。

③ 多田纳久义：《对韩国木浦海底遗物保存馆的访问记》，日本：关西造船协会，平成二年（1990年4月）第二号。

④ Lee Chang-Kenu, *The Conseruation of a 14th Century Shipwreek*, Conference of MAHIR’91.

⑤ Lee Chang -Euk, *A Study on the Structural and Fluid Characteristics of Rabbetted Clinker Type Ship*（*The Sunken Ship Saluaged off Shinan*）, Shanghai: Proceedings of International Sailing Ships History Conference, 1991.

⑥ 席龙飞：《对韩国新安海底沉船的研究》，《海交史研究》1994年第2期，第55～74页。

骨)、尾段(尾龙骨)和首部(即首柱),计长24.6米(见图7-4)。

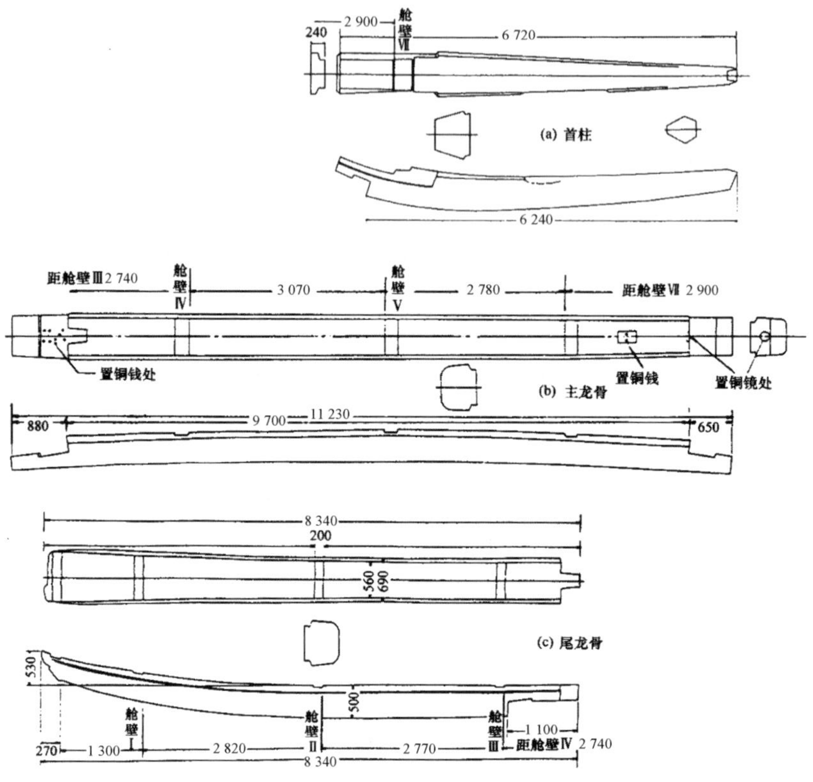

图7-4　新安船的首柱及主龙骨、尾龙骨(未注单位为毫米)

新安船的龙骨呈曲线形,且有0.54米的挠度。这种曲线形龙骨也正是福建的福船的一种传统。航行在福州、连江、平潭、晋江沿海和浙江一带的丹阳船(俗称担仔船),正是具有呈曲线的龙骨。此种船型在20世纪的60年代还有450艘之多。《福建省木帆船船型汇编》①收录了龙骨呈曲线形的丹阳船的型线图、结构图和帆装总布置图以及技术数据等。两相对比,两种船型的龙骨线形相似。据认为,龙骨呈拱起的曲线,当船舶呈中垂状态时具有较好的强度。

(4)在龙骨嵌接处置入铜镜和铜钱实为福建民俗。

① 福建省交通厅木帆船船型普查办公室:《福建省木帆船船型汇编》,1960年。

(5)隔舱壁、舱壁肋骨的构造与装配,完全符合中国传统。

如图 7-2 所示,新安船设有 7 道舱壁,将船体分隔成 8 个舱。与许多欧洲古船广设横向肋骨以增强横向强度的模式不同,中国古船是以多数横舱壁来保证横向强度和船舶总体刚性的。从图 7-2 以及新安船其他各舱壁的结构图中,都可以清楚地看到,舱壁与外板的交接处,设有肋骨并称之为舱壁周边肋骨(boundary timber)。以船舶中部最宽处为基准,对中部以前的舱壁,其肋骨设在舱壁板之后;对中部以后的舱壁,其肋骨设在舱壁板之前。这种装配模式可以保证舱壁不至于向前或向后移位,从而极有利于船舶总体刚性。应当指出,新安船的舱壁及其周边肋骨的装配模式,与泉州湾宋代海船的模式完全相同。

图 7-5 表现了新安船的船中剖面结构。从中可以看到舱壁板的横向列板相互间开有凹凸槽,这可避免舱壁列板的相对错位,从而增加舱壁的整体刚性。迄今为止,在已发掘的宋代船舶中尚未见有此种较为先进的结构。

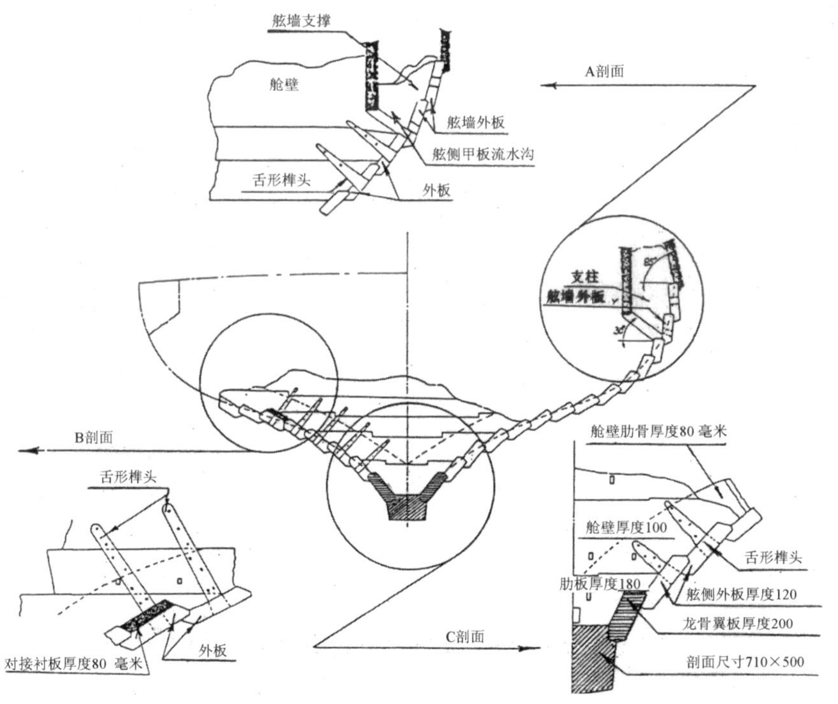

图 7-5　新安船的船中剖面结构(采自李昌忆,未注单位为毫米)

(6)鱼鳞接搭式外板与舌形榫头连接。新安船的外板是鱼鳞式构造并用舌形榫头与舱壁连接,如图 7-5 所示。这一特殊的构造使参与研究的韩国、日本学者备感惊奇。

这种使外国学者感到惊奇的构造可概括为两点:其一,外板列板相互逐一叠压呈鱼鳞状;其二,每一列外板均采用一只洞穿外板的舌形榫头(长 400 ~800 毫米)钉在舱壁上,而且与舱壁周边肋骨不在同一壁面。如图 7-2 所示,自尾起第 1 号到第 4 号这 4 个舱壁上,诸舌形榫头都钉在舱壁之后壁面上,所以看得清楚。按前述舱壁周边肋骨的装配规则,这 4 只舱壁的舱壁周边肋骨都装在前壁面上。在图 7-2 中还可以看到第 5 号到第 7 号这 3 个舱壁的后壁面上都有舱壁周边肋骨,显然诸舌形榫头都装在前壁面上了,所以一个都看不到。

为了正确表达构件的真实作用,这里已经采用了舌形榫头(rabbet)一词取代了原文献中的舱壁扶强材(bulkhead stiffener)。笔者认为,垂直于外板的舌形榫头,虽然对舱壁也会有“扶强”的作用,但主要作用仍是钉连外板于舱壁。况且,现代钢质船舶上的舱壁扶强材,通常是用诸多不等边角钢或球角钢从上到下垂直焊接在舱壁上的。区区 400 ~800 毫米的木质榫头,名之为舱壁扶强材是名不副实的。

在理清了鱼鳞式外板及其连接的实质之后,人们会发现,这种构造在中国古船中都能找到相应的例证。泉州法石船所用的木钩钉即舌形榫头。[①]

(7)前桅座与主桅座结构。新安船在第 7 号、第 4 号舱壁之前,分别设有前桅与主桅座,此点与中国已出土的诸多古船基本一致。根据中国的技术传统,尾桅通常是小型的,目的在于助舵。此小型尾桅不必生根于舱底,所以无桅座。此点在《福建省木帆船船型汇编》的诸多船图中可以看清楚。据此,新安船有可能具有三桅三帆。

(8)液舱的设置。新安船在第 4 号、第 5 号舱壁之间的左、右两舷,设有约 5.5 立方米的木制液舱柜,在已出土的我国古船中,液体舱柜还是首例。

综合上述 8 点,人们应当会认识到,在韩国全罗南道新安郡海底发掘的古船,无疑是在福建建造的中国船。新安船以其精彩的实例,丰富了中国造船技术史的内涵。

---

① 周世德等:《泉州法石船试掘简报和初步探讨》,《自然科学史研究》1983 年第 3 期,第 167 页。

(五)新安船所设顶边水舱是被动式减摇水舱

如图7-5所示的新安船中剖面结构,其中A剖面反映了舷部结构,实际上这是船舷顶边水舱。这在中国迄今出土的海船中,还是绝无仅有的。新安船的出现十分宝贵且重要。

在2006年和2008年两次访问韩国木浦国立海事博物馆时,笔者发现在舷部顶边水舱部位,其舷部外板上有上下成对的圆孔,直径约300毫米。在韩国木浦国立海事博物馆2004年出版的《常设展示图录》(*Guide Book for Permanent Exhibits*)①中,有该船顶边水舱构造和该船的外板展开图,由图7-6可见上下成对的圆孔。

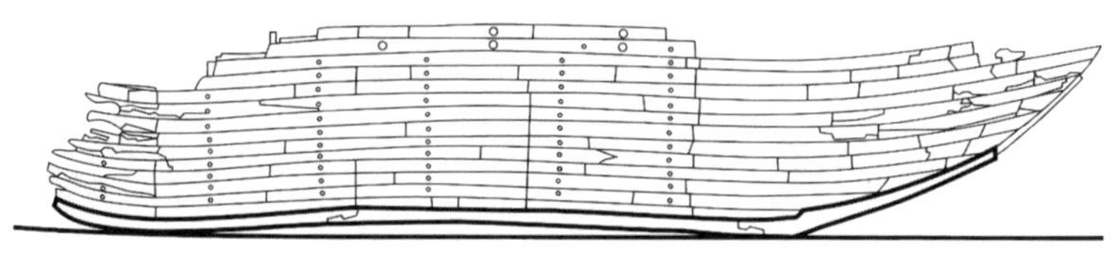

图7-6　新安船外板展开图的顶边水舱部位上下成对的圆孔

这顶边水舱当然不是装淡水的,因为当装满货物后取水不方便,在舷外虽然有开口,也不便于取水。现代散装货船广设顶边水舱,是用来装压载水的。元代的货船则不是,因为那时没有水泵,不能泵压载水。

这在舷外开有上下成对开口的顶边水舱,究竟是做什么用的呢?从上下成对的圆孔分析,当船舶以大倾角摇摆时,下边的孔可以进水,上边的孔可以排出空气,直到顶边水舱被海水充满。当船舶向另一舷摇摆时,被充满海水的一舷顶边水舱就会产生减缓摇摆的阻尼作用。据此可以确认,新安船正是设置了现代船舶所经常使用的被动式减摇水舱。②

二、山东菏泽元代内河货船的发掘与研究

2010年9月17日在山东省菏泽市国贸中心建设工地,发现一艘古代沉船。2010年11月23日,山东省文物局、菏泽市人民政府召开菏泽沉船考古成果鉴定暨新闻发布会。《中国文物报》于12月3日刊发了关

---

① National Maritime Museum, *Guide Book for Permanent Exhibits*, 2004, pp. 57.

② 席龙飞、蔡薇:《韩国新安元船的减摇水舱》,见中国航海博物馆:《第二届国际学术研讨会论文汇编》,2011年,第330～333页。

于“山东省菏泽沉船考古发掘获得重要收获”的文章。中央电视台于12月5日有采访报道。古船出土时基本保持了船舶沉没时的姿态(见图7-7)。

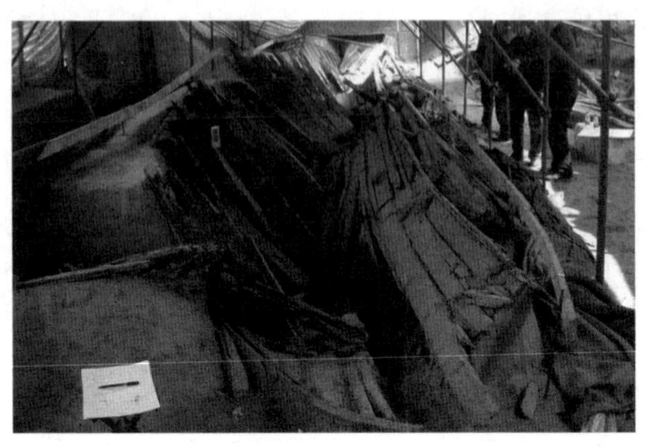

图7-7 菏泽元代内河货船发掘现场(自船尾向船首看)

菏泽沉船为木质内河货船。船体左舷外板已荡然无存,所幸船舶底板基本保持完整。该船向右倾斜50°以上,右舷外板和舷伸甲板虽然破裂并伴有严重变形,但是其诸列板尚存。沉船残长约20米,距地面深约4米。船体共设有11个舱壁,将舱壁分隔为12个舱。从沉船的现场状态分析,该船应当是在左舷遭受大水混合泥沙的外力撞击下倾覆并沉没的。随船还出土了一批名贵元瓷等文物。考古专家根据这批文物初步断定沉船为元代运河与黄河间支流区域的货船。

武汉理工大学造船史研究中心应菏泽市文物事业管理处的邀约,于2011年3月18日—20日对菏泽古船进行了现场测绘。经过研究发现,菏泽元代古船验证了中国传统船舶在建造中的传统法式。同时,其在功能、结构和建造工艺上也有其自身的特点。菏泽元代古船的发现与发掘,对于研究中国古代造船技术、内河航运史以及元代社会生活和民俗都具有非常重要的价值。

(一)菏泽元代内河货船的测绘

根据观察与实测,菏泽元代古船为平底、纵流线型、虚梢尾、敞口并带有舷伸甲板的船型。

经测绘与对比发现:菏泽元代古船的底板和外板的列数,竟与明代沈启的《南船纪》所载“一百五十料船”完全一致。即“正底(船舶平底部分底板)九路,左右帮底、拖泥(舭列板)共四路,左右出水栈(舷侧列板)

二路,左右中栈(舷侧列板)二路,左右完口(舷侧列板)二路,左右插找(舷侧列板)四路,左右出脚(舷顶列板)二路,左右瞰堂(舷伸甲板)四块,左右侧口(舱口围板)二路”①(见图 7-8)。上述左右瞰堂即舷伸甲板,将其除外之后,船底板与外板共计 27 路,其中有中心平板龙骨 1 路,左右列板共 26 路。因此,可知每舷船底板与外板共 13 路。

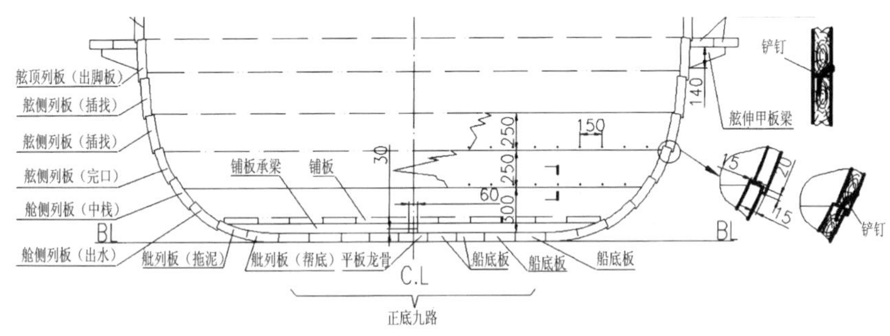

图 7-8　菏泽元代古船横剖面图

船中心列板为平板龙骨,两边各 4 列船底板,即所谓正底九路。据测量,在该船 9 路底板中,板厚均为 60 毫米。船舶中部底板宽为 200 毫米,向首尾逐渐减小到 100 毫米。中心平板龙骨材质优且耐腐蚀,有别于其他船底板,平板龙骨残厚明显大于船底其他列板。

舭列板(左右帮底和拖泥)共 4 路,板厚也是 60 毫米。

从保存下来的右舷可以看出:舷侧列板共 7 路(包括出水栈、中栈、完口、插找二路、出脚、侧口),各列板宽度为 100 ~ 300 毫米不等,板厚都是 50 毫米。舷侧列板处于水线以下部分采用了搭接方式连接。

(二)菏泽元代古船的舵结构

菏泽元代古船船舵与古船同时出土。菏泽元船的舵叶形状像由三角形加四边形构成。该舵还保留有局部舵杆,舵杆的前后均有舵叶,说明该舵为悬式平衡舵。

舵叶板板厚 60 毫米。舵叶周边用 60 毫米 × 30 毫米的木板条包边,以防止河水从木材端部浸入和腐蚀,从而保护舵叶板。菏泽元代古船舵叶板的设计和结构堪称完美(见图 7-9)。

---

① 沈启:《南船纪》卷之一。

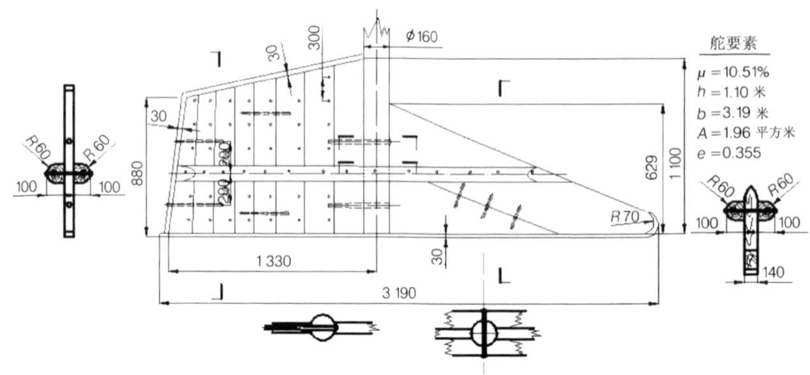

图 7-9 菏泽元代古船舵结构图(未注单位为毫米)

经复原的舵的主要参数如表 7-1 所示。

表 7-1 经复原的舵的主要参数

舵高 h	1.10 米	舵面积系数 μ	10.51%
舵宽 b	3.19 米	舵平衡系数 e	0.355
舵面积 A	1.96 平方米		

该船舵面积系数 $\mu=10.51\%$,比通常船舶的系数值要高。平衡舵舵叶的舵平衡系数高达 0.355,被认为是真正意义上的平衡舵。高舵面积系数和高舵平衡系数相配合,使操舵较为轻便和有效。对于小舵角,舵叶会受到水流的冲击,把舵时须费力气。此种平衡舵在我国尚属首例发现。

(三)菏泽元代古船总体布置的复原

据《山东菏泽元代古船的测绘与研究》①,该船的主要量度和船型系数如表 7-2 所示。

菏泽元代古船的总布置图如图 7-10 所示。

① 龚昌奇、张启龙、席龙飞:《山东菏泽元代古船的测绘与研究》,见上海中国航海博物馆:《航海—— 文明之迹》,上海:上海古籍出版社,2011 年,第 62 ~ 79 页。

表 7-2　该船的主要量度和船型系数

总长	20.80 米	型排水体积	42.801 立方米
水线长	18.65 米	方形系数	0.604
型宽	3.80 米	水线面系数	0.825
总宽	4.44 米	棱形系数	0.686
型深	1.30 米	中剖面系数	0.880
型设计吃水	1.00 米	浮心纵向位置	+0.173 米

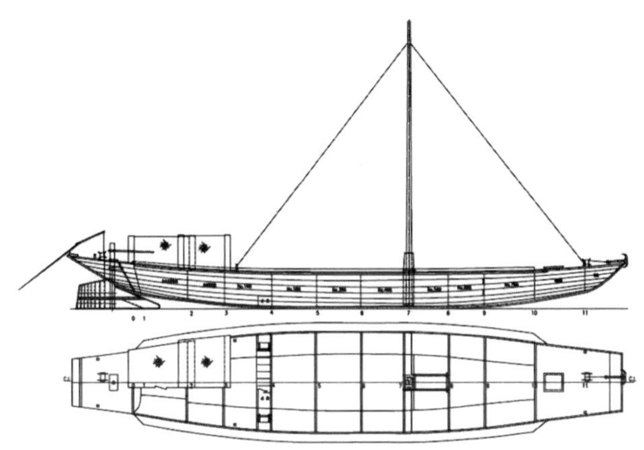

图 7-10　菏泽元代古船总布置图

第八章　明代造船业与郑和七下西洋的壮举

明朝的中国是当时亚洲一个强盛的国家，它在政治、经济、文化各方面对亚洲各国都有较深远的影响。明朝政府在永乐、宣德年间曾经派遣大批使臣出使亚洲和非洲各地。从永乐三年（公元 1405 年）到宣德八年（公元 1433 年）之间，中国杰出的航海家郑和曾率领船队七次下西洋，先后访问了亚洲和非洲的 30 多个国家。明初郑和七下西洋的盛事，把中国传统造船技术推进到空前的繁盛时期。

第一节　明代的内河航运与海上交通

一、明代的内河航运

明王朝建立之初，以金陵（今江苏省南京市）为京师，皇城金陵不仅是明王朝的统治中心，也是漕粮的消费中心。输往金陵的漕粮主要通过江运与河运。正如《明史・食货志》所记："太祖都金陵，四方贡赋，由江以达京师，道近而易。"

"明自永乐十九年（公元 1421 年）迁都北京后，又回复到了元代漕粮仰使江南的状况。"[①]《明史・食货志三》记有："自成祖迁燕，道里辽远，法凡三变。初支运，次兑运、支运相参，至支运悉变为长运而制定。"

所谓"支运"，是将江、淮漕粮的运输任务分由军民双方共同完成。江淮湖广各地民运至淮安止，其后再由军丁分段运抵北京。虽实行支运法，但民运的水程仍然很远，往返将近一年。

宣德六年（公元 1431 年），陈瑄请行兑运，即将江南民粮兑拨附近卫所官军，以远近为差，给以路费耗米，由官军运载至京。实行兑运法之后，任由民户自愿将漕粮运至指定粮仓卸纳，于是形成了兑运、支运相参的情况。

成化七年（公元 1471 年），明朝又对兑运法进行改革，即命运军到

---

① 罗传栋：《长江航运史（古代部分）》，北京：人民交通出版社，1991 年，第 315 页。

江南交兑,民间除担负一定的运费外,还需支付渡江费用,不再自运。此后长运法便成为主要的漕运方式并贯彻至明末。

明代除了粮食的漕运之外,还有一些大宗货物的水运,如四川向云南、贵州、施州卫(今湖北省恩施土家族苗族自治州)、永宁卫(今四川省泸州市叙永县)、建昌卫(今四川省西昌市)、松潘、叠溪等地的饷边粮运,四川向云、贵、荆、襄的盐运,还有最繁重的木材运输。明朝多次采伐楠木,均由水路运输。川江上下,船筏争流,号子歌声,震荡峡谷。[①]江西的木材扎排流经鄱阳湖,转道长江运往南京、常州等地。江西的木材在江浙木材市场上占有重要地位。

明代江西景德镇已经发展成为全国的瓷业中心。洪武年间,景德镇有御器厂1所,带窑23座,宣德年间有58座。民窑数量更大,隆庆、万历年间达9 000座。景德镇瓷器不仅出江西销往全国,而且出中国销往世界,主要靠水运。[②]

二、明代的海上交通

继承宋、元以来繁盛的海上交通传统,明代的海上交通事业,有很充实的基础。明代初年为保证北平、辽东的军需,仍沿袭元代的传统经营“海运”,把江南的粮食运往北方。永乐元年(公元1403年),北平改称北京顺天府,漕粮的需求增加。直到永乐十三年(公元1415年)五月,大运河整理“工成”。《明史·河渠志三》记有:“增置浅船三千余艘。设徐、沛、沽头、金沟、山东、谷亭、鲁桥等闸。自是漕运直达通州(今北京市通州区),而海陆运俱废。”

(一)沿海航运

由佚名作者成书于嘉靖二十九年(公元1550年)的《海道经》,详细记述了明初经营“海运”的航线[③]:

(1)由长江口的刘家港到山东半岛东端的成山头航线;

(2)由成山西航,经刘(公)岛、芝罘岛、沙门岛(今庙岛,属山东省烟台市长岛县),转北入铁山洋(今辽宁省大连市旅顺口区老铁山以南海

① 王绍荃:《四川内河航运史(古、现代部分)》,四川:四川人民出版社,1991年,第98~100页。

② 沈兴敬:《江西内河航运史(现代部分)》,北京:人民交通出版社,1997年,第75~77页。

③ 《海道经》,见《丛书集成初编》,上海:商务印书馆,1936年,第2~7页。

面)而到达辽东各码头;

(3)由直沽(在今天津市区内)向东南经渤海南部的沙门岛、刘(公)岛,转过成山头,再依第一条航线,即可到达长江口的刘家港;

(4)由辽河口南航道旅顺老铁山,东南直至成山,仍依第一条航线南航到长江口外的茶山(今佘山),到刘家港抛泊;

(5)由福建闽江口长乐港的五虎门开洋北上,过福宁县(今福建省宁德市霞浦县)东海面,入浙江省境,过温州、台州,及宁波府定海卫以东,望北航达长江口外的茶山,再依第一条航线北航即可到达成山。

从上述五条航线来看,明初沿海的远距离航行采取了离海岸较远的直航航道,这就要求有性能好的海船和较高的航海技术。

(二)明代的海上交通

明代的海上交通最具代表性的就是郑和七下西洋。明成祖朱棣为扩大明朝的政治影响,争取和平稳定的国际环境,以明初强大的封建经济为后盾,以先进的造船业和航海技术为基础,把中国与海外各国、各民族之间的友好往来推进到一个繁盛的新阶段。在这样的时代背景下,出现了举世瞩目的郑和下西洋的航海壮举。

三、中国古代的三大船型

中国古代的船型,到明代,或者说通过明代的文献,已经理出清晰的条理。从前曾有人提出中国古代传统的船型可分为沙船、福船、广船、鸟船四大船型,其实,鸟船仅是福船派生的船型,还不能自树一帜。现将中国古代三大类传统的船型分述如下。

(一)沙船

沙船是发源于长江口及崇明一带的方头、方梢、平底的浅吃水船型,多桅多帆,长宽比较大,因底平不怕沙浅,有"稍搁无碍"之效。"过去,多在上海附近的太仓浏河等地制造。在历史上以崇明为著。太仓,通州(今江苏省南通市),海门,常熟,嘉定,江阴等处均有。道光年间上海有沙船五千艘。"①

沙船的历史渊源可追溯到南宋时期。《宋史·兵志》记有:"南渡以

① 周世德:《中国沙船考略》,见中国造船工程学会:《中国造船工程学会1962年年会论文集(第二分册:运输船舶)》,北京:国防工业出版社,1964年,第33页。

后，江、淮皆为边境故也。建炎元年（公元1127年），李纲请于沿江、淮、河帅府置水兵二军，要郡别置水兵一军，次要郡别置中军，招善舟楫者充，立军号曰凌波、楼船军。其战舰则有海鳅、水哨马、双车、得胜、十棹、大飞、旗捷、防沙、平底、水飞马之名。"[①]此防沙、平底似为沙船的祖式。

《大元海运记》中载：委张瑄、朱清"限六十日造平底海船六十只"，此平底海船盖为后世沙船的原型。

明嘉靖年间沈启所撰《南船纪》载有"二百料巡沙船"图并记有"所谓沙船像崇明三沙船式也"。明嘉靖年间成书的《筹海图编》始有沙船的图文。

周世德在《中国沙船考略》中，实测了大型沙船的帆装图（见图8-1）和结构图（见图8-2）。该文认为："在主要尺度比值方面，古代沙船与现代沙船很相近。"表8-1列出四型沙船的主要尺度及其比值。

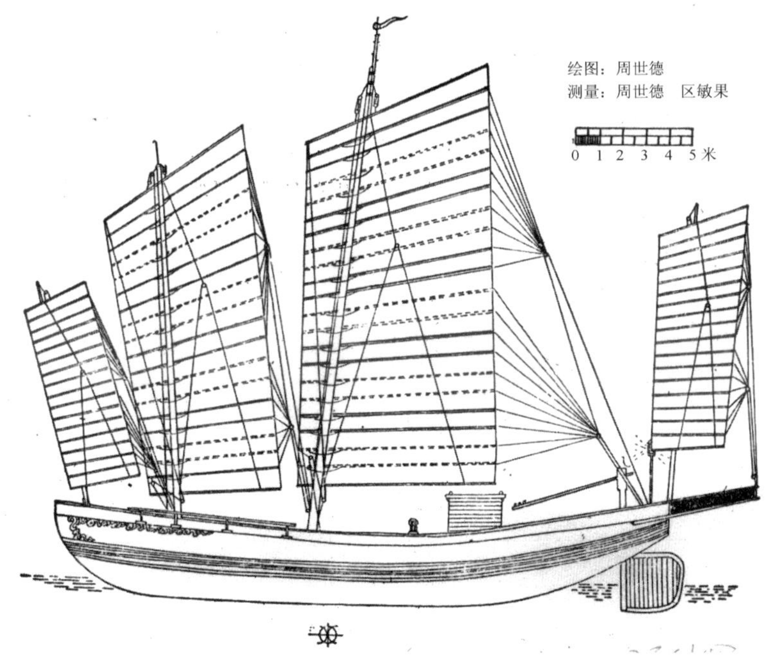

图8-1　大型沙船的帆装图（采自《中国沙船考略》）

茅元仪的《武备志》记述了沙船的突出优点："沙船能调戗使斗风。"

① 脱脱等：《宋史·兵志一》。

这可能是引用了稍前成书的胡宗宪的《筹海图编》。逆风行船必须走"之"字形的航迹。利用逆风行船时，帆除获推进力之外，还附带产生使船横向漂移的力。由于沙船吃水较浅，其抗横漂的能力有限，遂必须使用披水板，放在下风一侧，用时插入水中，以阻止船横向漂移。图 8-3 所示沙船模型照片左舷所挂者，即披水板。造船专家王世铨（公衡）认为"防止横漂的披水板也是中国首创"①。

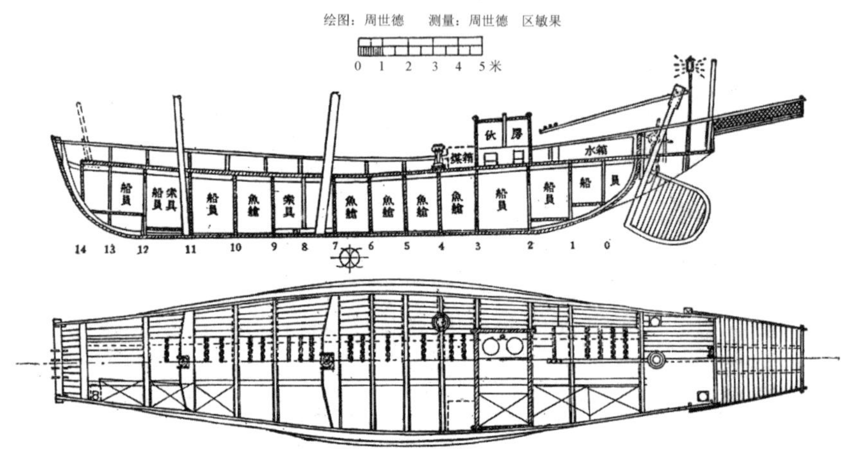

图 8-2　大型沙船的结构图（采自《中国沙船考略》）

表 8-1　四型沙船的主要尺度及其比值

名称	长 L(米)	宽 B(米)	深 H(米)	吃水 T(米)	L/B	L/H	B/T	H/T	L/T
大型沙船	22.25 30.12	5.78 6.62	2.50	1.60	3.85	8.80	3.61	1.56	13.75
中型沙船（一）	17.00 21.00	4.18 4.28	1.09	1.00	4.06	15.59	4.18	1.09	17.00
中型沙船（二）	14.75 19.40	4.05 4.30	1.03	0.70	3.64	14.32	5.78	1.47	21.07
小型沙船	13.81 14.16	2.70	1.08	1.00	5.11	12.78	2.70	1.08	13.81

注：长宽两栏内，下面的数字是总长和总宽。

① 王世铨：《讨论周世德的〈中国沙船考略〉时的发言》，见中国造船工程学会：《中国造船工程学会 1962 年年会论文集（第二分册：运输船舶）》，北京：国防工业出版社，1964 年，第 61 页。

图 8-3　沙船模型照片(采自中国船舶发展陈列馆)

(二)福船

福船是福建、浙江沿海一带尖底海船的统称,其所包含的船型的用途相当广泛。

福建造船业历史悠久,春秋时期吴王夫差曾在闽江口设立造船场。[1] 三国时期,吴国曾在今福州置建安典船校尉,将罪人"送付建安作船"[2]。唐宋时期,福建对外交流扩大。宋时的福州、兴化、泉州、漳州已成为重要的造船中心,当时朝廷遣使外国时常到福建顾募客舟,其船"上平如衡,下侧如刃,贵其破浪而行也"。船舶的这些特点为建造后世的福船奠定了技术基础。

明天启元年(公元 1621 年)茅元仪撰成《武备志》,博采历代文献 2 000 种,继嘉靖年成书的《筹海图编》之后,明确提出福船的船型系列,综合起来可以表示如下。

---

① 陈奇、陈颖东:《中国福船》,《福建造船》1992 年第 1 期,第 12 页。

② 陈寿:《三国志・吴书・孙皓传》。

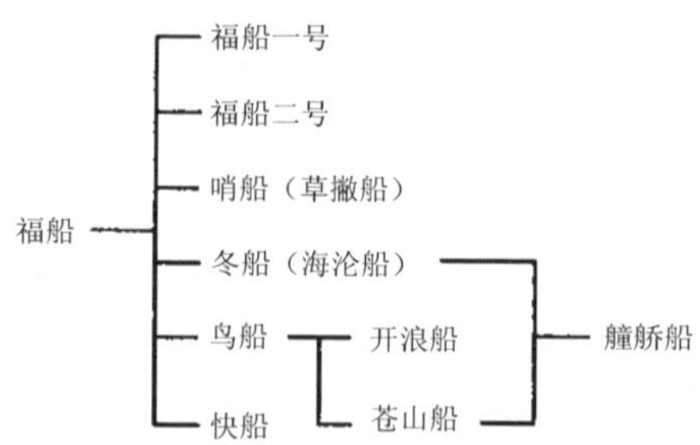

据《武备志》所述，开浪船即鸟船，以其头尖故名。在福船船型系列中，以苍山船为最小。若敌船进入内海，因大福船、海沧船皆不能入，必用小苍山船以追之，用之冲敌颇便且健，温州人呼之为苍山铁，也有铁头船之名。“戚继光云：近者改苍山船为艟艄船，比苍山船大，比海沧船更小而无立壁（侧壁不披茅竹），最为得其中制。遇倭舟或小或少，皆可施功。”①

由之可见，鸟船只是福船的一种小型者，自然不能成为独立的船型。

明代抗倭名将戚继光在闽浙沿海抗倭时，即应用了福船的系列船型。我们曾应邀为北京军事博物馆复原戚继光抗倭大福船（见图8-4），此复原船被陈列在该博物馆的古代战争馆。该船型取吃水为3.5米，这相当“吃水一丈一二尺”之数，水线长29.5米，总长40.0米，船宽10.0米，船深4.3米。该模型是由福建省惠安造船厂的老工人完全按福船的形制建造的，长约6米，保持了福船的全部特色和风格。

图8-4　北京军事博物馆陈列的抗倭大福船

---

①　茅元仪：《武备志》卷一一七。

(三)广船

南海郡的番禺县(今广州市),自战国以来即为重要都会,也是造船重镇。南海、合浦以及其南的交趾、日南(今越南境内),是汉代向印度洋航行的重要门户。诸地又盛产林木,是重要的造船地点。唐宋时期的广州、高州(今广东省茂名市)、琼州(今海南省海口市)、惠州、潮州等地的造船业兴盛。“广船原系民船,由于明代东南沿海抗倭的需要,将其中东莞的‘乌艚’、新会的‘横江’两种大船增加战斗设施,改成良好的战船,统称‘广船’。”①“‘广船’是当时中国最著名的船型,在肃清倭患的战斗中做出了贡献。”②

《明史·兵志》对广船的评价是:“广东船,铁栗木为之,视福船尤巨而坚。其利用者二,可发佛郎机,可掷火球。”③《武备志》对广船的缺点也有客观评价:“广船若坏须用铁力木修理,难于其继。且其制下窄上宽,状若两翼,在里海则稳,在外海则动摇,此广船之利弊也。”④

广船的帆形如张开的折扇,与其他船型相比最具特点(见图8-5)。为了减缓摇摆,广船采用了在中线面处深过龙骨的插板,此插板也有抗横漂的作用。为了操舵的轻捷,广船的舵叶上有许多菱形的开孔,也称为开孔舵。广船在尾部有较长的虚梢(假尾),其复原模型如图8-6所示。

图8-5　最具特点的广船帆形(采自Peter Kemp)

---

① 广东省地方史志编纂委员会:《广东省志·船舶工业志》,广东:广东人民出版社,2000年,第40页。

② 张德荫等:《广州市志·船舶工业志》,广东:广州船舶工业公司,1997年,第1页。

③ 张廷玉:《明史·兵志四》。

④ 茅元仪:《武备志》卷一一六。

图 8-6　广船的复原模型(采自澳门海事博物馆)

第二节　郑和七下西洋与郑和宝船

郑和是云南省昆明市普宁区昆阳镇的回族人,其祖先原居西域,世奉伊斯兰教。他原名马和,小名三保(宝),因随明成祖起兵“靖难”有功,被擢任内官监太监,赐名郑和。在永乐三年(公元 1405 年)至宣德八年(公元1433 年)的 28 年间,曾率领百余艘大小舰船组成的庞大舰队,七次远航西洋。《明史·郑和列传》记有:“成祖疑惠帝亡海外,欲踪迹之,且欲耀兵异域,示中国富强。永乐三年六月,命(郑)和及其侪王景弘等通使西洋。将士卒二万七千八百余人,多赍金币,造大舶,修四十四丈、广十八丈者六十二。”图 8-7 为郑和雕像。

图 8-7　郑和雕像

一、七下西洋的时间与所经国家和地区

根据郑和亲自立于娄东刘家港天妃宫的《通番事迹之记》碑和福建长乐天妃宫的《天妃灵应之记》碑，并参照《明实录》和下西洋随行人员所著的《瀛涯胜览》《星槎胜览》《西洋番国志》等文献，记录下郑和历次下西洋往返年月以及所经国家和地区。

永乐三年（公元 1405 年）十日至十二日出发，永乐五年（公元 1407 年）归国。所经国家和地区有占城、暹罗、旧港、满剌加、苏门答腊、锡兰、古里。

永乐五年（公元 1407 年）冬末出发，永乐七年（公元 1409 年）夏末归国。所经国家和地区有占城、暹罗、渤泥、爪哇、满剌加、锡兰、加异勒、柯枝、古里。

永乐七年（公元 1409 年）十二月出发，永乐九年（公元 1411 年）六月十六归国。所经国家和地区有占城、暹罗、爪哇、满剌加、阿鲁、苏门答腊、锡兰、甘巴里、小葛兰、柯枝、溜山、古里、木骨都束、忽鲁谟斯、麻林。

永乐十一年（公元 1413 年）出发，永乐十三年（公元 1415 年）七月初八归国。所经国家和地区有占城、爪哇、古兰丹、彭亨、满剌加、阿鲁、锡兰、沙里湾泥、柯枝、古里、木骨都束、卜拉哇、阿丹、剌撒、忽鲁谟斯、麻林。

永乐十五年（公元 1417 年）秋冬出发，永乐十七年（公元 1419 年）七月十七归国。所经国家和地区有占城、渤泥、爪哇、彭亨、满剌加、锡兰、沙里湾泥、柯枝、古里、木骨都束、卜拉哇、阿丹、剌撒、忽鲁谟斯、麻林。

永乐十九年（公元 1421 年）秋出发，永乐二十年（公元 1422 年）八月十八归国。所经国家和地区有占城、暹罗、满剌加、榜葛剌、锡兰、柯枝、溜山、古里、阿丹、剌撒、木骨都束、卜拉哇、忽鲁谟斯。

宣德六年（1431 年）十二月初九出发，宣德八年（公元 1433 年）七月初六归国。所经国家和地区有占城、暹罗、爪哇、满剌加、苏门答腊、榜葛剌、锡兰、小葛兰、加异勒、柯枝、溜山、古里、忽鲁谟斯、祖法儿、阿丹、剌撒、天方、木骨都束、卜拉哇、竹步。

二、郑和宝船及相关的研究

（一）著名近代学者梁启超拉开了研究郑和与郑和宝船的序幕

在郑和七下西洋的伟大壮举中，“体势巍然”的宝船（其复原效果图见图8-8），一直是人们关注的焦点。20世纪初，在清政府的压迫下流亡日本的著名近代学者梁启超，就曾以郑和及其宝船激励国人的爱国主义情愫。他在《祖国大航海家郑和传》中特别指出：“有深当注意者二事。”

“一曰其目的在通欧西也……”

“二曰航海利器之发达也。（郑和）‘本传’云：‘造大舶修四十四丈、广十八丈者六十二，容士卒二万七千八百余人。’吾读此文，而叹我大国民之气魄，询非他族所能几也。”

图8-8　郑和宝船复原效果图

（二）国际知名学者对郑和宝船的学术见解

国际知名学者对郑和宝船的学术见解如下：

（1）法国汉学家伯希和于1933年，将马欢的《瀛涯胜览》、费信的《星槎胜览》、巩珍的《西洋番国志》和黄省曾的《西洋朝贡典录》等下西洋纪行著作，经考证、注释后用法文出版，书名为《十五世纪初中国人的伟大海上旅行》。两年后，即1935年，冯承钧将该书译为《郑和下西洋考》[①]出版。该书为“造大舶，修四十四丈、广十八丈者六十二”句加以注释。

① 伯希和：《郑和下西洋考》，冯承钧译，上海：商务印书馆，1935年。

(2)英国学者李约瑟在他的《中国科学技术史》第四卷第三章中写道:“明代文献中有关郑和旗舰的尺度,乍看似乎难以相信,但在实际上丝毫不是‘奇谈’。”接着他还对明朝水师加以概括:“在明朝全盛时期(公元1420年前后),其海军也许超过了历史上任何时期的亚洲国家。甚至可能超过同时期的任何欧洲国家,乃至超过所有欧洲国家海军的总和。永乐年间,明朝海军拥有三千八百艘舰只,其中包括一千三百五十艘巡逻船,一千三百五十艘属于卫、所、寨的战船,和以南京新江口为基地的有四百艘大战船的主力船队,以及四百艘运粮的漕船。此外,还有二百五十艘远航宝船,每艘宝船上平均规定人数由公元1905年的四百五十人增加到1431年的六百九十人以上,最大的宝船当然超过一千人。”①

(3)日本学者寺田隆信在其著作《郑和——联结中国与伊斯兰世界的航海家》中,不仅盛赞中国的传统造船技术,而且将郑和船队与其后的欧洲船队做对比。寺田隆信写道:“造船技术的优劣,是一个国家生产技术水平的反映。像以上所说的那样,15世纪初的中国,以高超的传统造船技术,建造了让人难以置信的巨大船舶,接连不断地把它们送到大海之中。”

所谓“大航海时代”的航海,不仅迟于郑和之后五六十年,而且所乘船舶的尺度、性能,船队的规模,无论哪一样都远不及郑和的船队,如瓦斯科·达·伽马的船队。于1492年8月出航的哥伦布的舰队,也仅有3艘,成员88名,其中旗舰“圣·玛利亚号”才250吨。在到达美洲时,舰队已经失去1艘,留下的2艘也严重破损。1517年以周航世界为目标而起航的麦哲伦的船队,其命运是众所周知的。

“达·伽马、哥伦布和麦哲伦的航海的历史意义,是必须给予充分评价的。然而,造成那样的结果,这是与他们不仅在航海和操船技术方面有问题,而且与乘坐的船舶也经不起大洋的风浪不无关系。从总的方面来说,他们的航海是一种探险的、冒险的活动。”②

(4)美国学者李露晔于1994年在英国牛津大学出版社出版了她的《当中国称霸海上》(*When China Ruled the Seas*)一书,其中有“宝船”一章。在全书开头的“楔子”中刊有詹氏(Jan Adkins)所绘郑和宝船与哥

---

① Joseph Needham, “Science and Civilization in China”, *The Cambridge University Press*, vol 4, no. 3(1978), pp. 479-485.

② 寺田隆信:《郑和——联结中国与伊斯兰世界的航海家》,庄景辉译,北京:海洋出版社,1988年,第15页。

伦布旗舰“圣·玛利亚号”的对照图(见图8-9)。① 两者在尺度与规模上的对比,何其生动鲜明。

图8-9 郑和宝船与哥伦布旗舰“圣·玛利亚号”的对照图

据知,当撰写这部著作时,作者李露晔不仅到东南亚的许多地方考察郑和遗迹,还专门到剑桥的李约瑟研究所结交李约瑟并进行学术交流。作为南京大学的访问学者,她曾造访我国的许多城市,并与众多的中国学者进行学术交流。我们可以说,研究郑和及其宝船,外国学者也参与其中了。

三、对郑和宝船的质疑有力地推动了学术研究

国内外不乏对宝船尺度持怀疑态度的学者。从20世纪40—80年代,在国内质疑宝船的学者的代表性论文,概有以下4篇。

(1)管劲承先生早在1947年发表《郑和下西洋的船》:“据‘本传’,船身长四十四丈,阔度倒有十八丈,长阔之比,约为七与三。于此,我们只凭常识为断,就不能无疑……何致造成违反水性的‘短短胖’呢?所以‘本传’云云,可说是史官笔下造成的船舶,并不会经过工匠用斧斤,斫大木。”②

(2)周世德先生在1962年发表《中国沙船考略》③。他从沙船推论

① 李露晔:《当中国称霸海上》,邱仲麟译,台北:远流出版事业股份有限公司,2000年,第7页。

② 管劲承:《郑和下西洋的船》,《东方杂志》1947年第43卷第1号,见《郑和下西洋资料选编》,北京:人民交通出版社,1985年,第268页。

③ 周世德:《中国沙船考略》,见中国造船工程学会:《中国造船工程学会1962年年会论文集(第二分册:运输船舶)》,北京:国防工业出版社,1964年,第39~63页。

郑和宝船,“按着江苏外海沙船比例(按:文中示例船型的长与宽之比为5.11)计算,长44丈,应宽8.6丈”。周世德认为历史文献所记宝船长度“是可信的……颇疑船宽记载有讹舛之处”。广十八丈“颇疑系‘广于八丈’之误”。遂有修改宝船宽度之议。

(3)上海交大教授杨槱、杨宗英、黄根余在1981年发表《略论郑和下西洋的宝船尺度》[①]。文章要点有:①“船型似以沙船为妥,长宽比就不能太小。”②“明史郑和传中关于宝船的尺度是引自明人说集的《瀛涯胜览·序》,因此不能说这个尺度是有充分根据的。”③龙江船厂“从整个厂的布置图看来,是不能造这么大的船”。杨槱教授的结论意见是:“《明史》上记载的宝船,长四十四丈,宽十八丈,若将其宽作为长,将长度的单位丈改为尺,而改为四丈四广,十八丈长,则与一般法式估算的尺度就相当接近了。”

(4)杨槱教授1983年在上海《文汇报》著文《郑和宝船究竟有多大》[②],把有争议的问题加以概括:①《明史》等所载宝船尺度均源于《瀛涯胜览》一书,实为孤证;②据《南京静海寺残碑》推断,郑和的船仅长十余丈;③郑和航海不需要特大的船;④在明代要在三年内造出几十艘特大的宝船“是不可思议的”。

上述5位学者的4篇论文,对宝船的质疑有4点:①“短短胖”的宝船是不存在的;②提出沙船说,长宽比不能太小;③提出龙江说,龙江船厂造不了大型宝船;④宝船尺度源于《瀛涯胜览》,实为孤证。

不支持上述质疑的学者更多。按论著发表的先后,概述如下:

(1)武汉水运工程学院席龙飞与何国卫于1982年撰成《试论郑和宝船》[③],并将文稿首先寄呈周世德、杨槱两位先生恭请赐正。

《试论郑和宝船》提出:按《明史》及有关文献所记,“可知郑和庞大的舰队中,绝大多数船的长宽比值均在2.5左右。这样小的长宽比虽然与现代造船工作者的认识相距很远,但却为近年在泉州、宁波出土的宋代海船所证实。泉州宋船的长宽比为2.48或为2.8;宁波宋船的长宽

---

① 杨槱、杨宗英、黄根余:《略论郑和下西洋的宝船尺度》,《海交史研究》1981年总第3期,第12~22页。

② 杨槱:《郑和宝船究竟有多大》,《文汇报》,1983年10月19日,第3版。

③ 席龙飞、何国卫:《试论郑和宝船》,《武汉水运工程学院学报》1983年第3期。又见纪念伟大航海家郑和下西洋580周年筹备委员会、中国航海史研究会:《郑和下西洋论文集(第一集)》,北京:人民交通出版社,1985年,第93~107页。

比为 2.71 或 2.8。这样小的长宽比在历史文献中也能找到"[①②③④]。

若为附会"沙船比例"或"一般法式"而去修改宝船的尺度,则与出土古船的实证相悖。把宽改作长,把长的单位改作尺,也是缺少科学性的。这是《试论郑和宝船》的主要论点之一。

《试论郑和宝船》的论点之二:以《明成祖实录》所载永乐元年至永乐十七年根据上谕建造海船统计表表明,下西洋船舶是在全国各地建造的,船型有多样性。文献所记诸多船型的长宽比值较小,说明宝船的主要船型应是福船而非沙船。

席龙飞、何国卫在论文中以"郑和宝船的出现合于事物发展规律"回应杨槱等三位学者。文中以与他们使用的同样的公式核算船体强度,结果表明是"可以保证有足够的强度"。

中国航海史研究会于 1983 年在九江举办了郑和下西洋学术讨论会,这在我国是空前的郑和研究盛会,有许多知名专家在这次会议上发表了学术论文,会后出版《郑和下西洋论文集(第一集)》[⑤],引起了海内外的关注。日本《朝日新闻》就有相关报道[⑥]。

(2)山东大学历史系教授郑鹤声、郑一钧在著文《略论郑和下西洋的船》[⑦]。

针对杨槱等三位学者所说:"记有郑和下西洋全部情况的典籍,被明朝兵部郎中刘大夏付之一炬,而明史郑和传中关于宝船的尺度是引自明人说集的《瀛涯胜览·序》。因此,不能说这个尺度是有充分根据的。"郑氏父子在文章中写道:"我们认为,这一说法是值得商榷的。据

① 杨槱:《对泉州湾宋代海船复原的几点看法》,《海交史研究》1982 年总第 4 期,第 35 页。

② 席龙飞、何国卫:《对泉州湾出土的宋代海船及其复原尺度的探讨》,《武汉水运工程学院学报》1979 年第 2 期,第 70~80 页。

③ 席龙飞、何国卫:《对宁波古船的研究》,《武汉水运工程学院学报》1981 年第 2 期,第 26 页。

④ 徐英范:《浙江古代航海木帆船的研究》,硕士学位论文,中国科学院自然科学史研究所,1981 年,第 26 页。

⑤ 纪念伟大航海家郑和下西洋 580 周年筹备委员会、中国航海史研究会:《郑和下西洋论文集(第一集)》,北京:人民交通出版社,1985 年。

⑥ 《详述郑和之航海》,《朝日新闻》(日本)1986 年 1 月 31 日(夕刊),"海外文化"专栏。

⑦ 郑鹤声、郑一钧:《略论郑和下西洋的船》,《文史哲》1984 年第 3 期,第 3~9 页。

查，刘大夏所毁的主要为明朝政府内所藏‘郑和出使水程’及有关档案，至于在刘大夏之前已流传民间的记有郑和下西洋情况的典籍，仍有一些流传至今，除马欢书外，尚有费信的《星槎胜览》、巩珍的《西洋番国志》、茅元仪的《武备志》中所收‘自宝船厂开船从龙江关出水直抵外国诸番图’（即《郑和航海图》）等，而《郑和航海图》即为‘郑和出使水程’之一种。”

作为早年《南京静海寺残碑》的发现者，郑鹤声在文章中写道：“我们认为《南京静海寺残碑》中所记一千五百料、两千料海船，应为‘将领官军乘驾’的军舰，是一种以运载广大的下洋‘将领官军’为主，兼有作战性能的海船……可以统称之为‘战座船’，是郑和舰队中的主要舰型之一，却不是最大的宝船。”“郑和宝船，与此有别，应为郑和、王景弘等领导成员乘坐的旗舰，或为使团重要成员、外国使节，一般行政官员和技术人员等非军事人员所乘坐的以及装载大宗‘宝货’的船只。”

郑鹤声还写道：“在明代以前，中国造船业发达的程度，就接近于能造长四十四丈，宽一十八丈的大船的水平。明朝永乐年间，在社会经济高度繁荣的基础上，郑和下西洋所表现的大规模的洲际航海活动，有力地推动了当时造船业的进一步发展，完全有可能具有建造大型宝船的技术水平。郑和宝船主要建造于南京宝船厂，福建也是重要的建造宝船的基地。”在文章的结尾，针对杨槱等三位学者文章所说：“过去修史写书的官员，对生产实践一般较贫乏，稍一疏忽，就有可能对船做出错误的描述。”郑鹤声写道：“根据明代各可靠的史料，举宝船之大者，为‘修四十四丈，广十八丈’，不是反映了过去修史写书的官员对生产实践知识的贫乏，而是反映了明代造船工匠在打造巨型海船上所达到的高超的技术水平，实在超出了今天人们的想象。由于当时的造船工艺早已失传，有关宝船结构的技术资料也没有流传下来，史书上简短的记载，看起来真像是特定时代的‘奇迹’，从中却也能说明我们中华民族是素以其富有创造性的聪明才智而称著于世的。”

（3）厦门大学历史系教授庄为玑、庄景辉发表《郑和宝船尺度的探索》①。

他们认为：“郑和下西洋的档案，虽被付之一炬，宝船尺度却在随行人员马欢的纪行著作中得以保存，这是十分宝贵的。尤其像马欢这样的

① 庄为玑、庄景辉：《郑和宝船尺度的探索》，《中国航海》1983 年第 2 期，第 4 ~ 19 页。又见纪念伟大航海家郑和下西洋 580 周年筹备委员会、中国航海史研究会：《郑和下西洋论文集（第一集）》，北京：人民交通出版社，1985 年，第 622 ~ 630 页。

第一手资料，由记录者目击，因此，在没有发掘出更有力的史料之前，马欢所记的宝船尺度不应被轻易否定或随意修改。”

文章还写道：“作为随郑和下西洋人员的纪行著作问世的还有巩珍的《西洋番国志》和费信的《星槎胜览》。在这两部书中，虽无明确记述宝船的尺度，但均对其规模做了描述。最为引人注目的是《西洋番国志》中的一段记载：‘其所乘宝舟，体势巍然，巨无与敌。篷、帆、锚、舵，非二三百人莫能举动。’”

“这里所记载宝舟‘巨无与敌’跟前述马欢所记之宝舡‘古所未有’恰相吻合，而‘篷、帆、锚、舵，非二三百人莫能举动’正是‘大者长四十四丈，阔一十八丈’的具体注释，巩珍的这一记述并不是无所凭据的，他与马欢、费信一样，曾与宣德六年（公元 1431 年）‘叨从使节，涉历遐方’，随郑和第七次下西洋……如果说，‘所记各国的事迹……悉听通事转译而得’的话，那么，对于‘宝舟’的体势，正是巩珍所亲身目睹的事实。”

庄为玑教授认为周（世德）先生拘泥于沙船说；杨（槱）先生拘泥于龙江说，二位都有局限性。他在 1982 年的通信中写道：“郑和船只既是各省调来配搭，则无所谓龙江船厂包造之可言……大作（指《试论郑和宝船》）目的在于探讨郑和宝船问题，周世德、杨槱两位专家读之亦当首肯。”[①]

（4）山东大学中西交通史硕士研究生邱克在九江发表《谈〈明史〉所载郑和宝船尺寸的可靠性》[②]。

邱克在北京图书馆（今中国国家图书馆）寻找到知名学者“只闻其名，不见其书”的明代钞本《三宝征夷集》。此钞本最早著录于宁波范氏《天一阁书目》。伯希和在《郑和下西洋考》中曾提到过它。冯承钧则进一步指出这是《瀛涯胜览》的别本。冯承钧还说：“这部孤本《三宝征夷集》，现在或尚存，若能取其校勘‘纪录汇编本’，必更有所发现。”[③④]

邱克在文章中写道：《瀛涯胜览》初稿完成于永乐十四年，全书最后完稿于马欢参加第七次下西洋归来（宣德八年）之后，并增添了天方国

---

① 席龙飞：《庄为玑教授关于郑和及其宝船研究的通信》，《海交史研究》1992 年第 1 期，第 110～112 页。

② 邱克：《谈〈明史〉所载郑和宝船尺寸的可靠性》，《文史哲》1984 年第 3 期，第 10～12 页。

③ 伯希和：《郑和下西洋考》，冯承钧译，上海：商务印书馆，1935 年，第 154 页。

④ 文尚光：《郑和宝船尺度考辨》，《武汉水运工程学院学报》1984 年第 4 期，第 16～27 页。

条等新的内容。巩珍在宣德九年完成《西洋番国志》之前看到并抄袭了马欢的这部书,以此而论《瀛涯胜览》的最后定稿似不会晚于宣德九年。经过校勘可知,《三宝征夷集》与其他版本相比,非常接近于巩珍的《瀛涯胜览》,有理由认为巩珍写作时参考的很可能就是与《三宝征夷集》相类似的原本。因此,其可靠程度较之明代钞本《三宝征夷集》又胜过一筹,这部明钞本卷首诸番国名之后,亦录有宝船尺寸及下西洋官兵人数。邱克用照片披露了这些数字全用会计字码大写,他认为:"因此,似乎可以排除转抄刻写过程中把船的长宽尺寸颠倒或笔误的可能。"

(5)上海的李邦彦、北京的王兆生参加九江会议著文赞同大型宝船,论文收入《郑和下西洋论文集(第一集)》,兹不赘述。

(6)文尚光研究员在1984年发表《郑和宝船尺度考辨》①。这是针对杨槱1983年在上海《文汇报》发表的的文章《郑和宝船究竟有多大》而写的。文尚光写道:"明白载有宝船尺度的历史文献有明钞说集本《瀛涯胜览》《三宝征夷集》《郑和家谱》《客座赘语》《西洋记通俗演义》《国榷》《明史·郑和传》等七种"。按其资料来源可分为三个系统:一是《瀛涯胜览》《三宝征夷集》《西洋记通俗演义》;二是《郑和家谱》;三是《明史·郑和传》《客座赘语》《国榷》。尽管它们的资料来源不同,但所载的最大宝船均为四十四丈(或为四十四丈四尺)、宽十八丈,这个数字的可靠性应是毋庸置疑的。有这么多同源与不同源的文献为证,怎么能说是"孤证"呢?

鉴于巩珍在《西洋番国志》自序中写道:"其所乘宝舟,体势巍然,巨无与敌,篷、帆、锚、舵,非二三百人莫能举动。"文尚光写道:"如果说最大宝船仅长十余丈,那么郑和这位年轻的幕僚所作的随行实录,怎么会如此用词不当,如此失实之甚呢?下西洋的盛事刚结束,大批当事人还在,巩珍怎敢毫无根据地胡乱吹嘘呢!"

(7)中国船史研究会副会长洪长倬于1984年在南京召开郑和下西洋学术讨论会上发表论文《宝船厂遗址及宝船尺度问题》②,文章报告了他本人亲自参加的对遗址的调查与勘测,给出宝船厂与龙江船厂的厂址图。洪长倬的贡献是:①突破了南京博物院一位资深专家把龙江船厂与

---

① 文尚光:《郑和宝船尺度考辨》,《武汉水运工程学院学报》1984年第4期,第16~27页。

② 洪长倬:《宝船厂遗址及宝船尺度问题》,见纪念伟大航海家郑和下西洋580周年筹备会委员会:《郑和下西洋论文集(第二集)》,南京:南京大学出版社,1985年,第664~670页。

宝船厂混为一谈的定势；②明确提出："宝船厂与龙江船厂性质不同……宝船不可能是在龙江船厂制造的……宝船厂是有可能制造宝船的。"在文章的最后，洪长倬写道："从上述文献资料，可以充分说明明代宝船之成，绝不是'误打误碰'出来的，若非经过千百年的实践，曷克臻此。因此，可以断言，宝船的'体势巍然，巨无与敌'之雄姿，见诸马欢、费信、巩珍等人笔下者，信非诳语。"

(8)复旦大学教授章巽对国内热点的郑和宝船问题，也参与讨论。1986年，章巽教授在其《我国古代的海上交通》一书中表达了他对文献所记宝船的尺度的看法，认为"殊有可能"。他写道："郑和的伟大，是由于他继承了前人开创的事业，吸取了前人丰富的航海技术与经验……我国不但最早发明指南针并将其应用于航海，而且我国造船业开始得非常早，技术精良，世代有所进步，唐、宋、元各代的海船都驰名于整个西太平洋和印度洋上。以上所说我国海上交通史这一切光辉的经历和巨大业绩，正是郑和所继承了的。"①

综上所述，人们可以理解：正是对郑和宝船有那么多质疑，才引起了全国学者的研究兴趣，才使研究工作不断深入并获得十分可喜的成果。

第三节　明代古船的发掘与研究

明代关于船舶的著作多且精彩，反映了这一时期造船业趋于鼎盛的情势。现今已有经发掘并研究的多艘明代古船。这些明代古船的实例，更能让人们对明代的造船技术水平有深入且形象的了解。

一、山东梁山县明代河船的发掘与研究

1956年4月，山东省济宁市梁山县黑虎庙区(今黑虎庙镇)馆里乡红光农业生产合作社第三生产队社员在村西宋金河支流挖藕时，发现一艘古船。随后，山东省文物局即派员前往调查。在县、村的大力支持和协助下，散落在民间的许多船板得以收回。同年7月18日才将船板及有关文物运回济南。

① 章巽：《我国古代的海上交通》，北京：商务印书馆，1986年，第71～73页。

关于梁山古船只见有《文物参考资料》的两篇报道。[①②]

1987 年夏,武汉水运工程学院的文尚光、席龙飞、何国卫和海军工程学院的唐志拔等 4 人,对在库房保存的梁山古船进行了为期一天的考察与测绘。1991 年 12 月,何国卫在上海世界帆船史国际会议上,发表了论文《对明代梁山古船的测绘及研究(英文)》[③]。由此,梁山古船的有关资料也为英语世界的船史著作[④]所引用。到 1998 年,才有关于梁山古船的论文在该院学报上发表。[⑤]

2009 年,趁山东省博物馆即将迁入新馆之机,武汉理工大学造船史研究中心应邀赴济南对梁山古船进行测绘及合作研究。

(一)梁山古船的年代

据文献报道,伴随梁山古船出土的文物有:铜器 5 种,铁器 26 种,陶瓷器及其他 9 种。其中与判断年代有关的文物是:

(1)铁锚 1 件,高 160.36 厘米,上有铁环,四爪,锚上刻有"甲字五百六十号八十五斤洪武五年造□字一千三十九号八十五斤重"铭文。

(2)铜铳 1 件,长 44 厘米,口径 2.15 厘米,上刻"杭州护卫教师吴住孙习举□王宦音保筒",左刻"重三斤七两洪武十年□月□日造"等铭文。

(3)铜钱 4 枚,即"洪武通宝"2 枚(1 枚背有"浙"字)、"大观通宝"1 枚,另 1 枚"皇□通宝"字迹不清。"大观通宝"为北宋钱;"皇□通宝"的年代也远较"洪武通宝"为早。

根据上述 3 种文物的年代,可以判断梁山古船的建造年代为洪武初年。鉴于船体木板并无严重腐蚀情况,梁山古船大抵也是在洪武年间沉没的。

---

① 梁山县文化科:《山东省梁山县发现明代木船》,《文物参考资料》1956 年第 9 期,第 73 ~ 74 页。

② 刘桂芳:《山东梁山县发现的明初兵船》,《文物参考资料》1958 年第 2 期,第 51 ~ 54 页。

③ He Guowei, "Measurement and Research of the Ancient Ming Dynasty Ship Unearthed in Liangshan", *Proceedings of International Sailing Ships History Conference*, 1991, pp. 237-244.

④ Sean Mc Grail, *Boats of the World* , Oxford University Press, 2001, pp. 373.

⑤ 顿贺等:《对明代梁山古船的测绘及研究》,《武汉水运工程学院学报》1998 年第 3 期,第 258 ~ 261 页。

(二)梁山古船的用途

梁山古船的用途如下：

(1)原报道的标题是《山东梁山县发现的明初兵船》,但文章的结束语部分却写明:“在洪武时期,这一地带没有水战。”洪武年间,燕王朱棣曾多次出战,都是面向北方的后元,北平以南并无战事,也不需要兵船。结语为:“漕运需要护航,这船也许是一支护航的船。”

(2)《明史·兵志》在述及兵船时写道:“其制上下三层,下实土石,上为战场,中为寝处。其张帆下椗,皆在上层。”考察梁山古船,船舱内并无在木铺板之下加压载土石的空间。甲板之上并无“女墙半身”的设置,与公认的明蓬莱古战船和明象山古战船有极大的区别。①②

(3)从船型看,梁山古船具有首尾连通的可防雨水的舱口围板,并且舱底铺放有厚度大于10厘米的木铺板,这些正是运粮漕船的基本特征。

综上所述,可知梁山古船并非兵船,从船体的结构特征看,它是一艘运河里的漕船。从船上发现有兵器等项分析,说该船是有护航功能的漕船应更为贴切。

(三)船体结构的科学性与规范化

船体结构的科学性与规范化如下：

(1)为适应运河较浅的航道,船底外板齐平。为保证总纵强度,用3块内凸的平板龙骨替代了一般海船常用的外凸龙骨,平板龙骨两侧各有3列底板。这就是古代船舶中常应用的正底九路。

(2)作为漕船,为方便装卸粮谷,采用了较宽的货舱口,这势必有损于总纵强度。作为补偿,在舱口处设尺寸较大(180厘米×180厘米)的舱口纵桁和相比邻的宽度为200毫米的甲板纵桁。此外在甲板边板上,另加一尺寸较大的加强甲板边板。这些措施将有力地保证上甲板的结构强度。

(3)设横向水密舱壁(由尾至首共设12道舱壁),使船底龙骨板、船底板、舷侧外板、甲板板以及甲板纵桁、舱口纵桁构成统一的整体构造,有力地增加了船体的刚度和强度。梁山古船的船中剖面结构,如图8-10

---

① 席龙飞、顿贺:《蓬莱古战船及其复原研究》,《武汉水运工程学院学报》1989年第1期,第5~11页。

② 褚晓波:《浙江象山县明代海船的清理》,《考古》1998年第3期,第38页。

所示。

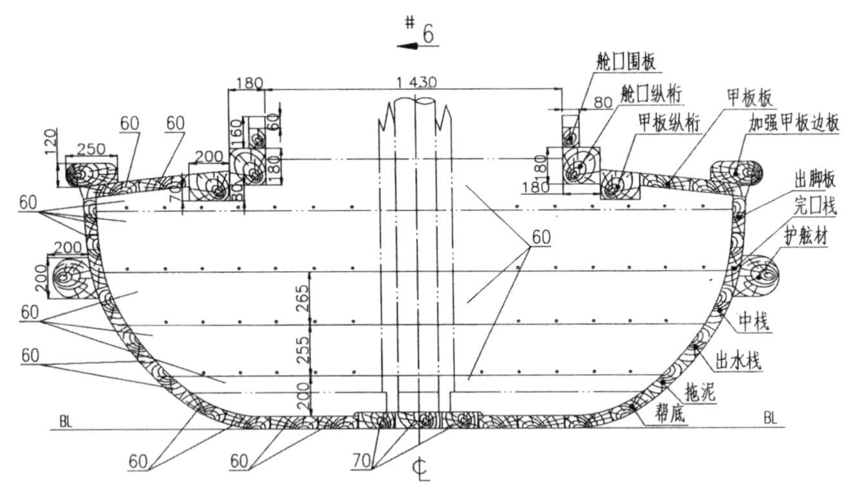

图 8-10　梁山古船的船中剖面结构图(未注单位为毫米)

(4)大尺寸的护舷材结构,虽距离船体的中和轴较近,对船体的总纵强度的作用较弱,但对保证船体的局部强度却非常有效。

(5)梁山古船船体底板、舷侧外板的路数是正底九路,帮底二路,拖泥二路,出水栈二路,中栈二路,完口栈二路,出脚板二路,总计共21路(列)。梁山船船板的路数与明代著作《南船纪》卷一所载"二百料一颗印巡船"的路数颇有一致性,一颗印巡船只较梁山古船缺少帮底、拖泥共四路。

上述事实说明,早在600多年以前,中国内河或运河里的运船在设计和建造方面已接近于规范化了。

(四)外板端接头的连接形式精彩纷呈

在外板端接头的连接形式(见图8-11)上,在梁山古船上看到的有:直角同口,滑肩同口,单榫滑肩同口,双榫滑肩同口,钩子同口,双头钩子同口,蛇形同口,双头蛇形同口。笔者过去只在文字上见到过所谓的蛇形同口,现在在梁山古船上见到了实体,而双头蛇形同口,即使在文字上也没有见到过。

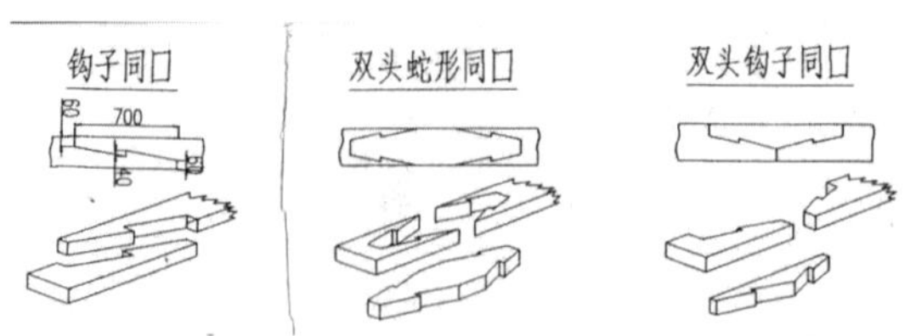

图 8-11　梁山古船外板端接头连接节点图(未注单位为毫米)

(五)梁山古船船体的测绘与复原

经测绘及复原的总布置图如图 8-12 所示。本船的主龙骨长度约为 13 米,主桅高度取其 0.85,则桅高 11 米,相应地取首桅高为 9.5 米,取主帆和首帆面积各为 24 平方米和 18.5 平方米。

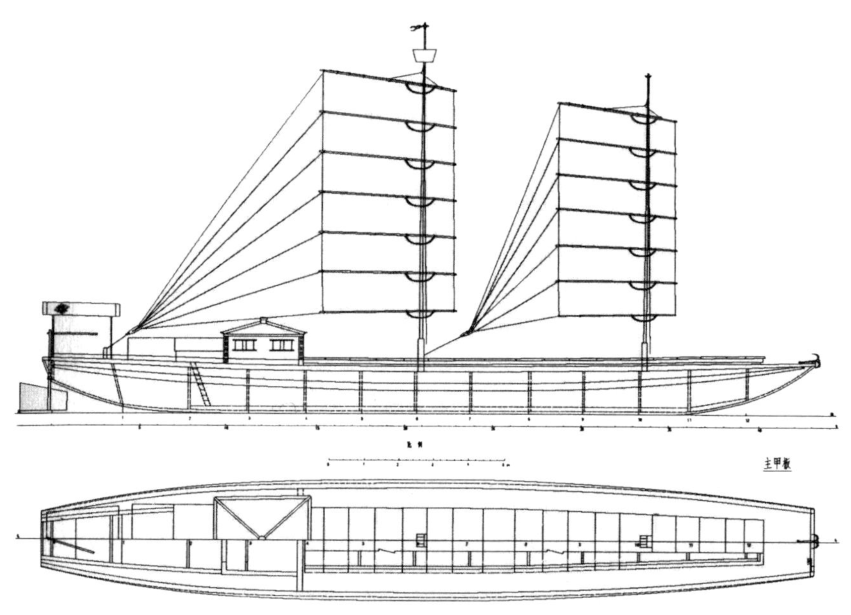

图 8-12　梁山古船总布置图

(六)结语

所得结论如下[①]:

① 龚昌奇等:《山东梁山明代古船复原研究》,“中国航海博物馆首届国际学术研讨会”论文,上海,2010 年,第 92～102 页。

(1)山东梁山古船建于明代洪武初年,大抵也是沉没于洪武年间的。

(2)山东梁山古船是一艘有武装护航的运粮漕船。当年在运河边上的卫河船厂和靖江船厂有很强大的造船能力,相信也是在运河水域建造的。

(3)山东梁山古船结构设计科学且合理,船壳的结构件虽然并不十分厚重,但是有船底板正底九路、甲板板以及大尺寸的甲板纵桁、舱口纵桁,有效地增大了船体梁的剖面模数。设置12道横舱壁,又有贯通全船的护舷材,有效地增大了船体刚性、总纵强度及局部强度。

(4)外板端接头的连接形式精彩纷呈,有钩子同口、双头钩子同口、蛇形同口、双头蛇形同口等多种,可以说是连接形式的集大成者。

(5)山东梁山古船设二桅二帆:主桅帆和首桅帆。顺风时则张帆,逆风或无风时则拉纤。

(6)采用悬式平衡舵,在甲板上用舵柄操控,轻捷且有效。

(7)经计算,若吃水达到0.8米,则排水量可增加到近35吨,船的净载货量可达到20~25吨。

山东梁山古船结构完整且形制具有一定的代表性,为了解元末明初内河船舶的结构和建造工艺提供了最珍贵的实物,对于指导仿古船设计与建造,也具有学术价值。

二、山东“蓬莱一号”古船的发掘与研究

(一)“蓬莱一号”古船的发掘、研究与展出

1984年6月,在全国重点文物保护单位——蓬莱水城(古登州港)进行了一次大规模清淤工程。施工人员在港湾的西南隅2.1米深的淤泥中,发现了3艘古代沉船。蓬莱市和烟台市的文物工作者将其中1艘较完整的古船进行了清理和发掘。该船残长28.6米,是当时中国发现的最长的一艘古船(见图8-13)。[①]到2005年,其他两艘古船被清理后,该船被定名为“蓬莱一号”古船。

① 《蓬莱古船与登州古港》编委会:《蓬莱古船与登州古港》,大连:大连海运学院出版社,1989年,“序言”,第1页。

图 8-13　蓬莱古船出土时的全貌

1987 年 11 月在中国船史研究会组织召开的中国古代船史研讨会(武汉)上,烟台和蓬莱的文物工作者宣读了《蓬莱水城清淤与古船发掘报告》,并引起了重视。经过一年的筹备,由武汉水运工程学院、烟台市文物管理委员会和蓬莱市文化局联合举办的"全国性蓬莱古船与登州古港学术讨论会"于 1988 年 10 月在蓬莱召开,并于 1989 年 9 月正式出版了会议的论文集《蓬莱古船与登州古港》①,收录了发掘报告及有关学术论文15 篇以及同时发现的石碇、木碇、四爪铁锚、缆绳等船具,铜炮、铁炮、石弹、灰弹瓶等武器和一部分瓷器等各种文物的照片 82 幅。

经过两年的建设,我国第一座古船博物馆建成于山东省蓬莱市,并于 1990 年 5 月举行了开馆典礼。② 在专门设计的仿古木结构建筑物里,开辟了古船展厅,同时还有展出石碇、木碇、铁锚、铜炮、铁炮以及有关陶瓷器等展室。图 8-14 为展出中的"蓬莱一号"古船。

图 8-14　登州古船博物馆展厅中的"蓬莱一号"古船

① 《蓬莱古船与登州古港》编委会:《蓬莱古船与登州古港》,大连:大连海运学院出版社,1989 年。

② 舟桥:《我国第一座古船博物馆》,《舰船知识》1990 年第 10 期,第 15 页。

（二）“蓬莱一号”古船的年代及用途

为了配合蓬莱水城的清淤工程，2005 年 7 月—11 月，山东省文物考古研究所、烟台市博物馆、蓬莱市文物局联合组队，对清淤过程中发现的古船进行了考古发掘和清理，共发掘 3 艘大型海船，编号分别为二、三、四号船（1984 年清理的为一号船）。[①]

“蓬莱一号”古船残长达 28.6 米，残宽只有 5.6 米，其长宽比大于 5.0，这比通常的航海货船大许多，说明它的用途与一般海洋货船有所不同。古船出土时船内外伴有石弹、铁炮、铜炮以及许多装有石灰的陶瓶等武器，说明它是一艘快速性较好的战船。

2005 年发掘的二号船，与 1984 年发掘的一号船，船型相类似，都属于战船。由于 2005 年的发掘工作有严格的地层关系，对各号古船年代的判断较为清晰和准确。《蓬莱古船》写道：“二号船下的堆积层中存在明代晚期的标本，因此二号古船的废弃时代应在明代晚期。一号船废弃年代和二号船应该比较接近……一、二号船的制造和使用时代应在明代晚期，最早不会超过明代中期。”[②]笔者对此结论表示赞同。

特别应当注意，蓬莱水城在历史上就曾是驻扎水师的港埠。北宋庆历二年（公元 1042 年）为抵御辽国的南侵，登州郡守郭志高“奏置刀鱼巡检，水兵三百戍沙门岛，备御契丹”[③]。因其水师所驾驶的战船，形狭长酷似刀鱼，也称为刀鱼战棹，此水寨也称为“刀鱼寨”。元朝的蓬莱水城仍像北宋时期一样，驻扎着水师，用于巡逻海面，出洋哨守，所用的战舰当为沿袭宋朝的刀鱼战棹。[④]

综上所述，蓬莱古船应是沿用刀鱼战船型的海防战船。

（三）“蓬莱一号”古船的结构特征与工艺特点

蓬莱古船残骸的俯视及纵剖面图如图 8-15 所示，其狭长的船身充分显示了刀鱼战棹的基本特征。

---

① 山东省文物考古研究所、烟台市博物馆、蓬莱市文物局：《蓬莱古船》，北京：文物出版社，2006 年，第 16 页。

② 山东省文物考古研究所、烟台市博物馆、蓬莱市文物局：《蓬莱古船》，北京：文物出版社，2006 年，第 85 ~ 86 页。

③ 道光《蓬莱县志》卷四。

④ 邹异华、袁晓春：《蓬莱古船的年代及用途考》，见《蓬莱古船与登州古港》编委会：《蓬莱古船与登州古港》，大连：大连海运学院出版社，1989 年，第 76 页。

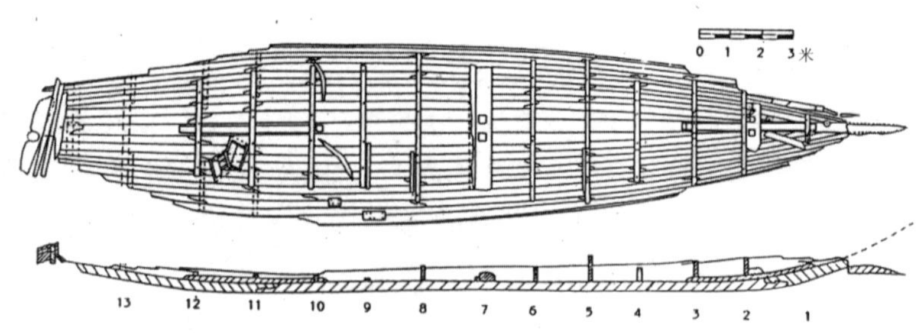

图 8-15 “蓬莱一号”古船的俯视及纵剖面图

1. 龙骨

其主龙骨长 17.06 米,用松木制成;尾龙骨长 5.58 米,用樟木制成,以钩子同口加凸凹榫连接,全长 22.64 米;尾端上翘约 0.6 米。龙骨截面的很长一大段为矩形,中部最厚处为 300 毫米,向尾部逐渐过渡到 280 毫米,向首部逐渐过渡到 250 毫米。龙骨截面在 6 号舱壁处最宽,为 430 毫米,到最尾部宽度减缩到 200 毫米,到首部 2 号舱壁处龙骨宽度过渡到平均约 375 毫米且呈上窄下宽的梯形。①

由主龙骨支撑尾龙骨和首柱,采用带有凸凹榫的钩子同口连接,榫位长度达 0.72 米,更为突出的特点是,主龙骨与尾龙骨、首柱的接头部位增加了补强板,其长度各为 2.2 米和 2.1 米,其断面尺寸是宽 260 毫米、厚 160 毫米。“可以认为这是经过一二百年之后较宋代两艘古船的技术进步。”②

2. 首柱

其首柱长 3.6 米,用樟木制成。后端受主龙骨支撑并与之采用带凸凹榫的钩子同口连接,连接长度约为 0.72 米。断面与主龙骨相同,向前则逐渐转化为锥体,其尖端约高出船底 2 米。在首柱与主龙骨连接部位的补强板上,又设有第 1 号、第 2 号、第 3 号舱壁,相互加固。

3. 舱壁板

全船由 13 道舱壁隔成 14 个舱,舱壁板厚为 160 毫米,用锥属木制

① 顿贺等:《蓬莱古船的结构及建造工艺特点》,《造船工程》1994 年第 1 期,第 19 页。

② 席龙飞、顿贺:《蓬莱古战船及其复原研究》,《武汉水运工程学院学报》1989 年第 1 期,第 5 ~ 11 页。

成。其中第 3 号、第 5 号舱壁较为完整(其测绘图,见图 8-16)[①],尚存有 4 列壁板,相邻的列板不是简单的对接,而是采用凸凹槽对接,相邻列板更凿有错列的 4 个榫孔,其尺寸是长 80 毫米、宽 30 毫米、深 120 毫米。显然,这种精细的构造有利于保持舱壁的形状从而保持船体的整体刚性,当然也有利于保证水密性。

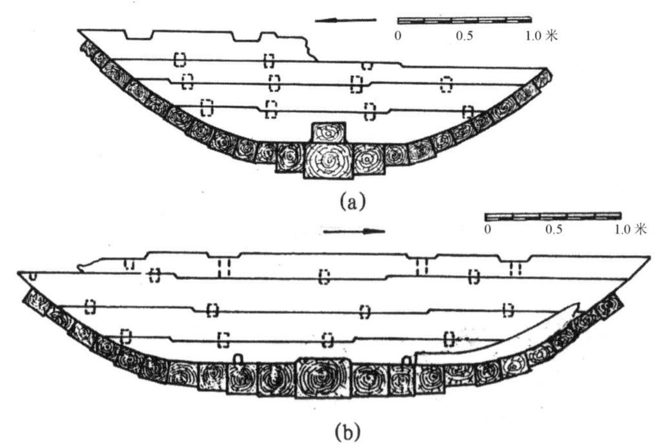

图 8-16　第 3 号及第 5 号舱壁的测绘图

与中国古船的传统相一致,蓬莱古船虽然无舱壁周边肋骨,但在两舷舭转弯处,均设有局部肋骨。以船体最宽处为中心,凡前于此处的局部肋骨均设在舱壁之后,凡后于此处的局部肋骨均设在舱壁之前。其作用显然是固定舱壁且有利于船体的刚度与强度,也有利于舱壁及外壳板的水密性。

在第 3 号、第 5 号这两只较为完整的舱壁上,在自下而上第 4 列壁板上,出现了以往从未发现的两对相距约为 0.7 米的凹槽。笔者认为,这凹槽应当是为设置两对纵向桁材而凿成的,在纵向衍材上可铺设木铺板,以为战卒起居之用。前引李心传编撰的《建炎以来系年要录》载刀鱼战棹的船型特点时,曾有"粮储器杖,置之篑版下"。此"篑版",也有的写成"艟板",即木铺板。《明史·兵志》在述及苍山船时写道:"其制上下三层,下实土石,上为战场,中寝处。其张帆下椗,皆在上层。"[②]"从

① 《山东蓬莱水城清淤与古船发掘》,见《蓬莱古船与登州古港》编委会:《蓬莱古船与登州古港》,大连:大连海运学院出版社,1989 年,第 30 页。

② 张廷玉:《明史·兵志》。

在蓬莱船中所获文物甚少这一点来看，或者就是因为‘下实土石’所致。这点可作为蓬莱古船为兵船的旁证。”①

4. 外板

外板用杉木制成。残存列板左右舷分别为 10、11 列。每列板最长为 18.5 米，最短为 3.7 米；最宽为 440 毫米，最窄为 200 毫米。腐蚀相当严重，厚度仅为 120～280 毫米，其中以邻龙骨的列板为最厚。外列板数由首到尾是不变的，于是首部列板较窄，到中部则逐渐增宽。这与宁波古船是一致的。②

列板的边接缝采用简单的平口对接，用 3 种铁钉钉连：第一种是在板厚的中心处钉进穿心钉，其钉长约为 0.44 米，呈四棱锥体，根部断面为 15 毫米×15 毫米；第二种是在壳板内面钉进铲钉，钉孔距边接缝为 40～50 毫米，铲钉间距约 150 毫米，钉位错开排列成人字形。用穿心钉、铲钉钉连壳板如图 8-17 所示。③

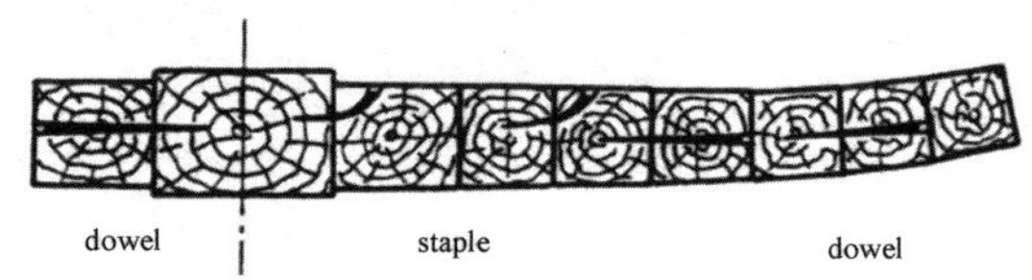

图 8-17　蓬莱古船采用穿心钉及铲钉钉连壳板

第三种钉则为定位锔钉。如图 8-18 所示，此种锔钉类似于挂锔的锔板，用在舱壁板一线，卡在两列外板之间，并能严格限定横舱壁的位置以避免舱壁在首尾方向产生位移。④ 在船中最大宽度处以前，所有锔钉均设在舱壁之后；在船中最大宽度以后，所有锔钉均设在舱壁之前。锔钉的功能除能严格对舱壁限位之外，还能防止外板列板的相互错动。如

---

① 席龙飞、顿贺：《蓬莱古战船及其复原研究》，《武汉水运工程学院学报》1989 年第 1 期，第 5～11 页。

② 席龙飞、何国卫：《对宁波古船的研究》，《武汉水运工程学院学报》1981 年第 2 期，第 27 页。

③ Xi Longfei and Xin Yuanou, *Preliminary Research on the Historical Period and Restoration Design of the An-cient Ship Uneanthed in Penglai*, Shanghai: Proseedings of Intemational Sailing Ships History Conference, 1991, pp. 236.

④ Xi Longfei and Xin Yuanou, *Preliminary Research on the Historical Period and Restoration Design of the An-cient Ship Uneanthed in Penglai*, Shanghai: Proseedings of Intemational Sailing Ships History Conference, 1991, pp. 236.

果锔板上有钉孔并钉在舱壁上，则是很理想的挂锔，但未发现锔板上有钉孔。锔钉的尺寸是：厚度 10 毫米，宽度 60 毫米，长度约 400 毫米，其中折边约有 100 毫米。

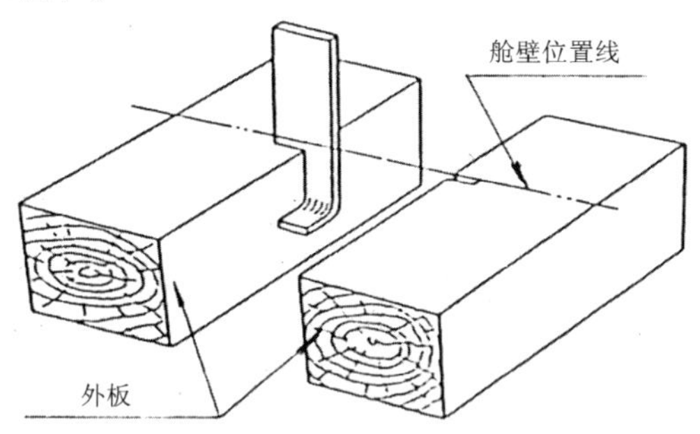

图 8-18　蓬莱古船舱壁板的定位锔钉

蓬莱古船外板的连接较宋代已发现的各古船有显著的技术进步。最能引人注意的是，外板列板的端接缝，均选在横舱壁处，通过舱壁对外板列板的强力支撑以增强接缝处的连接强度。特别是采用了带凸凹榫头的钩子同口连接（见图 8-19），以尽量减少端缝处在连接强度上的削弱。[①]

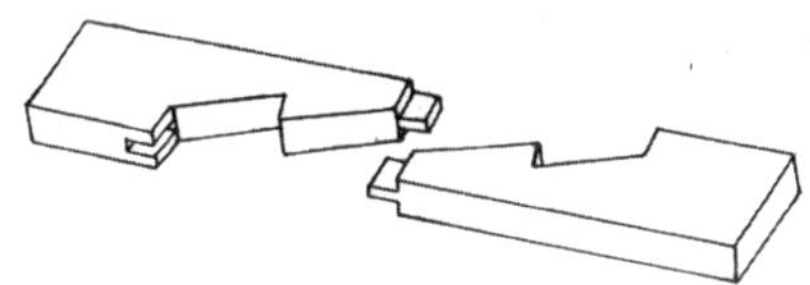

图 8-19　蓬莱古船的外板采用带凸凹榫头的钩子同口连接

5. 舵杆承座

舵杆承座板现存有 3 块，均用楠木制成。3 块舵杆承座板叠压在一起，长 2.43 米，宽 400 毫米。承座板上面两块厚为 100 毫米，下面 1 块厚为 260 毫米。舵杆承座孔径约为 300 毫米。

（四）“蓬莱一号”古船的复原

“蓬莱一号”古船为明代的海防刀鱼战船，其船型特征源于浙江沿海的钓槽船。[②]如果注意考究其造船材料，则可发现多为南方优质木材：

① 席龙飞：《中国造船史》，武汉：湖北教育出版社，2000 年，第 215 页图 7-12。

② 辛元欧：《蓬莱水城出土古船考》，见《蓬莱古船与登州古港》编委会：《蓬莱古船与登州古港》，大连：大连海运学院出版社，1989 年，第 69 页。

船壳板用杉木,桅座、舵杆承座用楠木,首柱、尾龙骨用樟木,主龙骨用松木。捻缝用的捻料则是“麻丝、熟石灰、生桐油”[①]。因而许多研究人员认为该船为南方所建造的船。从船型特征看,“蓬莱一号”古船也与登州、庙岛群岛一带的方头、方梢的船型大不相同。长岛航海博物馆展出的许多原藏于该岛天妃宫内的船舶模型,与蓬莱古船大相径庭。据此,在复原时应多参照南方海船,如浙、闽沿海船船型的特点。

1. 关于古船主要尺度及型线的复原

依据现有诸舱壁的型线顺势画出其延长线,再结合本船首柱顶端约高出船底线2米这一点,试取吃水为1.8米,再采纳杨槱教授的干舷大致取船长的2.5%的见解[②],本船的干舷大约应为0.8米。这样古船的型深应为2.6米。这一数据与福建省的丹阳船相当。[③]据此所复原的蓬莱古船横剖型线图,如图8-20所示。

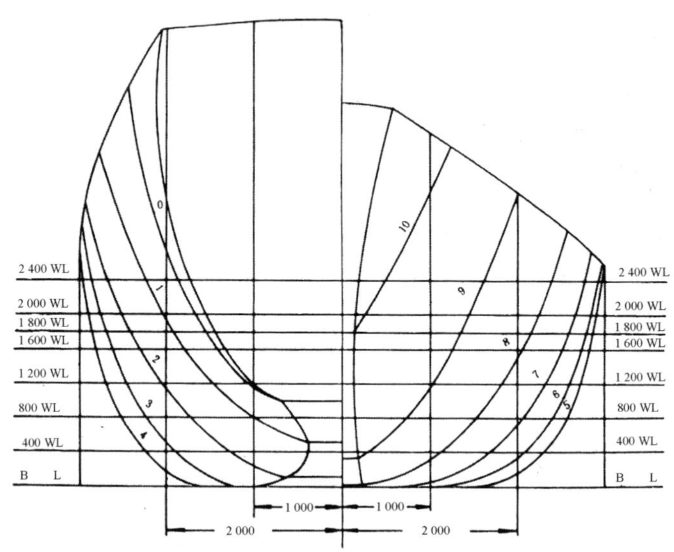

图8-20 经复原的蓬莱古船横剖型线图(未注单位为毫米)

古船的主要尺度是:总长32.2米,垂线间长28.0米,型宽6.0米,

① 顿贺等:《蓬莱古船的结构及建造工艺特点》,《造船工程》1994年第1期,第27页。

② 杨槱:《对泉州湾宋代海船复原的几点看法》,《海交史研究》1982年第4期,第34页。

③ 福建省交通厅:《福建省木帆船船型汇编》,1960年,第5、11页。

型深2.6米，吃水1.8米；经计算，其方形系数为0.560，其满载排水量为173.5吨。

2. 关于船体横剖面结构的复原

参照《明史·兵志》关于“下实土石”和“寝处”的记载，舱壁上的凹槽可以认为是放置纵向桁材（梁木）之需。纵桁之上铺以木铺板以作为“寝处”和供士兵活动的处所。蓬莱古船长宽比很大而船宽偏小，舱底填以土石以保证船舶稳性是十分必要的。船中剖面结构图如图8-21所示。复原的结构图中取较大的梁拱，贵在可以使舱内有较大的空间，并可以排出波浪涌来的积水。其上的平甲板可充作“战场”，这也是与前引《明史·兵志》相符合的。

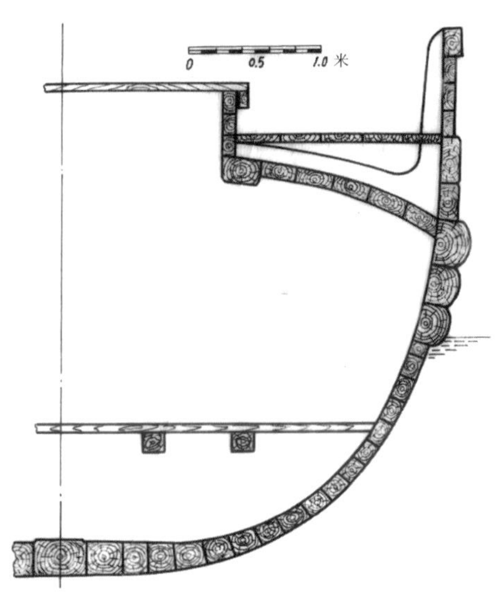

图8-21　蓬莱古船船中剖面结构图

3. 关于桅、帆及总体布置的复原

借用《福建省木帆船船型汇编》中关于桅高与水线长的比值以核算桅高。鉴于蓬莱古船修长，加一尾帆以助舵是适宜的，这也与中国沿海船的法式相符合。“蓬莱一号”古船总布置及帆装图如图8-22所示。

桅、帆、舵的尺寸均参照福建沿海帆船的资料①选取:

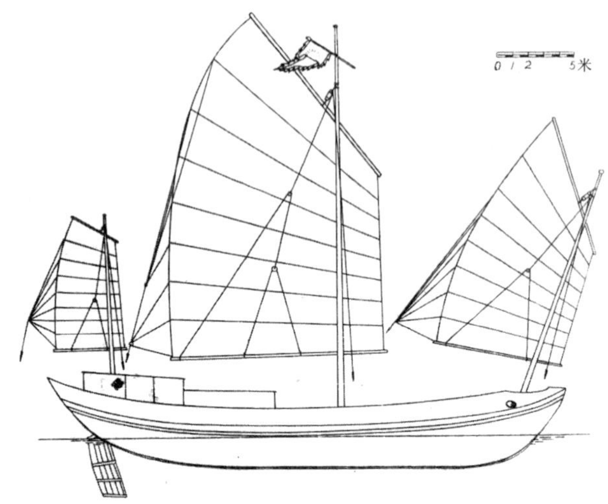

图 8-22 “蓬莱一号”古船总布置及帆装图

首桅:长 21.45 米,头径 350 毫米,前倾 25°,帆面积 96 平方米;

主桅:长 26.72 米,头径 540 毫米,后倾 1°,帆面积 229.5 平方米;

尾桅:长 12.5 米,头径 200 毫米,后倾 1°,帆面积 31.2 平方米;

舵叶:长 4.3 米,宽 1.75 米,舵面积 7.525 平方米,舵面积系数 14.9%。

(五)浙江象山明代海船与“蓬莱二号”古船的发掘与研究

浙江象山明代海船与“蓬莱二号”古船的发掘与研究如下:

(1)1994 年,在浙江省宁波市象山县涂茨镇后七埠村平岩头砖瓦厂取土时发现一艘古代海船。1995 年 12 月 9 日—28 日进行了抢救性发掘。研究表明,象山古船与“蓬莱一号”古船相类似,也是一艘战船。

(2)1984 年 6 月,在蓬莱水城清理出“蓬莱一号”古船的同时,还发现另外两艘古船。2005 年 7 月—11 月,由山东省文物考古研究所、烟台市博物馆和蓬莱市文物局的考古人员组队进行正式发掘。“蓬莱二号”古船的船型与“蓬莱一号”古船相似,但其主龙骨与首柱、龙骨翼板的连

① 席龙飞、顿贺:《蓬莱古船及其复原研究》,见《蓬莱古船与登州古港》编委会:《蓬莱古船与登州古港》,大连:大连海运学院出版社,1989 年,第 56 页。

接更具特色(见图 8-23)。①研究表明:“蓬莱三号”古船是韩国船。

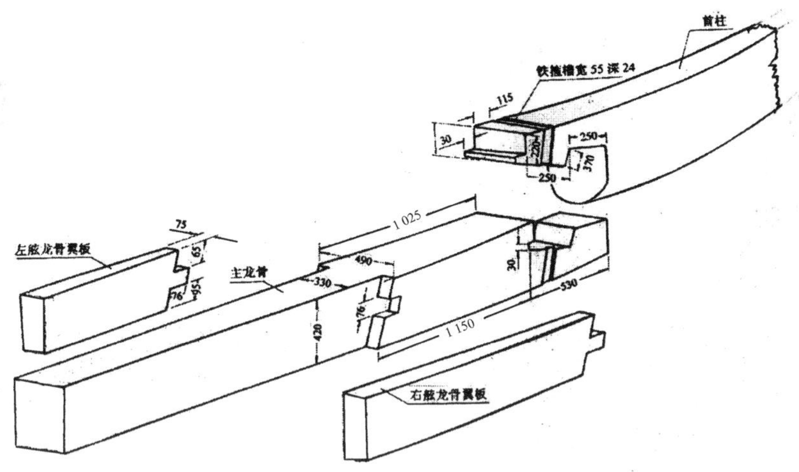

图 8-23　“蓬莱二号”古船主龙骨与首柱、龙骨翼板的连接(未注单位为毫米)

三、南京宝船厂遗址的考古发掘成果

(一)在南京宝船厂遗址曾发现长度为 11.07 米的大舵杆

1957 年,在南京市城西邻长江江边的宝船厂遗址,发现大型舵杆一只,长 11.07 米。“舵杆上部断面接近方形,中段呈圆柱形,下段自 6 米多之处有趋向扁阔。舵杆上端有两个长方形穿孔,均可安装舵牙——操舵之木柄(按:舵柄)。舵杆下端扁阔部位有楔槽,高 6.035 米,乃安装舵叶之处。此舵杆当属郑和船队较大海船之遗物(见图 8-24)。”②

早在 20 世纪 60 年代,有的学者就曾将此舵杆按郑和宝船尺度复原成沙船型的荷包舵,然而却遭到质疑:舵面积如此之大,其舵柄却过于细小。笔者以为还是 2005 年《云帆万里照重洋——纪念郑和下西洋六百周年》提出的“此舵杆当属郑和船队较大海船之遗物”较为妥当。如若复原,也应当按照远海海船舵的特点进行复原为宜。

---

① 顿贺等:《蓬莱二号古船结构特征及其复原研究》,见席龙飞、蔡薇:《蓬莱古船国际学术研讨会文集》,武汉:长江出版社,2009 年,第 238 页。

② 郑和下西洋六百周年筹备领导小组:《云帆万里照重洋——纪念郑和下西洋六百周年》,北京:中国社会科学出版社,2005 年,第 73 页。

图 8-24　1957 年出土的大型舵杆(现收藏于国家博物馆)

(二)在南京宝船厂遗址再次发现两只大舵杆

为纪念郑和下西洋 600 周年,经国家文物局批准,2003 年 8 月起对南京明宝船厂遗址的第六作塘进行考古发掘,出土文物极丰富。[①] 在众多的出土文物中,两只大型舵杆最值得关注。

舵杆 1 长度为 10.06 米,舵杆 2 长度为 10.925 米,两者的形制又十分相近。图 8-25 是长度为 10.925 米的舵杆 2 的测绘图。

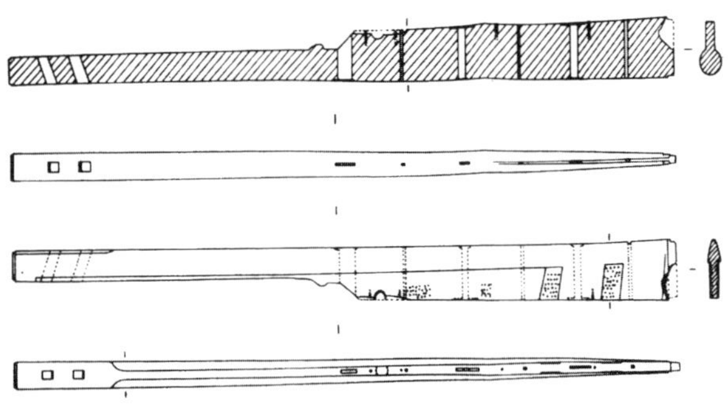

图 8-25 长度为 10.925 米的舵杆 2 的测绘图

长度为 10.925 米的舵杆 2,“上段为方柱体的头部,长 1.58 米,截面为 0.4 米 ×0.43 米,四边棱磨成圆角……该段侧面有两个斜打的长方形穿孔,用于安装和升降‘舵牙’……中段为圆柱体的舵身,长3.8 米,直径为 0.4 ~0.34 米……下段为舵尾部,长 5.55 米。上半部接中段的

① 南京市博物馆:《宝船厂遗址——南京明宝船厂六作塘考古报告》,北京:文物出版社,2006 年。

舵身,近于圆柱体,向下形状从圆形到扁圆形,直到扁平状。宽度逐渐加大。其上端有一个近于半圆形的缺口”①。

上述半圆形缺口实际上是一个圆孔,用绳索穿过圆孔通过绞关可以控制舵叶的升降。中国古船的舵叶可以升降,既是一个特点也是一个优点。在浅水区域将舵叶升起可以使舵叶获得保护,在深水区域将舵叶降下可以提高舵效并有抗横向漂移的功能。

如图 8-25 所示,舵杆 2 的下段是安装舵叶的部分。该部分从上至下共有 6 个垂直横穿舵杆的穿孔。其中第一个、第三个、第五个穿孔是横穿扁铁条的,而第二个、第四个、第六个穿孔是横穿圆铁条的。舵叶与舵杆之间不仅用扁铁条和圆铁条洞穿,舵叶两侧至少还用 4 条横向木板条钉牢作为加强筋,在舵杆上共有 4 处有密集的钉眼就是明证。如此看来明代船舵的制造工艺已十分了得。

在宝船厂遗址发现的舵杆很有可能是宝船的遗物。不过,按照《明代南京造船厂探微》一文的研究,宝船厂的位置与同是兵部管辖的快船厂是相重叠的。该文认为,“宝船厂即便不是快船厂,也应该就在快船厂区域内。由于这个船厂造船活动终明一朝,持续二百多年,所以在今天的‘宝船厂遗址’上才能发掘出如此丰富的船只构件和其他相关物品”②。

当宝船厂停止建造船舶之后,快船厂仍继续在造船,且持续若干年。《明代南京造船厂探微》作者的这一观点值得引起重视并继续深入研究。

---

① 南京市博物馆:《宝船厂遗址——南京明宝船厂六作塘考古报告》,北京:文物出版社,2006 年,第 114 ~ 115 页。

② 刘义杰:《明代南京宝船厂探微》,《海交史研究》2010 年第 1 期,第 37 ~ 38 页。

第九章　海禁导致中国造船业的衰落

第一节　海禁制约着中国帆船的发展

一、明代中叶的海禁导致中国海洋帆船的衰落

明代初年，中国沿海开始受到倭寇的骚扰。明太祖朱元璋为防止内地海商出海勾结倭寇为患，于洪武四年（公元1371年）诏令“濒海民不得私自出海”①，遂开中国实施海禁国策之先例。洪武七年（公元1374年）“罢明州、泉州、广州市舶司”②，洪武二十七年（公元1394年）又严令“敢有私下诸番互市者，必置以重法”③。明成祖朱棣是一位有进取精神的封建皇帝，由他倡导的郑和下西洋（公元1405—1433年）的伟大事业冲破了明初的海上禁令。他采取海上开放的国策，重新开放明州等地市舶司，在世界范围内开了向海洋进军的先河，曾使中国成为世界第一造船大国和海军强国。明廷在永乐皇帝死后，却一反他的开海国策，斥郑和下西洋为弊政，逆世界潮流而动，采取禁海、闭关的国策。这使中国的海洋帆船从其发展巅峰上跌落下来。

到了明代中叶的嘉靖年间（公元1522—1566年），禁海尤烈。嘉靖二年（公元1523年）又罢浙、闽、粤三地市舶司。④ 嘉靖四年（公元1525年）规定“查海船但双桅者，即捕之”⑤。嘉靖十二年（公元1533年）复令“一切违禁大船，尽数毁之”，凡“沿海军民，私与贼市，其邻舍不举者连坐”。⑥ 嘉靖二十六年（公元1547年），浙江巡抚朱纨上任后，“下令

① 《明太祖实录》卷七十。

② 谈迁:《国榷》卷五。

③ 《明太祖实录》卷二〇五。

④ 《钦定续文献通考》卷二十六。

⑤ 《明世宗实录》卷五十四。

⑥ 《明世宗实录》卷五十四。

禁海，凡双樯余皇（艅艎），一切毁之，违者斩”[①]，因官方深知“双桅尖底，始可通番”[②]，这样尽数毁之，可绝其根。从禁造双桅航海大船到全部焚毁，从打击海商到实行连坐法，明王朝对私人海上贸易的打击日甚一日。这迫使不少海商集团为谋生计，不得不与“倭表里为乱”，进行武装反抗，沦为“倭寇”，实则真倭当时不及十之一二。

嘉靖年间的倭患实际上是明廷实施严厉海禁的恶果。御倭战争结束后，明朝不少官吏已认识到开放海禁的重要性，懂得了“市通则寇转为商，市禁则商转为寇”的道理。明朝政府面对“片板不许下海，艨艟巨舰反蔽江而来；寸货不许入番，子女玉帛恒满载而去”[③]的现实，遂于隆庆元年（公元1567年）“开海禁，准贩东西二洋”[④]，取消了“寸货不许入番”的禁令。于是中国的民间商船终于冲破封建主义的重重包围，成批的中国双桅贸易船（日本人称为唐船），活跃在中日航线，中国的海上贸易开始苏醒。当时中国海船的吨位、性能、船队规模及海上航程，较之明初郑和下西洋时均呈明显的衰退趋势。具有成百艘大型远洋帆船队的郑和时代已经一去不复返了。即便如此，海商们为了冲开海禁的锁链，也付出了很大的代价。

二、清代展海中寓禁海限制了中国帆船的发展

清王朝立国后，为防止东南沿海居民及明末遗臣如郑成功那样以海外基地为桥头堡，反攻大陆，危及王朝的生存，于顺治十二年（公元1655年）效法明朝又重下“片板不许下海”的禁令。[⑤] 顺治十八年（公元1661年），郑成功占领台湾后，清廷又颁布“迁海令”，强令“闽、粤、江、浙沿海居民内迁30里，越界立斩”[⑥]，这较之明代的海禁政策更严，再次给国内的海商以致命的打击。结果反使台湾郑氏独擅通海之利。康熙二十三年（公元1684年）攻克台湾，康熙皇帝由郑氏那里了解到开展海上贸易的诸多好处，遂于1685年正式废除“迁海令”，颁布了“展海令”，允许国人外出经商。[⑦]

① 谷应泰：《明史纪事本末》卷五十五。
② 胡宗宪：《筹海图编》卷四。
③ 谢杰：《虔台倭纂 · 倭原》，见《玄览堂丛书续集》。
④ 张燮：《东西洋考 · 饷税考》。
⑤ 《光绪大清会典事例》卷一二〇。
⑥ 顺治《重纂福建通志 · 海防》。
⑦ 《清圣祖实录》卷一一六。

自清廷1685年颁布“展海令”直到1840年的155年间,其中除康熙五十六年(公元1717年)到雍正五年(公元1727年)的十年间禁止中国商船前往南洋通商外,对民船出海无禁令。康熙、雍正、乾隆三代君主都认识到开展海外贸易对增加税收、充盈国库的重要性,他们也不像明廷不少君主那样盲目排斥国外商船来华通商。在1685年,清廷颁布“展海令”的同时,即于粤东澳门(后为广州)、福建漳州(后为厦门)、浙江宁波、江苏云台山(后为上海)分别设立粤、闽、浙、江四海关。[①] 康熙三十七年(公元1698年),宁波海关还于定海建红毛馆,以接待英国商船。于是海外贸易一时又兴盛起来。后来为防止英国等东印度公司商船大量涌入中国内海,滋生事端,遂于乾隆二十二年(公元1757年)以“民俗易嚣,洋商错处必致滋事”为由,下令关闭闽、浙、江三处海关口岸,仅限广州一口对外通商。[②] 乾隆二十四年(公元1759年)又指定广州黄埔为外商船舶唯一停泊口。

如前所述,清王朝立国后,海禁政策时松时紧,其中大部分时间呈开海的态势,一度使中国的海外贸易较之明代有所复苏和发展。开展海外贸易之利和海商集团内外勾结危及朝廷统治之弊,始终是清朝统治者制定国策时考虑的相互矛盾的两个方面,且常以后者为主要方面。因此,即使在清廷实施“展海令”期间,常寓禁海于开海之中,且不说朝臣们“禁海”“开海”之争不断,清廷虽在衡量利弊得失后不得不开海,但对出海帆船的大小和桅数均严加限制。在1684年清廷解除海禁之初,即规定:“凡直隶、山东、江南、浙江等省人民,情愿在海上贸易捕鱼者,许令乘载五百石以下船只,往来行走……如有打造双桅五百石以上违式船只出海者,不论官兵民人俱发边卫充军。”[③]上述那种允许出海的所谓五百石以下、梁头(指船宽)不足七八尺的单桅小船,在海中难抗风浪,无法远航,名曰开海,其实与禁海无异。实际上,开禁之初,江、浙、闽、粤等地方政府曾组织大批海船赴日,与荷兰追逐对日贸易之利,但为了出海远航,起码要用双桅海船,有时还有三桅大船出海,只准一桅帆船出海的禁令如同一纸空文。于是到了康熙四十二年(公元1703年)不得不对出海帆船放宽限制。根据当时闽、浙总督金世荣的建议,允许建造双桅海

① 彭泽益:《清初四榷关地点和贸易量的考察》,《社会科学战线》1984年第3期,第128~133页。

② 《清高祖圣训》卷二八一。

③ 《光绪大清会典事例》卷七七六。

船，但限定其梁头不得超过一丈八尺。[①] 此后，这项限制一直被视为严令。既有这样的限制，出海帆船当难以超越甚多。偶有三桅、梁头超过一丈八尺的大船出海，已是一种特例了。当然不可能再去建造载重量大、抗风性能好的三桅以上的航海大船了。一艘梁头仅及一丈八尺的双桅帆船当无法在风力的使用上有较大的发展余地。[②]

雍正十一年（公元 1733 年）颁令："往贩外洋商船准用头巾、插花，并添竖桅尖；其内洋商船及渔船，不许用头巾、插花、桅尖。"[③④]一旦民用商船在满足梁头不超过一丈八尺禁令的前提下，性能有所改进，清政府即严令禁止使用。如乾隆十二年（公元 1747 年）因"福建省舫仔头，桅高篷大，利于走风"，不利官船追逐和查验而下令"未便任其置造，以致偷漏，永行禁止，以重海防"[⑤]。为防止沿海帆船行走内海生事，后又规定内洋"商船、渔船不许携带枪炮器械"[⑥]，大大削弱了沿海商船的海上自卫能力。由上述众多禁令可见，对远洋帆船限制较松，对沿海帆船限制甚严。实际上，许多远洋帆船往往超出禁令限制，常得官方默许，而沿海帆船一旦性能有所改进，就遭官方禁止。种种禁令严重限止了中国海洋帆船的发展，使中国海洋帆船性能在清朝 150 年所谓"开海"的时期内竟无所长进且裹足不前。

三、明末清初往返于日本长崎港的中国帆船

在中国明末到清初实行海禁政策时，东邻日本则正处于江户时期（公元 1603—1867 年），也在实行锁国政策，然而却开放长崎一港实行与中国、荷兰的海上贸易。不论是中国的货物运往日本，或者是将日本的货物运往中国，统由中国沿岸各港与长崎港之间的中国商船（当时称之为唐船）担任。当时，由唐船运载的货物远较荷兰船的货物更为珍贵。唐船的英姿，在介绍长崎读物的插图中，或在长崎的版画中均有遗存，无论从美术史的角度，还是从海事史的角度来考察，都颇为珍贵。

1971 年 7 月—8 月，英国李约瑟博士在日本逗留期间，了解到《唐船之图》并有强烈的兴趣。在李约瑟和日本著名学者薮内清两位博士的

① 《光绪大清会典事例》卷一二〇。
② 即以布数十幅为帆，张大篷顶上，若头巾，能使船身轻。
③ 即以布帆张在大篷两边，遇旁风使船布欹倾。
④ 《光绪大清会典事例》卷六二九。
⑤ 周凯：《厦门志》卷五。
⑥ 《光绪大清会典事例》卷一二〇。

敦促下,日本大庭修教授于1972年3月在关西大学的学刊上系统介绍了《唐船之图》,并发表了11型中国帆船和1艘荷兰帆船的图样(黑白照片)。①

1991年12月,世界帆船史国际学术讨论会在上海召开,大庭修应邀到会并发表了《江户时期日本画师笔下的中国帆船》,论文中发表了30幅中国帆船的彩色图样。②

"在英国李约瑟编撰的鸿篇巨制《中国的科学与文明》中,在322页讲述航海技术的125幅插图中仅有2幅具体表现古代海船的图样。描绘中国古代船舶的绘画太少,造成了船舶史研究上的困难。由李约瑟的著作可以看出,此卷《唐船之图》可以确信是研究中国船舶在世界上有数的重要资料。"③

据日本在20世纪五六十年代发表的文献和著作可知,自清廷于康熙二十四年(1685年)颁布"展海令"起,中国赴日的商船数猛增。例如:1683年为24艘;1684年也是24艘;1685年为85艘;1686年达到102艘;到康熙二十七年(公元1688年)则高达194艘。自此以后,由日本方面对每年到港船舶数加以限制。④

唐船的始发港是山东(山东省)、南京(江苏省)、舟山、普陀山、宁波、台州、温州(浙江省)、福州、泉州、厦门、漳州、台湾、沙埕(福建省)、安海、潮州、广东、高州、海南(广东省)等所谓濒海5省地区以及来自安南、广南(今越南归仁附近)、占城、暹罗、腊贾(马来半岛中部东岸)、宋卡、北大年、马六甲、爪哇等东南亚各地的港口。从所绘船图可以看出,即使是来自广南和爪哇的船,也尽显中国船的风格。所绘暹罗船除了首部有一斜桅挂软帆是受西洋船风格的影响外,其他部分也都是中国船风格。

《唐船之图》画卷除了在色彩和美学上的成就之外,还在各部位注

① 大庭修:《关于平户松浦史料博物馆藏〈唐船之图〉——江户时代来航的中国商船之资料》,《关西大学东西学术研究所纪要》(日文)1972年第5期,第13~49页。

② Osamu Oba, *Portraits of Chinese Junks Painted by Japanese Painters Edo Period*, Shanghai: Shanghai MHRA of CSNAME、Proceedings of International Sailing Ships History Conference, pp. 5-18.

③ 堀元美:《〈唐船之图〉及其背景(其一)》,《中国涂料》(日文)1984年第1期,第33页。

④ 大庭修:《关于平户松浦史料博物馆藏〈唐船之图〉——江户时代来航的中国商船之资料》,《关西大学东西学术研究所纪要》(日文)1972年第5期,第15~16页。

明名称和尺寸。《唐船之图》中有 11 型中国帆船。现附上唐船图 8 幅：南京船、宁波船、宁波船(停泊中)、福州造南京出船、台湾船、广东船、福州造广东出船、厦门船,其图分别如图 9-1 ~ 图 9-8 所示。

图 9-1　南京船图

图 9-2　宁波船图

图 9-3　宁波船(停泊中)图

图 9-4　福州造南京出船图

图 9-5　台湾船图

图 9-6　广东船图

图 9-7　福州造广东出船图

图 9-8　厦门船图

大庭修教授在介绍南京船时引《长崎观览图绘》之注：指出南京船即沙船，并引用一大段《武备志》对沙船的评述；然后指出，与福船、苍山船、广东乌尾等具有尖底即带有龙骨的船相比，沙船因其底平而有利于北洋浅海，并不航向南洋的深海。他还讲到《武备志》所绘沙船，其尾部高度比大庭修本人在论文中所列的要高。

日本海事史学家堀元美认为：“中国作为大陆国家的同时，也是具有 18 000 千米海岸线的海洋国家。在内陆还有较大的河流和宽阔的湖泊,自古以来舟船发达,在经济活动和军事活动方面都有重大的实绩。中国是文学之国,其文献之丰富达到惊人的程度。对舟船、海运、海战的记录可谓不少,然而奇怪的是遗留的关于舟船的绘画、雕刻等形象资料却非常之少。”因此,他特别看重《唐船之图》对中国船舶史研究的重大意义,遂在日本《中国涂料》杂志 1984 年第 1 ~4 期,连续介绍《唐船之图》及其背景。①

他在介绍南京船用于抗横漂的披水板时,提到荷兰沿海与扬子江口具有类似的水文条件,其古帆船也备有相同原理的下风板(lee board)。不拘东洋、西洋,针对同样的水文条件采取同样的对策并取得相同的成果,这是饶有趣味的。17 世纪末在长崎港停泊的中国船的绘画——《唐船之图》,在长崎县立图书馆也有收藏。这是大正五年(公元 1916 年)八月由长谷川雪香临摹的摹本,其真迹则收藏在平户松浦史料博物馆。本书发表的 8 型中国帆船图样则是真迹的写真,是由大庭修教授专为笔者提供的。

第二节　清代的内河及海洋船舶

一、中国帆船在远洋运输的竞争中败退下来

18 世纪 60 年代,英国率先进行了产业革命,科学技术和社会生产力空前发展。在实践中,欧洲人对船舶的航行性能有了较深刻的认识,欧洲的船舶也有了长足的进步。随着西方夹板船的东航,中国传统帆船在东南亚的海上贸易中受到严峻的挑战。

所谓夹板船,是指船板在水线以下用铜皮包覆,具有可耐海水腐蚀性能者。厦门港在清代趋于繁荣,常有荷兰、西班牙船泊港,地方志对番船多有记述:“吕宋夹板船(即西班牙船)船式,头尾系方形,大者梁头约扩三四丈,长十丈,高五丈余。舵(工)水(手)一百余人。装货二万余石。小者梁头约扩二三丈,长八丈,高四丈余。舵(工)水(手)六七十人。装货一万余石。船用番木制造,坚固不畏飓风。船舷、船底俱用铜板镶钉,底无龙骨,不畏礁浅。舱分三层:第一层船主货客舱舵工栖止;第二层水手住宿;第三层转载货物。船内水柜鼎炉等物俱生铁铸成。船尾有番木舵一门,船头铁碇(锭)二根,船中番桅三枝,每枝长九丈十丈

① 堀元美:《〈唐船之图〉及其背景(日文)》,《中国涂料》1984 年第 1、2、3、4 期。

不等。桅作三节,布帆三层,每节有活笋系绳索数十条,或起或落甚利便。遇飓风用桅一节,微风用桅二节,无风用桅三节。以索抽帆随手旋转,四面风皆可,驾驶巧捷无比。船舱第一层安放炮十余门鸟枪三四十只,器械甚精,其载货舱盖用铅熔贯其缝,不得启视……红毛(指荷兰)夹板船较吕宋式样相同而加倍长大。船身阔可五六丈,长十五六丈,可装货十万担,大炮十二门,小炮三百余门。"①

图9-9 和图9-10 由笔者在荷兰一博物馆拍摄所得,图中所示分别为荷兰夹板船和该船所设大炮。

图9-9 停泊在博物馆的荷兰夹板船

图9-10 装设在荷兰夹板船上的大炮

① 周凯:《厦门志》卷五《番船》,台北:成文出版社,1967 年,第116~117 页。

西方殖民者们倚仗其船坚炮利，在海上亦商亦盗，中国的商船队难以与之匹敌。英、葡、西、荷等国的商船队，共同争夺中国市场，并最终取得了优势，成为对华贸易及船运的主角。

乾隆初年，瑞典夹板帆船“哥德堡号”，从哥德堡港出发，绕过非洲南端的好望角，三次到达我国的广州港，进行远洋贸易。瑞典仿古帆船“哥德堡Ⅲ号”于2005年重走原航路到达广州并访问上海，已为我国和世界所熟知。

该“哥德堡Ⅲ号”在特拉诺瓦船坞（当时瑞典斯德哥尔摩的四大船厂之一）建成，于乾隆三年（公元1738年）下水。1939年1月，开始了它的处女航，第一次驶向中国。乾隆十年（公元1745年）9月12日，由中国广州第三次回到母港哥德堡，但是，在离港口只有900米处，却触礁沉没。所幸，全体船员无一伤亡。“哥德堡Ⅲ号”从哥德堡港起航，驶向广州港，每往返航次需时两年，整个航程是艰苦的。图9-11所示为仿古帆船“哥德堡Ⅲ号”在航行中。每个航次从中国运回的货物有丝绸、茶叶和瓷器，其拍卖所得相当于瑞典全国全年的国民生产总值。因此，对“哥德堡Ⅲ号”在瑞典受到重视的程度就容易理解了。

图9-11　航行中的瑞典仿古帆船“哥德堡Ⅲ号”

19世纪初，在美国东海岸的造船中心巴尔的摩建造了快速帆船。[①]

① 彼得·肯姆：《船舶与航海百科全书》，黄民生、孙光圻译，大连：大连海运学院出版社，1989年，第32页。

其特点是遍设横帆并增加桅高，每桅设6节横帆。前倾的曲线形首柱且向前伸出一斜杠，在首部增加了数幅三角帆，形如飞箭，故也称飞箭式帆船（见图9-12），其航速较快。在中国与东南亚之间一年往返一趟的航线上，“美国船在一年之中的同样航线上已能做三趟航行”[①]。西方船的另两项优势是在驾驶室备有标注经纬度的现代海图、望远镜和测定天体高度的航海仪器，还拥有重武器。19世纪前期的夷船，其“炮位多者七十二门，次者五六十门”[②]。

图9-12　西方19世纪的飞箭式帆船

当时英国夹板船大者长三十余丈，宽六七丈，入水出水，均二丈有奇。英国、荷兰东印度公司贸易船都属此类，为防盗，船上均有重武器，多者有火炮十余门、大铳和鸟枪几十枝。[③] 西方的战船所拥有的重武器就更多了。以明末进犯台湾的荷兰夹板战船为例，长三十丈，宽六丈，厚二尺余，排水量可达二三千吨，树五桅，后为三层楼，旁设小窗，置铜炮，桅下置二丈巨铁炮，发之可洞裂石城，震数十里，世所称红夷大炮。[④]

当时，在西方人士看来，中国帆船已“极为粗笨，中国人除了知道使

① 陈希育：《中国帆船与海外贸易》，厦门：厦门大学出版社，1991年，第375页。

② 魏源：《海国图志》卷八十。

③ 萧令裕：《英吉利记》，见中国史学会：《鸦片战争（一）》，上海：上海人民出版社、上海书店，2000年，第21页。

④ 《明会典》卷七十七。

用罗盘以外，不谙航海技术”[①]，完全失去了与西洋帆船竞争的能力。当1835年英国轮船“渣甸号”（Jardine）游弋中国广州海面时，中国东南沿海却仍在使用落伍于世界优秀海洋帆船近300年的沙、卫一类旧式帆船。所幸这时的清政府将西方来华贸易船限制于广州一带，才算延缓了中国沿海帆船衰退的历史进程。400年来明清两朝的禁海政策，使中国帆船的航海性能日趋落后，严重制约了中国帆船业的发展。

二、长江流域传统帆船的发展

长江的航运，在清初相当衰败，从雍正年间起日趋繁荣，到乾隆年间则盛极一时。四川有大量的米粮、川盐沿长江外运。滇铜和黔盐经四川转道由长江外运。川茶、蜀锦和川丝也有相当的运量。木材运输也占长江航运中的相当份额。[②]

汉口居长江中游，扼汉水通长江的要津，下水可通九江、芜湖、南京、上海各大港埠，更可通海；沿长江上溯有沙市、宜昌，入川可达万县（今万州区）、重庆、宜宾；上溯汉水可达襄阳、谷城而趋陕南，历来是长江的航运中心。路易斯所著《中国帆船》刊有晚清汉口港的照片。[③]汉口港的帆樯林立（见图9-13和图9-14）应当会使人们对中国内河木帆船产生深刻的印象。

图9-13　汉口港林立的帆樯（由汉口眺望汉阳）

---

① 姚贤镐：《中国近代对外贸易史资料（第一册）》，北京：中华书局，1962年，第61页。

② 王绍筌：《四川内河航运史（古、近代部分）》，四川：四川人民出版社，1989年，第101～110页。

③ Louis Audemard, *Les Jonques Chinoises*, Rotterdam: Pablicaties Van Het, 1957.

图 9-14　汉口港林立的帆樯(由长江望汉水两岸)

汉水发源于陕西省西南部,是长江最大的支流,在汉口注入长江。其航道呈季节性变化,但常年有许多浅滩,故汉水船的吃水常不超过 4 尺。汉水是长江流域与我国西北地区的重要交通线。清代汉口的茶叶输往西北和俄国,就是利用汉水运输的。与俄国的茶叶贸易,自康熙年间中俄签订《尼布楚条约》时即已开始。茶叶是我国向俄国输出的重要产品。《清史稿·食货志五》记有:“汉口之茶,来自湖南、江西、安徽,合本省所产,溯汉水以运于河南、陕西、青海、新疆。其输至俄国者,皆砖茶也。”图 9-15 为汉口帆船,其航线主要是在汉水,其尾部高耸、舵柄在尾楼子的上方,其舵是适应浅水航道的。

图 9-15　汉口帆船(采自路易斯《中国帆船》)

适应长江航道的汉口—沙市一线的大型帆船,如图 9-16 所示。由汉口到洞庭湖以及在洞庭湖区域航行的有大型四桅帆船,如图 9-17 所示。湖南麻阳子船,是航行于湖南沅江到洞庭湖一带的客货船。沅江属浅水急流航道,上水航行时经常要拉纤。

图 9-16　汉口—沙市一线的大型帆船

图 9-17　大型四桅帆船

长江上游的金沙江，水流湍急。金沙江南河船（见图 9-18）是多桨、单桅帆船，溯江而上时也必须拉纤。叙府半头船（见图 9-19）则是航行于岷江的，它可以由成都直达重庆。该船尾部设置一把大橹，既可以用作推进，也可在急流航道中用作操纵。

图 9-18　金沙江南河船

图 9-19　叙府半头船

自汉口沿长江而下，就到达长江中游另一个航运中心——九江港。九江襟江带湖，地理环境优越，上通川楚，下至苏杭。九江的货运以漕粮、瓷器和茶叶为大宗。清代顺治年间，江西岁运漕粮达 40 万石[①]，此

① 赵尔巽：《清史稿·食货志三·漕运》，见上海古籍出版社、上海书店：《二十五史》，上海：上海古籍出版社、上海书店，1986 年，第 9 264 页。

后还略有增加，其中相当部分要经九江或鄱阳湖的湖口由长江外运。

景德镇的瓷器在康熙年间得以恢复和完善，到乾隆、嘉庆年间又有很大发展。除每年解京御瓷数万件之外，销路以湖广为最多，其次为关东、天津等埠，再次为上海及宁波。运销北方和长江各埠的瓷器，通常从产地景德镇先装上小船，经昌江运至饶州府（今江西上饶市鄱阳县），在鄱阳县换装大船，经鄱江（一般指饶河）入鄱阳湖出长江销往各地。若在秋冬之季，昌江、鄱江水道极浅，则须改在鄱阳湖内龙口地方换装大船，再进入长江，然后出湖口直航销地，或运至九江集并，再转运各地。[①]

江西茶叶的运销途径有二：一是经汉口销往西北或俄国；二是经上海销往欧美各国。总之，茶叶的运输主要是由九江集中经长江运往汉口或上海的。九江古称柴桑，江北则称其为浔阳，宋元时称其为江州，历史上即为造船重镇。据《九江港史》所述，泊于九江港的船型多达 50 多种。图 9-20 和图 9-21 分别为代表性的客船和货船的船型。

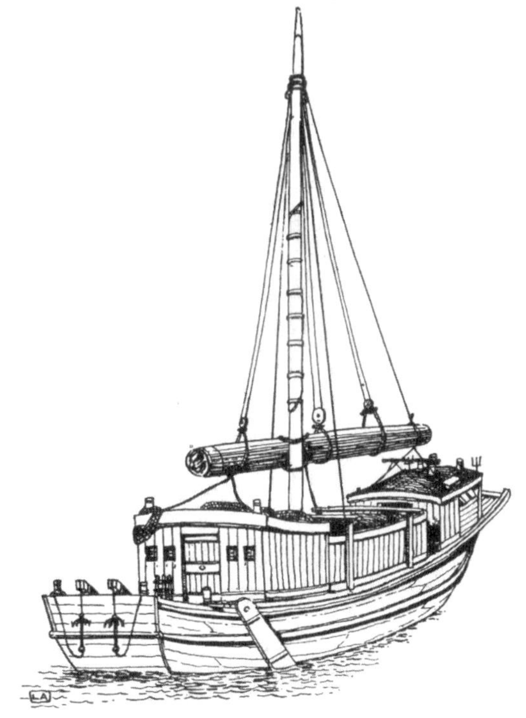

图 9-20　九江客船船型

① 孙述诚：《九江港史》，北京：人民交通出版社，1991 年，第 49 页。

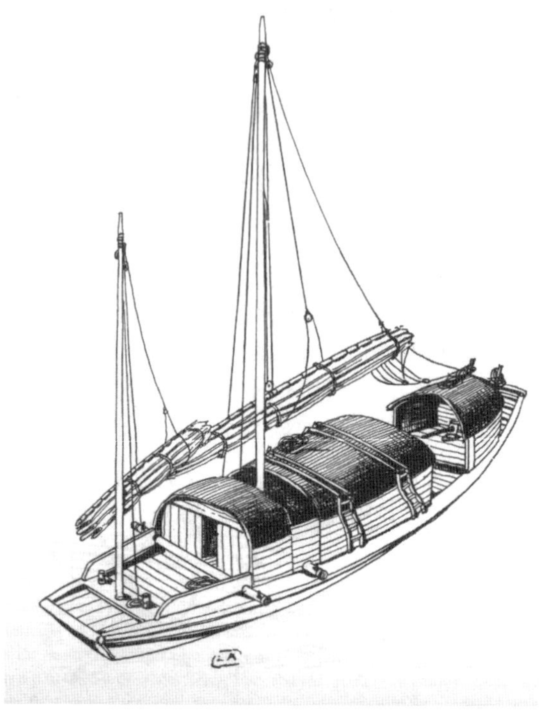

图 9-21　九江货船船型

航行在长江上芜湖—镇江的单桅客船(见图 9-22),甲板较宽敞,在甲板上设有客舱。此类船吃水不深,每舷均设有两块披水板,用来抗横漂。

图 9-22　芜湖—镇江单桅客船

三、上海沙船业的形成与发展

沙船船型的形成可追溯到南宋时期名为“防沙”“平底”的战船。明嘉靖年间成书的《南船纪》中记有“二百料巡沙船”。明嘉靖年间成书的《筹海图编》是最早出现沙船图和文字的文献。以佚名的《皇明疏奏类抄》为据，确认沙船之名“始见于明嘉靖年间”①。

康熙二十二年（公元 1683 年）开放海禁，南北沿海航路畅通，沙船有了发展的契机。前朝的沙船聚集在苏州管辖下的浏河口，前朝的上海港已成为苏州的外港，所以大批沙船改泊在上海的吴淞口（见图 9-23）。到了乾隆年间，上海的沙船已是“舳舻相衔，帆樯比栉，不减仪征、汉口”。到了嘉庆年间，上海的沙船被描绘为“帆樯如栉，似都会焉”②。

图 9-23　泊港的沙船群（采自《中国帆船》）

上海地处长江三角洲商品经济最发达的地区，它既是长江航运与沿海航运的枢纽，又是沿海航运的中心之一。到嘉庆年间，“其海船舶帆樯足以达闽、广、沈、辽之远，而百货集焉”③。“沙船聚于上海，三千五六百号，其船大者，载官斛三千石，小者千五六百石。”清代每年有大量的

① 罗传栋：《长江航运史（古代部分）》，北京：人民交通出版社，1991 年，第 349 页。

② 《乾隆四十九年续修上海县志》卷一《风俗》。又见《嘉庆上海县志》卷一《风俗》。

③ 《卢浚及陈文述序》，《嘉庆上海县志》。

大豆、豆油、小麦等经由牛庄、天津等港南下至上海，转口入长江西运，又有大批棉布、丝绸、茶叶、糖等由上海转口北运。沙船南下时以大豆为大宗，故有“豆船”之称；沙船北上时以棉布为大宗，《长江航运史》记有：“沙船之集上海，实缘布市。”

沙船（其侧视图，见图 9-24）的吃水常受限制，为增加单船的载量，则船长相对较长，长宽比较大，适于采用多桅多帆，这就极有利于增强快速性。

沙船尾桅尾帆的作用，主要在于助舵。由沙船的模型图（见图9-25）可以看出其大有助于船的操纵，因此要将尾桅、尾帆尽量设在船体的尾端。为了调控尾帆的缭绳以调控尾帆的帆角，应将沙船的虚梢尽量伸向船后。

图 9-24　沙船（侧视）图

沙船船长相对较长且吃水较浅，因此，船长与吃水之比常大于15.0。在受到侧风吹袭时，常常会使船产生横漂。为了避免横漂，在沙船中部两舷均设披水板，遇侧风时在下风舷放下披水板就可以避免或减小横漂。披水板由我国首创，非常适用于长江口以北多沙浅的北洋航线。

为了减缓船舶在风浪中的摇摆，在沙船尾部的两舷还要各加设一只“太平篮”（见图 9-26）。《江苏海运全案》记有：“太平篮以竹为之，中实以石。船行海洋或有风波，则以篮寄于水中，俾舟无荡。”

道光五年（公元 1825 年），“洪泽湖决，漕运梗阻”，江苏巡抚陶澍策划海运漕粮 160 余万石，并亲赴上海筹顾商船、体恤商艰，群情踊跃。《清史稿 · 陶澍传》记有：“（道光）六年春开兑，至夏全抵天津，无一漂损者。”清末重开前朝海运漕粮之策，沙船发挥了重大作用，航商也获得了显著的经济效益。海上漕运使上海沙船业在鸦片战争前的道光年间得以充分发展，常年保持 2 000 艘的水平，总吨位约为 37 万吨。

图 9-25　沙船的模型图（采自嘉兴船文化博物馆）

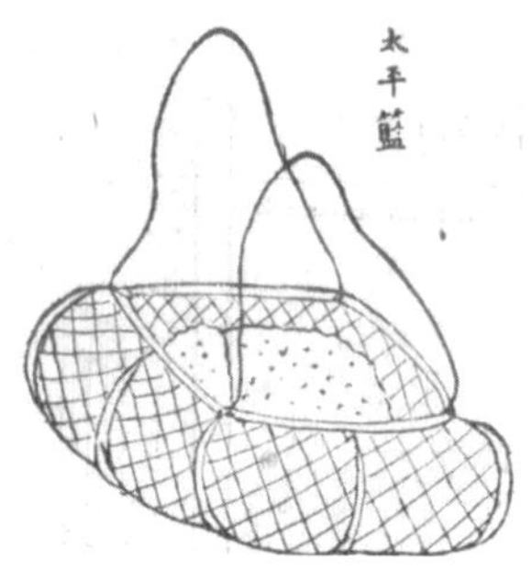

图 9-26　设于沙船尾部两舷的“太平篮”（采自《江苏海运全案》）

四、大运河的运输船舶

清廷为巩固其统治而采取的重振漕运政策，在康熙即位以来取得显著成效。随着南北大运河漕运的兴旺发达，社会经济进一步发展。在清代，“每岁额征漕粮四百万石，其运京仓者为正兑米原额三百三十万石……各省漕船原数万四百五十五号，嘉庆十四年（公元 1809 年），除改拆分带坍荒裁减，实存六千二百四十二艘，每届修造十（分之）一，谓之岁造”。为此，一如明代旧制，每年要修造 624 艘漕船，仍在设于淮安的清江船厂和设于山东临清胡家湾的卫河船厂完成。“查验之法九：一验木，二验板，三验底，四验梁，五验栈（舷侧板），六验钉，七验缝，八验舱，九验头梢。”①

大运河的漕船仍按旧制，在清代较有创新性的船型为“两节头”，如图9-27所示。② 该船船体长100尺，计及舵则总长达107尺，宽11尺，船深仅3尺。其船的特点是在构造上分成两段，用铁铰链在接头处可方便连接或脱开。鉴于河道太浅，为增大船的载重量，唯有增大船宽和船长。该船的宽深比 B/D 为3.6，长宽比 L/B 已达9.7，均接近极限。由于船身过长在狭窄的河道中难以调头或回转，将连接的铰链脱开则可使调头变得十分方便。清代的“两节头”也并非全新的创造。研究认为，远在公元11世纪的宋代就曾有“对连划”用于漕运，曾盛行于大运河、淮河，其长宽比超过7.5，宽吃水比也较大。此种船型阻力小、航速快、载货利用率高，缺点是节点强度差、抗风浪能力较弱，因而只适用于大运河以及内河支流。③图示的“两节头”其长宽比已大于9.0并接近于10.0，此项指标较前朝已有所突破。“两节头”的前进主要靠撑篙和拉纤，为此设有高度为60尺的桅杆。为了在河道中操纵船的航向，该船设长40多尺的“首招”，长60多尺的“尾招”。

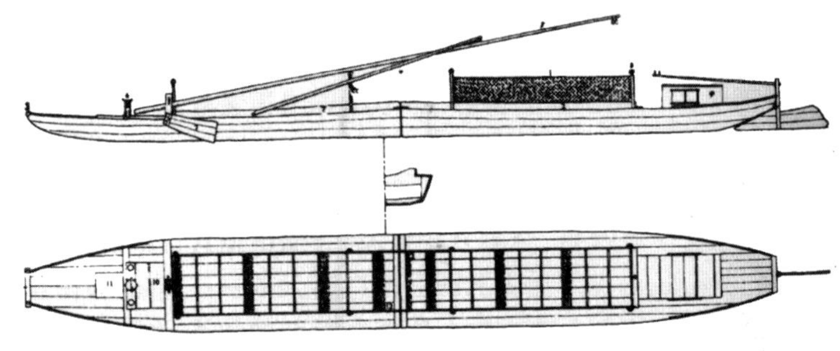

图9-27　大运河漕船“两节头”

① 赵尔巽：《清史稿·食货志三·漕运》，见上海古籍出版社、上海书店：《二十五史》，上海：上海古籍出版社、上海书店，1986年，第9 264、9 266页。

② G. R. G. Worcester, “The Junks and Sampans of the Yangtze”, *Pacific Affairs*, vol. 45, no. 4(1971), pp. 593.

③ 《水运技术词典》编辑委员会：《水运技术词典（古代水运与木帆船分册）》，北京：人民交通出版社，1980年，第135页。

在清代的南北大运河里，引起人们都关注的，却是乾隆皇帝多次下江南时乘坐的御船。好在在北京故宫博物院收藏有《乾隆南巡图》（见图 9-28），其中绘有乾隆皇帝下江南时乘坐的御船安福舻。该图集共二十四卷，收藏在故宫博物院，而绢本则流失在世界各地，其中的第六卷现收藏于美国大都会艺术博物馆。该图集的作者是清代宫廷画家徐扬，他的另一部著名画作是《姑苏繁华图》。安福舻的构图虽然算不上精美，但是却基本上符合透视原理，因而很生动，也很耐看。该船船体和上层建筑的格局也表现得很清楚，为复原设计提供了很好的图样。

图 9-28　《乾隆南巡图》所绘南巡船图样（采自故宫博物院）

北京市通州区为弘扬运河文化以及发展旅游事业，确定复原设计建造仿清代乾隆御船安福舻以及相关的另两种船型——漕舫和漕船，构成运河中的一个船队。笔者所在学校的造船史研究中心于 2007 年应邀承接了安福舻等一个仿古船队的复原设计任务，并在很短的时间内顺利完成。①这一仿古船队建成后的第一项任务就是在南北大运河的通州段传递北京奥运会的圣火。在通州区和有关造船企业的合作下，船队中的漕舫（2 艘）和漕船（3 艘）已在 2007 年年底建成并下水。仿古船安福舻（见图 9-29）则于 2008 年 4 月下水。

仿古船队的设计原则是，在外观上尽量与古船相一致，而船体内部

① 龚昌奇、张端、韩克非：《盛世名舟，文化传承——北京奥运会圣火传递仿古船“安福舻”》，《江苏船舶》2009 年第 2 期，第 40 ~ 44 页。

图 9-29 仿乾隆御船安福舻停泊在运河码头

可以按着当前的需要进行布置，如设置了柴油发动机并设有机舱。在构造上，外观全用优质木材，而主体构造则用钢材，即所谓木包钢。图 9-30 为以安福舻为首的仿古船队在传递北京奥运圣火时的壮观场面。

图 9-30 在传递北京奥运圣火的以安福舻为首的仿古船队

第二篇　近代造船史

第十章　外资轮船修造业入主中国

第一次鸦片战争后，西方资本主义列强强迫与清政府先后签订了一系列不平等条约。1842年签订的中英《南京条约》规定开放广州、福州、厦门、宁波、上海为通商口岸，并割让香港。从此英国船只就可以在香港与五处通商口岸之间自由进行通商贸易。其他资本主义国家也相继强迫清政府签订相应的不平等条约，来一个利益均沾，并不断扩大其侵略的特权，于是各国船只为所欲为地航行于中国水域。

第二次鸦片战争后，西方列强迫使清政府开放更多的通商口岸，并从中夺得更多的特权。1858年签订的中英《天津条约》第十一款规定："即在牛庄、登州（后改为烟台）台湾（台南）、潮州、琼州等府城口岸，嗣后皆准通商，亦可任意与无论何人买卖，船货随时往来。"①中法《天津条约》又要求增辟淡水与江宁（南京）为通商口岸。② 1860年的中英《北京条约》再增天津为通商口岸。③这样，外国船只在通商口岸间的航行权由东南沿海扩大到东北沿海，并开始染指长江各口岸。1861年3月由英国拟定的《长江通商收税章程》中除开放汉口、九江两处为通商口岸外

---

① 王铁崖：《中外旧约章汇编（第一册）》，北京：生活·读书·新知三联书店，1957年，第98页。

② 王铁崖：《中外旧约章汇编（第一册）》，北京：生活·读书·新知三联书店，1957年，第105页。

③ 王铁崖：《中外旧约章汇编（第一册）》，北京：生活·读书·新知三联书店，1957年，第148页。

还允许一切经“核准的船只在镇江上游的沿江各口岸或地方装卸合法商货”[①],这实际上是外国船只已取得在汉口以下的长江沿岸无限制的航行权和贸易权。

由于轮船业代表一种新兴的行业,轮船代替帆船已是一种不可逆转的潮流,致使靠经验航运的外国商人开始由夹板船运输转向由轮船运输。但轮船机器一旦失灵,必须就地修理,而当时大多数船匠尚不知轮船蒸汽动力机为何物,此等轮船机器的制造和修配技术均操于西方人之手。于是在国门洞开后不久,近代外资轮船修造业就应运而生了。在其后的20年中,不少英、美商人先后在香港、广州和上海等地开设近代轮船修造厂,独擅修理轮船机器。初期建立的机器厂几乎都是轮船修造厂,西方人以此在中国起家,攫取了高额利润后,有的随即离去,有的则通过兼并成立规模更大的近代外资船厂,并开始雇用中国劳工,从而使中国产生了第一批产业工人。

第一节　香港和广州的外资轮船修造业

一、香港的榄文船坞和贺普船坞

英国侵略者占领香港以后,便在香港岛上建起船坞,修造船只。1843年英商榄文(J. Lamont)即在香港造了一只小商船。[②]由于当时香港孤悬外海,还处于开发阶段,为停泊及坞修船只供应淡水也有诸多不便,外国来华船舶大多驶往广州黄埔停泊修理。故在19世纪四五十年代,香港没有新开设的船厂,榄文船坞独家经营,获利甚丰。1857年榄文与德忌利士轮船公司的老板拿蒲那在香港南岸阿柏丁修建了阿柏丁船坞,生意很兴旺。

由于香港的航运业日渐繁荣,榄文又着手在阿柏丁的石排湾修建一座更大的贺普船坞。[③]

---

① 王铁崖:《中外旧约章汇编(第一册)》,北京:生活·读书·新知三联书店,1957年,第202页。

② 孙毓棠:《抗戈集》,北京:中华书局,1981年,第68页。

③ 辛元欧:《中国近代船舶工业史》,上海:上海古籍出版社,1999年,第21页。

二、柯拜在广州创办柯拜船坞[1]

广州黄埔长期以来一直是外国来华商船停靠的唯一处所，也是中国帆船制造业的主要基地，已有若干可修理帆船的泥船坞。道光二十五年（公元 1845 年），英国大英轮船公司第一艘来华铁壳轮船“玛丽·伍德夫人号”到达黄埔，该公司监管修船的职员柯拜（John Couper），很快意识到修船有利可图，便在新洲南端，向中国人租赁了几个泥船坞，以廉价雇用当地工人，办起修船业务，起名柯拜（的）公司（Couper's Company）。这样，柯拜既是大英轮船公司的职员，又是该公司与中国泥船坞所有者的经纪人，还是船舶的承修人。他利用这一独特的地位，在修船中获得丰厚的利润。

为了扩大经营，适应航运的发展，咸丰元年二月（公元 1851 年 3 月），柯拜与另一英国人阿杜·格鲁凡（Arthus Wellingtun Grosvenor）合伙，在长洲坪岗开工建造一座自行设计的有浮闸门的花岗石干船坞。两年后格鲁凡将资金撤走，柯拜独资营造新船坞，并于咸丰四年（公元 1854 年）完工。这样，柯拜既监修又兼船坞租办人，一跃成为船坞的业主。

柯拜船坞的建立，可以说是偷偷进行的。因为从《南京条约》（公元 1842 年）到《马关条约》（公元 1895 年），任何一个条约都没有允许外国人在中国设厂。况且，在鸦片战争以后，华南人民不堪外侮，有时也袭击英国在黄埔修补的商船。因此，柯拜为避免招惹麻烦，带着妻子租住在紫洞艇上，控制着船坞的经营。柯拜这样做，既可以躲避袭击，又可以有一个应付官方对他非法居留进行追究的借口。在紫洞艇上他随时都是“暂住旅客”。

柯拜船坞位于新洲南端对岸的长洲北部。这里是黄埔水道和新洲水道的汇合处，坞口泥沙易被水流冲走，很少淤积。该坞长 300 英尺（1 英尺等于 0.304 8 米），坞口宽 75 英尺。能进入吃水 17 英尺的船舶，坞后面的小斜坡上，还设有一滑道，供新船下水使用。该坞用花岗岩建成，层叠的坞边犹如祭坛梯级。坞口设浮闸门，在中国是第一次出现。闸门做成硬木箱形，以打实干和泥砖压载，整个用黄铜螺栓联结，水泵用蒸汽机带动。为了在泥浆中稳住坞口两边的码头，柯拜仅在这里就投入

---

① 《广州黄埔船厂简史》编委会：《广州黄埔造船厂简史（1851—2001）》，2001 年，第 1 ~ 2 页。

4 000 吨花岗石,石船坞造价约 7 万元。

柯拜船坞建成后,主要承修大英轮船公司、英国皇家海军、海运公司和当时第一流国际船舶业的船只。咸丰六年(公元 1856 年)春,柯拜为美国坞主詹姆斯·B·恩迪特(James B. Endicott)建造的第一艘"百合花(Lily)号"建成下水。其总长 162 英尺,龙骨长 162 英尺,中宽 22 英尺,排水量约 1 000 吨。

咸丰六年九月(公元 1856 年 10 月),英国侵略者借口"亚罗(Arrow)号事件",挑起了第二次鸦片战争。英国的侵略暴行,激起华南人民的愤怒和反抗。十一月,义愤填膺的船坞工人和当地民众一起,自发地将柯拜船坞捣毁,把坞边的石块撬下坞底,把机器设备砸烂。柯拜是"亚罗号事件"策划者之一的一个驻广州领事巴夏礼(Harry Smith Parkes)的亲戚。巴夏礼也在该时被民众所俘,此后不知去向。

咸丰八年、十年(公元 1858 年、公元 1860 年),清政府被迫签订中英《天津条约》和《北京条约》,1860 年年底,柯拜的家族在香港,从清政府的战败赔款中,获得 12 万元"赔偿费"。

咸丰十一年(公元 1861 年),柯拜的儿子约翰·卡杜·柯拜(John Cardow Couper)用这笔"赔偿费"修复和扩建老柯拜在黄埔的船坞设备,成立了柯拜船坞公司(J·C·Couper & Co.),并进一步扩充营业。1861 年重建柯拜船坞(见图 10-1),于同治元年(公元 1862 年)竣工。该坞长 550 英尺,宽 70 英尺,深 17 英尺。该坞有两道浮闸门,一个在坞口,一个在坞中段,将船坞分成内外两区,可供两艘 1 000 吨级轮船同时进坞,也可供一艘 5 000 吨级轮船入坞修理。在 19 世纪 60 年代,该坞被称为"中国最大船坞"。此外,柯拜船坞公司还修建了 3 座较小的新船坞。在新洲有 1 座长 220 英尺,深 13 英尺的木坞;1 座长 180 英尺,宽 48 英尺,深 13.5 英尺的泥坞;1 座长 150 英尺,宽 35 英尺,深 10 英尺的泥坞。

此外,在咸丰八年(公元 1858 年)签订《天津条约》之后,所有与黄埔各船坞有关的英、美投资人能够回到黄埔重新开业。小柯拜与美国人汤马斯·肯特(Thumas Hunt)合资在长洲坪岗建造了一座花岗石底船坞,取名为录顺船坞(Looksun Dock,见图 10-2),于咸丰十一年(公元 1861 年)竣工。该船坞枕木长度(按:似应为龙骨墩铺设长度)只有 230 英尺,但配备有威灵顿专利海难泵,可在 4 个半小时内,将坞内的水抽干,能满足小型轮船快速修理的需要。

图 10-1　1861 年重建的柯拜船坞(采自《黄埔造船厂简史》)

图 10-2　1861 年建成的录顺船坞

同治三年五月(公元 1864 年 7 月),在香港的航运资本向黄埔的修造船业扩张,柯拜船坞公司在黄埔所有的船坞、厂房、设备,全部被香港黄埔船坞公司收购。

第二节　上海的外资轮船修造业

在 1943 年上海开埠前,我国的对外贸易大部分集中在广州进行。在开埠后,由于外国商人"冒险家"的纷至沓来,许多外国商行先后由广州移到上海，我国的对外贸易重心逐渐由广州向上海转移。[1] 1845—1863 年，上海进出口船舶数和载货吨数均增长了近 40 倍。[2]

一、上海早期的轮船修造业

19 世纪 40 年代末，英国人米契尔（A. Michell）在浦东开办了第一家外国船厂；1859 年，一个有造船经验的苏格兰人莫尔海（D. Muirhead）在浦东又设立了一家浦东火轮船厂，这家船厂的经营业务有造船、铁工、机器工程和炼钢等，项目繁多，实属罕见。[3]

上海船舶修造业的真正发达是从 19 世纪 60 年代开始的。19 世纪 60 年代，正是上海对外贸易的高潮时期，上海港地位日益提高，在这种形势的刺激下，外国船厂在上海得到极大的发展。表 10-1 清楚地说明了当时外国造船厂开办的速度空前。

表 10-1　19 世纪 60 年代前半期在沪开设船厂一览表

开设年份	船厂名称	开设地点
1860 年	虹口造船厂	虹口
1861 年	夺宾船厂	虹口
1861 年	柯立·兰巴船厂	浦东
1862 年	祥生船厂	浦东
1863 年	德卢船厂	浦东
1863 年	旗记船厂	虹口
1864 年	莫立司船厂	浦东
1864 年	莫莱船厂	浦东
1865 年	耶松船厂	虹口

从表 10-1 可以看出，1860—1865 年，上海新成立了 9 家外国船厂，在那些年代里上海每年都能出现一、两家外国船厂，这在西方资产阶级远未开始对中国进行工业投资的年代里确实是罕见的。[4]

在上述 9 家船厂中以祥生船厂与耶松船厂的规模为最大。

祥生船厂地处浦东，船场 12 000 平方米，临江还占有长 50 多米的

---

① 黄苇：《上海开埠初期对外贸易研究》，上海：上海人民出版社，1979 年，第 71 页。

② 黄苇：《上海开埠初期对外贸易研究》，上海：上海人民出版社，1979 年，第 177 ~ 178 页。

③ 康振常：《上海史》，上海：上海人民出版社，1989 年，第 226 页。

④ 康振常：《上海史》，上海：上海人民出版社，1989 年，第 226 ~ 227 页。

地段,此外还有机工厂、铁工厂、木工厂、锅炉房各 1 间,翻砂铸工厂 2 间,堆栈 2 座,船厂机器包括蒸汽引擎、锅炉、车床、刨床、轧床、钻孔机、剪裁机、蒸汽铁锤、熔铁炉等。成立不到三年,该厂即能建造载重 200 吨、马力 70 匹的小轮船,1865 年前,修理的船只已有 17 艘,总修船量达 4 000 吨以上,当时号称“东方设备最完备的企业之一”。①

1874 年,祥生船厂已有了足够的实力,收购了上海浦东炼铁机器公司。祥生船厂在兼并浦东地区的部分外资船厂的同时,还加紧自身设备的更新,1880 年又增建了 1 座大型新船坞,可以容纳和修理当时上海港内最大的轮船。当时,该船厂雇用中国工人 1 000 ~ 1 400 名。1883 年,该船厂曾为清政府建造过 2 艘浮江炮艇。

“设在虹口外虹桥的耶松船厂(见图 10-3)原来是由美国人创办的,初创时的经营项目除修船外,还包括建筑设计、施工等项目,但不久耶松船厂吸收了不少资本,成为一个专业的船坞公司。开业第二年(公元 1866 年)就建成载重 195 吨的‘南沙号’(Nan Cai)轮船一艘。70 年代又兼并了上海的英商船厂,于是耶松船厂逐渐变成了一个英商企业。耶松船厂靠租赁浦东船坞公司的大型船坞起家,嗣后逐步扩大规模。到了 80 年代。耶松船厂的规模已超过祥生船厂,雇用中国工人 2 000 余名……1884 年,耶松船厂为怡和轮船公司建造了一艘‘源和号’轮船,船长85 米,载重量 2 522 吨,时速 11 节,为当时远东所造的最大商船。”②

图 10-3　1865 年建于上海虹口外虹桥的耶松船厂

① 辛元欧:《中国近代船舶工业史》,上海:上海古籍出版社,1999 年,第34 页。

② 辛元欧:《中国近代船舶工业史》,上海:上海古籍出版社,1999 年,第 35 ~ 36 页。

二、上海外资船厂的兼并与发展

“从1865年到1900年的35年间,上海的船舶修造业是祥生船厂和耶松船厂互争雄长时期,在此期间的其他外资船厂都不足以与这两大船厂匹敌,最后或为祥生、耶松所兼并,或做艰难的挣扎,却只分得些许残羹剩饭而已。”

祥生和耶松“两船厂实力虽不相上下,但在激烈的竞争中,祥生船厂一直处于劣势,但耶松船厂想兼并祥生船厂,一时也不能得手。为避免两败俱伤,两厂经过谈判,决定于1900年年底正式合并,组成新的耶松船厂公司,增资到557万两(约合75万英镑),进一步增加设备,扩大规模。至此,该公司已拥有7座船坞,一个机器制造厂及仓库码头等各种附属设备,能修理3 000吨以上的轮船。1906年公司整顿财务,重新注册,改名为耶松有限公司。该公司为英国在中国工业投资中的最大企业之一,成为嗣后30年中上海外资船舶企业中的佼佼者,其投资额也远远超过了香港黄埔船坞公司的投资额”①。

第三节 厦门福州青岛的外资轮船修造业

两次鸦片战争以后,特别是在《北京条约》签订以后,我国沿海主权尽失。外国侵略者霸占了我国的海岸线以及长江等内河的口岸,无论航行、贸易、筑坞、设厂等,都无须征得中国政府的同意。他们除了在前述的香港、广州、上海这些港口城市开设船厂以外,还将触角伸到厦门、福州、青岛等诸多港口城市。

一、在厦门的外资轮船修造业

“厦门地区先后有3家外资船厂,即厦门船厂(Amoy Dock Co.)、白拉梅船坞(Bellamy Dock)和厦门机器公司(Amoy Engineering Co.)。”②

1858年,英商加斯(J. Cose)在厦门建立厦门船厂,当地人称其为“大船坞”。“该厂在厦门租借附近建有2座(石)船坞,其中一座稍大的石船坞长91.5米,宽18.3米,满潮时水深达5米,坞中准备有浮门及大

① 辛元欧:《中国近代船舶工业史》,上海:上海古籍出版社,1999年,第38～39页。

② 王志毅:《中国近代造船史》,北京:海洋出版社,1986年,第48页。

的蒸汽抽水机。”[①] 1867 年又在鼓浪屿内厝澳建起了第三座石船坞，能修理长度为 100 米左右的船只。该厂以修理各种帆船和轮船为主，但在 1867 年也曾制造过一艘小型的汽机拖船。该厂自成立以来一直生意兴旺，1892 年，改组为厦门新船坞有限公司（New Amoy Dock Co. Ltd），在香港注册，资本 67 500 元。公司内设有机器厂、冶炼厂、锅炉厂、铁工厂和木工厂，各厂内部装有现代机器，该公司经营业务包括船舶机械、电力工程、造船、锅炉制造和钢铁冶炼等，雇用中国工人 200 名。厦门地区于 1864 年由英商建立的另一座白拉梅船坞于 1867 年也为当时的厦门船厂所兼并。[②]

“厦门新船坞有限公司成立后的第二年（1893 年），为建立与船舶修造相适应的企业，英商鼓动厦门洋行买办集资 3 万元，在鼓浪屿兴办厦门机器公司，并在香港注册。该公司建有一座长 33.6 米的小船台。除修理汽船外，还兼营各种机器和铸铁业务，公司虽名为英商经营，股东却为当地中国买办，工厂的管理和经营则由一位爱尔兰工程师负总责，该公司虽为小型企业，却在厦门占有一定的地位。”[③]

二、在福州的外资轮船修造业

“1854 年，在福州罗星塔就已出现了一个兼营船料供应和船舶修理的道比船厂（Dobie & Co.），但未建船坞，只有一个小的木作和铁工厂。1864 年，英国人士开（John V. Skey）在罗星塔建造专门修理轮船的石坞——福州船坞（Foochow Dock），坞长 91.5 米，底宽 13.2 米，深 4.3 ~ 5.2 米，并用蒸汽引擎抽水，还有一艘专门拖运船只进坞修理的拖船；1869 年，又建起大的机械工厂和堆栈，机器工厂内设有大的铸铁工厂。1873 年，这家修船厂由英商福士德洋行（John Forester & Co.）经营，又得到进一步扩充：船坞加长到 103.2 米，上宽扩大到 24.2 米，可容纳 116 米以下的各种轮船，并在原机械工厂外；又建立了一座新的翻砂铸铁工厂，可以铸造修理轮船所必需的铜铁铸件；1880 年还曾为外国制冰厂修造了一艘长 19 米、吃水 0.9 米的小轮船，专门行驶闽江。随着福州

---

① 中国航海学会：《中国航海史（近代航海史）》，北京：人民交通出版社，1988 年，第 94 页。

② 席龙飞、杨熺、唐锡仁：《中国科学技术史（交通卷）》，北京：科学出版社，2004 年，第 242 页。

③ 辛元欧：《中国近代船舶工业史》，上海：上海古籍出版社，1999 年，第 41 ~ 42 页。

贸易地位的衰落,该船厂也日益衰败。90年代初歇业。”①

三、青岛的轮船修造业

1897年11月,以山东曹州(今山东省菏泽市巨野县)教案为借口,德国远东巡洋舰队占领胶州湾。次年3月,德国强迫清朝政府与之签订《胶澳租借条约》,强行租借胶州湾为军港,租期为99年。此后,胶州湾成为德国的殖民地,山东全省变成德国的势力范围。

(一)青岛水师工厂——青岛造船厂

1898年,德国人在青岛湾(即青岛前海,今山东省青岛市莱阳路段)建立修船所,以修理小船、小艇为主,兼修各种车辆。到1899年年底,修船所已有百余名工匠、两个小型机械车间。1900年修船所收归德国胶澳总督府后,始称青岛水师工厂、青岛船坞工艺厂,同时也称为总督府工厂。1901年9月,德国在青岛后海(今青岛大港港址)开工建设大型修造船厂,并于1907年4月1日全部投产交付使用。新建的位于青岛大港第四码头(今第五码头)的大型修造船厂,规模宏大,有16 000吨浮船坞一座(见图10-4)。浮船坞长125米,外宽30米,深13米,浮力为16 000吨,可容纳长145米、万吨级船舶入坞修理。与之相配套的150吨大型起重机也同时交付使用。②船厂还拥有各种机械设备约8台,均为电力驱动。厂房和码头设施也很完善。16 000吨浮船坞的建设费用约合人民币2 500万元。1907年7月1日,船厂正式命名为青岛造船厂。

图10-4　青岛造船厂与16 000吨浮船坞

① 辛元欧:《中国近代船舶工业史》,上海:上海古籍出版社,1999年,第40页。

② 石健:《中国近代舰艇工业史料集》,上海:上海人民出版社,1994年,第878页。

青岛造船厂从交付使用到1914年期间，共建造船只近40艘，修理大小船只约500艘次。1910年曾为清政府海军建造“舞风号”炮舰1艘，长38米，排水量220吨，功率600马力。

第一次世界大战爆发后，日本对德宣战，1914年11月，日军进占青岛。青岛造船厂在战争中破坏严重。该厂的大型浮船坞被日军打捞出水后劫往日本佐世保军港，旋即转日本福田造船厂使用。1915年，日本将青岛造船厂残余设备迁移到船渠港口工地，并增建800吨级船台一座，可承担中小型船舶的修造工程。

1922年，日本把青岛主权交还中国，船厂后来改称港工事务所船机工厂，恢复部分生产。然而在1938年，日本第二次侵占青岛，船厂遭受的破坏更为严重。抗日战争胜利后的1946年，该厂回归青岛港务局。到1948年，工厂仅有80名职工，生产技术力量薄弱。

(二)青岛水雷机械厂——海军青岛战船所

德国侵占青岛后，1898年，在小港西侧建立水雷机械修理厂，并建有丁字形栈桥式钢质码头、仓库、简易车间；1900年，兼营修船；1927年，改名海军铁工厂。

1930年东北易帜，东北海军副总司令沈鸿烈玉1931年兼任青岛市长，倡议建立海军工厂和海军船坞。1932年青岛动工开挖船坞，坞长157米，宽29米，其深度在高潮时为8米，低潮时为5米。船坞工程于1934年竣工(见图10-5)。该坞坞底、坞壁全用崂山花岗石建造，石坞之底背捣注0.3～2米厚的混凝土，使外表石块与原有岩石连成整体，非常坚实。码头建成后，解决了万吨级以下舰船进坞修理的难题。最先进坞修理的是“永翔号”军舰，政记公司的7 000吨“花甲号”也曾进坞修理。1935年青岛建造了5 000吨级船台，水工设施也较为完备。

1937年12月，日本第二次侵占青岛后，日本浦贺船渠株式会社将青岛海军工厂在内的4所工厂兼并，改名为青岛工厂。其主要业务是修理商船和军舰，也建造过一些挖泥船、破冰船及小型近海货船，后来还为日本建造过一些自杀艇。

1945年日本无条件投降后，海军当局接管该厂并改名为海军青岛造船所。1947年，该造船所曾接收美国赠送的钢骨水泥浮船坞，坞长119米，坞宽25.6米，内宽19.5米，坞深5.8米，载重量2 800吨，排水量8 500吨，可容纳4 000吨级船舶坞修。

图 10-5　青岛海军工厂建于 1934 年的长 157 米的船坞

1946 年—1948 年 7 月，海军青岛造船所共修理舰艇 241 艘，约 24.1 万吨；修理商船 277 艘，约 22.1 万吨；还建成排水量为 340 吨的蒸汽机货船和功率为 265 千瓦的蒸汽机拖船等。1948 年秋，随着国民党军队节节败退，海军下令将青岛造船所南迁至台湾高雄，将石船坞的坞门沉于胶州湾主航道北侧。1949 年年初，浮船坞先后被拖到厦门、广州，最后拖到台湾。

第十一章　江南机器制造总局的创立及其造船业绩

以林则徐为代表的中国有识之士,看到西方的飞箭式帆船和蒸汽机轮船胜过中国的老式帆船,早在鸦片战争期间就曾提出“造船铸炮……师敌之长技以制敌”这样的思想,主张向西方学习先进技术以“御侮”“自强”。在这一思想的影响下,到了19世纪60年代,出现了由曾国藩、李鸿章、左宗棠等人操办的洋务运动。中国近代造船业得以发端,并出现了中国第一艘轮船——“黄鹄号”。

第一节　江南机器制造总局的创立

1983年,曾国藩召见中国第一个留美学生容闳并问他“今日欲为中国谋最有益最重要之事,当从何处着手”时,容闳当即回答:“中国应设立一西式机器厂……即此厂当有制造机器之机器,以立一切制造厂之基础也。”[①]曾国藩闻之甚喜,不久就给容闳68 000两银子请至外洋购买“制器之器”。

1864年5月,李鸿章向总理衙门慷慨陈词,“鸿章以为中国欲自强,则莫如学习外国利器,欲学习外国利器,则莫如觅制器之器,师其法而不必尽用其人,欲觅制器之器与制器之人,则或专设一科取士,士终身悬以为富贵功名之鹄,则业可成,艺可精,而才亦可集”[②]。

曾国藩、李鸿章为建立“制器之器”工厂,乃催促苏松太道丁日昌尽快寻找出铁厂机器的对象,不久丁日昌盘购了在上海虹口开设的一家修造轮船和机器的美商旗记铁厂。1865年,李鸿章赴南京出任两江总督,将韩殿甲、丁日昌在苏州主持的两洋炮局迁至上海,与收购的美商旗记铁厂合并,正值容闳在美国购买的百余台机器运抵上海。一厂、两局及这百台“制器之器”成为当时曾国藩、李鸿章久欲建立的西式机器厂的基础,1865年6月3日,遂成立中国第一座具有“制器之器”的近代工业母厂。李鸿章名之为江南机器制造总局(其大门见图11-1,简称江南制

① 容闳:《西学东渐记》,长沙:岳麓书社,1985年,第112页。

② 《筹办夷务始末(同治朝)》卷二十五。

造局)，由丁日昌任总办，冯俊光、沈保靖分别任会办、襄办。

图 11-1　江南机器制造总局大门

第二节　江南机器制造总局的造船业绩

一、中国第一艘兵船“恬吉号”的诞生

1866 年 12 月，曾国藩回任两江总督。次年 5 月，他得到清廷允准，将两江截留江海关二成洋税中的一成专供江南机器制造总局造船之用。① 曾国藩幕府中的造船制器专家徐寿、华蘅芳、徐建寅等先后都随曾氏来到江南机器制造总局任事。当时曾国藩要求集中力量制造轮船，尽快做出成绩。“曾国藩把建造轮船的重任又一次交给了徐寿等人。所不同者在于这一次是在具有‘制器之器’的江南机器制造总局里造船，与前次在安庆内军械所基本上靠手工造轮船的生产方式已有了质的变化。”②

尽管当时地处高昌庙的总局各工厂尚未全面投产，但 1867 年已开

① 曾国藩:《奏拨二成洋税银片》，同治六年四月初七日，《曾文正公全集(奏稿)》卷四，上海:世界书局，1936 年，第 808 页。

② 辛元欧:《中国近代船舶工业史》，上海:上海古籍出版社，1999 年，第 108 页。

工的各工厂已具备了相当的生产能力。机器厂可制造大小兵船用的蒸汽机、船坞泵和起重机件;木工厂可为各厂制造机器木模;铸铜铁厂内配备有铸造设备;熟铁厂可生产各厂船所需的熟铁器具;轮船厂可为战船和各省的轮船生产零部件;还有枪炮工厂和负责修建房屋、道路、桥梁、沟渠的工程处;同时,已有了一座可供修船和船舶下水的99米长的泥船坞。有大机器生产作为依托,江南机器制造总局仅用了一年时间,就于1868年8月建成了中国第一艘兵船,由曾国藩命名为"恬吉"(后改为"惠吉"),取四海波恬,厂务安吉之义,"恬吉号"的汽炉和木船壳均系自造,主机则由国外旧机器改装,一改"从前上海洋厂自造轮船,其汽炉、机器均系购自外洋,带至内地装配船壳"[①]的状况。该船长59.2米,宽8.7米,吃水2.56米,功率292千瓦(392马力),载重600吨,装有火炮8门,时速平均为9节。

"恬吉号"于1868年9月15日自高昌庙试航,出吴淞口入海,由铜沙直出大洋,至舟山群岛返回,虽途中风逆、浪大,但船甚稳。当时报纸报道说:观看试航的"上海军民无不欣喜",轰动一时。因沪上"先有轮船数只皆系买之西人,兹此船乃本国始初自造也"[②]。9月28日,轮船驶至南京。曾国藩邀请彭玉麟一同自下关登船至采石矶下的翠螺山返回,试航获得圆满成功。他喜不自胜,在当天的日记中写道:"中国初造第一号轮船,而速且稳如此,殊可喜也。"[③]并上奏同治皇帝云:该船"坚致灵便,可以涉历重洋"。他在奏章上说:"原拟造四号,今第一号系属明轮,此后及续造暗轮,将来渐推渐精,即二十余丈之大舰,可伸可缩之烟囱,可高可低之轮轴,或亦可苦思而得之",他相信"中国自强之道或基于此"。[④]

"恬吉号"建造成功后,曾国藩深得清廷赞许,同治皇帝在一份上谕中说:"中国试造轮船事属创始,曾国藩能不动声色,从容集事,将第一号轮船造成,据称坚致灵便,可涉重洋,此后渐推渐精,即可续造暗轮大舰……足见能任事者举重若轻,深堪嘉尚!"[⑤]江南机器制造总局的造船活动显然已得到了清廷的支持。慈禧太后还亲自召见曾国藩,问及有关造船的情况。

---

① 曾国藩:《曾文正公全集》卷四。

② 《中国始造轮船》,《教会新报》第1卷第6号,1868年10月10日,第24页。

③ 《曾国藩全集·日记二》,长沙:岳麓书社,1989年,第1541页。

④ 曾国藩:《新造轮船折》,《曾文正公全集》卷四。

⑤ 中国史学会:《洋务运动》,上海:上海人民出版社,1961年,第19页。

二、江南机器制造总局的造船业绩

按照曾国藩续造暗轮船的计划，1869—1870 年，江南机器制造总局陆续建造了“操江号”“测海号”“威靖号” 3 艘木壳暗轮兵船，尽管当时曾国藩已不在两江总督任上，但这 3 艘船均由他命名。据时任两江总督的马新贻谈及总局建造的第一艘暗轮船“操江号”（见图 11-2）的规制系照外国暗轮兵船式样，机器小而灵动，“虽未能遽与外洋大兵船相抗衡，而船壳、汽炉及暗轮机器全副，均系厂内自造，顿觉机杼一新”①。“操江号”兵船于 1869 年 4 月出吴淞口放洋试航，经舟山返回，后又驶至金陵，两江总督马新贻登舟验视，见工料极为坚致，机器亦甚稳利，在长江行驶尤为便利。“操江号”兵船长 57.6 米，宽 8.9 米，深 4.16 米，吃水 3.2 米，装有火炮 8 门，载重 640 吨，航速 9 节。它是中国建造的第一艘由螺旋桨驱动的兵船，其航运性能较之“恬吉号”又前进了一步。“测海号”和“威靖号”两暗轮兵船亦如法赶造，大同小异。

图 11-2　江南制造总局建造的第一艘暗轮兵船“操江号”

1873—1875 年，总局局员徐寿及其子徐建寅等督率中外船匠继续实现造船计划，精益求精，又建造了两艘大型木壳暗轮姊妹兵船“海安

① 马新贻：《续造第二号轮船工竣循案具报折》，同治八年六月十五日，《马端敏公奏议》卷七，第 55、56 页。

号"和"驭远号"。[①]这两艘兵船不论主尺度、载重量、主机功率、航速和炮火配备等方面均较前 4 艘提高很多。两船长 69 米,宽 15. 4 米,深 6.7 米,载重量 2 800 吨,功率 1 341 千瓦(1 800 马力),航速 12 节,炮 30 门。它为 19 世纪 70 年代中国所造的兵轮船中之最大者,功率最大,达到的航速亦最高。据称,其"丈尺加广,实马力千八百匹,巨炮二十,兵丁五百,在外国为二等,在内地为巨擘"[②]。该两船之尾置双叶螺旋推进器,并为活式,起落甚便,"如遇顺风或煤斤缺乏,即将汽炉熄火,提起暗轮,便可张帆行驶"[③]。如又欲放下暗轮,"顷刻便能行动,轮翼又可旋转,螺距自能起缩,缩则二十尺,起则二十四尺"。据当时《申报》报道,1872 年 5 月 24 日,"上海机器局第五号轮船造成落水,彼时中外士女观者如云",并赞"督理局务者能以所事为事,招匠必择其善,购物必求其精,故能月异而岁不同,其所造之船亦能日新而月盛。充斯量也,其制造之法不几可日进于泰西诸国也哉"。[④]

第三节　曾国藩去世后江南机器制造总局停止造船

曾国藩去世后,江南机器制造总局由李鸿章主政,建厂的指导思想有了变化。关于江南机器制造总局制造轮船一事,李鸿章一直缺乏信心。在建厂初期,他就认为:"此事体大物博,毫厘千里,未易絜长较短,目前尚未轻议兴办,如有余力,试造一二,以考验工匠之技艺。"[⑤]曾国藩逝世前夕,江南机器制造总局受到朝臣造船靡费的非难,被建议暂停造船活动。在病中的曾国藩即上奏朝廷说:"刻下只宜自咎成船之未精,似不能谓造船之失计,只宜因费多而筹省,似不能因费绌而中止。"[⑥]此奏刚上不及一周,曾国藩就与世长辞了。李鸿章虽对上述非难也予以还击,但他怀疑造船的成本效益,他将建造兵船的规模限制在"海安号"的规模之下,并把江南机器制造总局所造兵船出租商用,由各省政府负担维修和管理费用,以减少开支。[⑦]1876 年,建成小型铁甲兵船"金瓯号",

① 孙景康:《仲虎徐公家传》,见杨模等:《锡金四哲事实汇存》,第 48 页。
② 李鸿章、吴汝纶:《李文忠公全书(奏稿二十六)》,光绪三十四年金陵版,第 14 页。
③ 《海防档》丙(一),第 137 页。
④ 《申报》,1872 年 7 月 4 日。
⑤ 李鸿章、吴汝纶:《李文忠公全书(奏稿九)》,光绪三十四年金陵版,第 33、34 页。
⑥ 《海防档》乙,第 325 页。
⑦ 《海防档》乙,第 370 页。

长35米，宽6.7米，吃水2.3米，载重量250吨，主机功率149千瓦（200马力），航速10节，可容士兵三四十人。其甲板上置一可升降的旋转炮塔，颇为灵便，左右高低可调节，取代了舷侧炮；以后膛炮取代前膛炮，船旁装有火炮数门，其中有一门后膛火炮可施放128磅开花弹，颇具威力；船首设有铁杆一支，直伸船外，形如犀牛之独角，极为犀利，借以撞击敌船。①

1885年，左宗棠出任两江总督期间建造了一艘功率达1 900马力的钢壳兵船“保民号”（见图11-3），以后再无造船、修船之举。船坞竟闲置近30年。江南机器制造总局所造兵船，见表11-1。

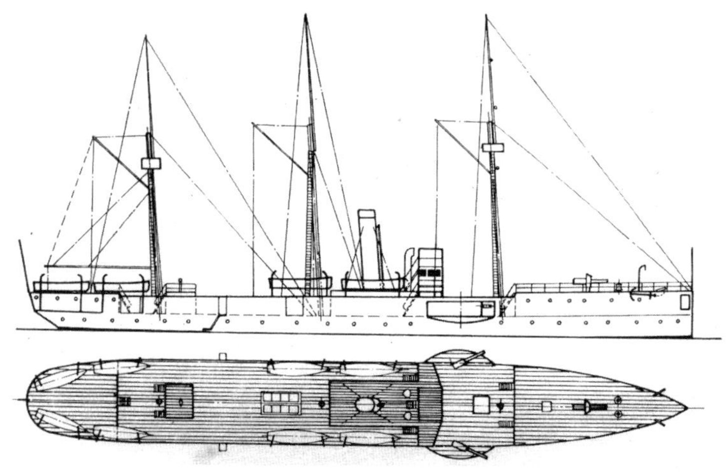

图11-3　江南机器制造总局于1885年建成的钢壳兵船“保民号”

表11-1　江南机器制造总局所造兵船表

船名	年份（年）	船型	长（米）	宽（米）	吃水（米）	载重量（吨）	航速（节）	功率（千瓦）	建造工艺	造价（万两）	配炮
恬吉	1868	木壳明轮	59.2	8.7	2.56	600	9	292	铁钉连接	8.14	8
操江	1869	木壳暗轮	57.6	8.9	3.2	640	9	317	铁钉连接	8.33	8
测海	1869	木壳暗轮	56	9.0	3.2	600	9	320	铁钉连接	8.27	8
威靖	1870	木壳暗轮	65.6	9.8	3.5	1 000	10	541	铁钉连接	11.80	15
海安	1874	木壳暗轮	69	15.4	6.7	2 800	12	1 341	铁钉连接	35.52	30
驭远	1875	木壳暗轮	69	15.4	6.7	2 800	12	1 341	铁钉连接	31.87	30
金瓯	1876	铁甲暗轮	35	6.7	2.3	250	10	149	铆接	6.26	后膛炮
保民	1885	钢壳暗轮	72	11.2	4.34	1 300	11	1 416	铆接	22.33	克虏伯炮

① 《申报》，1875年1月1日。

到 1905 年 4 月，江南机器制造总局开始“局坞分立”，成立江南船坞，在生产经营的体制方面又有了重大改变，使江南船坞获得重大发展。此部分内容在第十四章详述。

第十二章　福建船政是中国近代船舶工业基地

1864 年,左宗棠在杭州觅匠仿造小轮船,船上可容二人,虽形模粗具,但驶行不速。他曾以该船询问杭州法国洋枪队首领德克碑和税务司日意格,他们认为大致不差,“惟(唯)轮机须从西洋购觅,乃臻捷便,因出法国制船图册相示,并请代为监造,以西法传之中土”①。这是左宗棠试造轮船的第一次实践,虽然并不成功,但使他更加认识到要试造轮船必须“师夷长技”的重要性。当时法国的造船技术在世界又是首屈一指,于是左宗棠请他们回法国帮助购买机器和顾觅外国工匠,就此拉开了左宗棠建厂造船的帷幕。

第一节　左宗棠向清廷大声疾呼建厂造船

1866 年 2 月,左宗棠回福州任闽浙总督,为巩固海防、振兴商务,他在上奏清廷的《试造轮船先陈大概情形折》中写道:“自海上用兵以来,泰西各国火轮兵船直达天津,藩篱竟成虚设,星弛飙举,无足当之。自洋船准载北货销各口,北地货价腾贵。江浙大商以海船为业者……费重运迟……不惟亏折货本,寖至歇其旧业……是非设局急造轮船不为功……欲防海之害而收其利,非整理水师不可,欲整理水师,非设局监造轮船不可。泰西(指西方国家)巧而中国不必安于拙也,泰西有,而中国不能傲以无也……彼此同以大海为利,彼有所挟,我独无之,譬如渡河,人操舟而我结筏;譬如驶马,人跨骏而我骑驴,可乎?……谓我之长不如外国,藉外国导其先可也;谓我之长不如外国,让外国擅其能,不可也……轮船成,则漕政兴,军政举,商民之困纾,海关之税旺,一时之费,数世之利也。”②

该奏折是左宗棠设厂造船的纲领,除了在奏折中有力地阐明了制造轮船的必要性外,还提出了不少解决设厂造船在选址、建厂、购机器、雇外国工匠以及集资、驾驶、保养船等方面会遇到的种种困难的办法,乃至

---

① 《船政奏议汇编》卷一。

② 左宗棠:《试造轮船先陈大概情形折》,同治五年五月十三日,《船政奏议汇编》卷一。

预测到兴此非常之举后会引起多方面的非难和阻力，并在上述奏折中也一一加以驳斥。他认为福建海口罗星塔一带，较之江、浙、粤更宜建船厂。

对19世纪60年代以来清廷重臣有关雇、买轮船的行为，他在多种场合表示异议。他认为："借不如雇，雇不如买，买不如自造。"自造轮船可以打破外国侵略者垄断"长技"，而买船则有受外国支配的弊病。他指出"彼族嗜利之心无微不喻，其出售船只必先其旧者、敝者，或制作未能坚致……盖以彼之长傲我之短，以彼之有傲我之无，我固无如之何"[①]。只有改购雇为自行制造，才能打破西洋各国在轮船业方面的垄断地位。在左宗棠大声疾呼下，在福建设厂造船的倡议很快获清廷批准，左宗棠在1866年7月14日的上谕中说："中国自强之道，全在振奋精神，破除耳目近习，讲求利用实际。该督先拟于闽省择地设厂、购买机器、募雇洋匠、试造火轮船只，实系当今应办急务。所需经费，即着在闽海关关税内酌量提用……所陈各条，均著照议办理，一切未尽事宜，仍著详悉议奏。"[②]于是建设船厂的工程准备工作全面开展。他提出闽海关结款40万两为开办费，另由闽海关每月拨银5万两充常年经费。

左宗棠为"师夷长技"，不得不把法国人日意格、德克碑选定为建船厂的外国合作者，请他们分别任船厂正、副监工，一切建厂规划和筹办事宜均由他们承办。1866年9月，他与日意格订立了外国人员包建船厂的五年合同，其中明确规定外国人员监工是在船政大臣领导下管理船厂内工作的外国员工，并规定自船厂开工之日起以五年为限，"五年限满无事，该正、副监工及各工匠等概不留用"。日意格还立有"保约"："自铁厂开工之日起，扣至五年，保令外国船匠教导中国船匠，按照现成图式造船法度，一律精熟，均各自能制造轮船，并就铁厂家伙教会添造一切造船家伙；并开设学堂教习法国语言文字，俾通算法，均能按图自造。"[③]后来左宗棠离开福州前，明确要求"条约外勿说一字，条约内勿私取一文"[④]。通过合同，左宗棠把船厂的领导权紧紧地掌握在中国人手里。

当筹集船厂的工作正在紧锣密鼓地进行时，1866年10月14日，清廷下谕旨调任左宗棠为陕甘总督，闽省绅民百余人联名呈请福州将军英桂、福建巡抚徐宗干转奏清廷，创造轮船一事，机不可失，恳留左宗棠暂

① 《左文襄公全集》卷八。
② 《船政奏议汇编》卷一。
③ 中国史学会：《洋务运动（五）》，上海：上海人民出版社，1961年，第36页。
④ 《左文襄公全集·书牍》，第64页。

缓西行，俟我国工匠毕集，创建工作一有头绪，即移节西征。此请获清廷同意。

左宗棠在暂缓西行期间，加紧进行挑选建厂接班人的工作。他认为开局办船政是中国“自强”的第一要着，对清廷原拟令新任闽浙总督吴棠接班船政很不放心。经精心选择，他决定推荐丁忧在籍的前江西巡抚、林则徐的女婿沈葆桢来接替他。

沈葆桢办事素来认真，人亦公正廉明。左宗棠与英桂、徐宗干讨论后曾三至沈府商请，可沈葆桢却始终不肯答应，顾虑重重。为消除沈葆桢的种种顾虑，一方面左宗棠向日意格等说明，船政虽由沈葆桢负责，但他绝不置身事外，并向清廷奏请，凡船政奏折须左宗棠、沈葆桢联名，既让日意格满意，也使沈葆桢放心。另一方面，他不顾沈葆桢婉言谢绝，径自上疏推沈葆桢主持船政，并请清廷授予沈葆桢实际权力，“特命总理船政，由部颁发关防，凡事涉船政，由其专奏请旨”，并准其在母丧期满后到任。为保障船政经费，他又提出“其经费一切会商将军、督抚臣随时调取”[①]，主动扫除了沈葆桢接办船政的一切障碍。1866 年 12 月 3 日，清廷同意左宗棠的奏请，令沈葆桢出任船政大臣。1867 年 2 月 1 日再下谕旨，命沈葆桢“先行接办”“不准固辞”，于是沈葆桢只得于服阕前出任船政大臣。船政大臣的职务相当于督抚，且不受福建地方大吏的管辖。洋务运动中创办的所有工厂，都由各省督抚直接管辖，由其委派知府、道员一类中级官员任总办，唯独福建船政大臣是一个特例，他可直通清廷，其级别和权力超过所有工厂的总办，保证了船政嗣后活动的畅行无阻。

第二节　福建船政创建并开始制造轮船

一、1868 年 8 月福建船政工程建设基本完工

经过左宗棠的不懈努力，福建船政筹建工程于 1866 年 12 月 23 日在马尾山后坡动工。

该工程主要由船坞及学堂两部分组成，工程进展很快，当 1867 年 7 月沈葆桢上任时，基建工作已大体完成。1868 年 8 月，福建船政工程基本完工，计有衙、廨、厂、栈房等共 80 余所，占地 39.4 万平方米。船坞

① 左宗棠：《派重臣总理船政折》，《船政奏议汇编》卷一。

设在马尾山麓中岐处，前临闽江，群山西绕；中间平坦处，辟为船坞，周围延绵约 170 米。坞外三面绕有深壕，坞内临闽江处为铁船槽，其后设有翻砂车间、动力车间、机器安装车间、锅炉车间。在这批厂屋之后设锻造车间、轧材车间、广储所以及安放锻造物件的处所；之左设有制造仪表车间、小锻造车间、小轮机厂、打铜厂、木模厂、锯木车间、帆缆厂、炮厂以及面临闽江的 3 座船台的船厂，船台间还设有 4 座木料厂。船坞之北为局员办公厅、住宅、学校区，与船坞厂仅以一路相隔，船政大臣衙门（办公厅正门，见图 12-1）、船政学堂、外国员工住宅、工人宿舍、考工所及通事房均在其中。图 12-2 为福建船政局全图。

图 12-1　福建船政办公厅正门

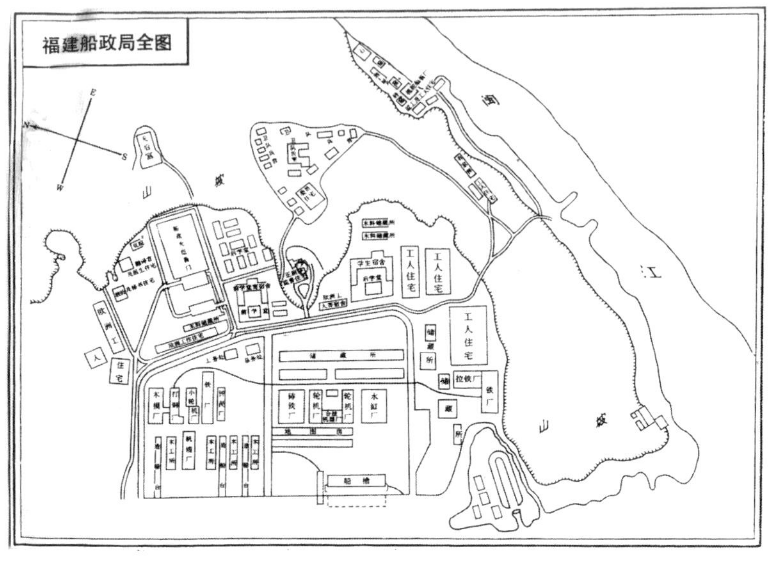

图 12-2　福建船政局全图

二、1869 年 9 月第一艘轮船"万年清号"建成

在船坞厂建设过程中，福建船政于 1868 年 1 月 18 日即开始建造木壳轮船，沈葆桢亲自为之安装了第一根龙骨。建造木壳轮船需要大批木材，仅操办造船用木材一事，福建船政就花了近一年时间，可见当时建造轮船的开创工作的艰辛。闽地杉木质地轻且松，用作船材不足以抗击风浪。最适用者是柚木，盛产于暹罗，船政即派员赴暹罗、仰光各处，购置南洋柚木。至 1868 年 12 月 6 日和 8 日，第三船、第四船暹罗木材陆续到达。于是第一号轮船的船壳建造进度得以加快。

在法国工匠的指导下，一切如法，按船体型线图放样，按施工图铆接骨架，然后就是船壳装配合拢。在船壳曲率变化较大的部位，船板与骨架的连接处接触不太吻合，封钉非易，特别是尾肋。于是该法国工匠等创设木蒸汽桶一座，木板于桶中蒸 2 小时可柔韧如牛皮，然后钉船肋，便可曲折随心。船壳造好后，再安装铁肋横梁，布设各层舱板搭盖上层建筑，安装锅炉、蒸汽机、排气铜管、螺旋桨、船舵和桅帆等。

经过近半年的加速施工建造，1869 年 6 月 10 日举行了福建船政制造的第一艘轮船的下水典礼，沈葆桢率提调周开锡等局员亲临现场。轮船下水时，十分平稳，"微波不溅，江岸无声。中外欢呼，诧为神助"①。该轮船得名"万年清号"。

轮船下水后，经工匠昼夜苦干，安置火炮并装修内部等。收尾工作于 1869 年 9 月中旬结束。沈葆桢与日意格于 9 月 25 日登船试航，该船管带贝锦泉等 80 名驾驶兵丁就位，"万年清号"起锚登程后，次日驶出闽江，进入大洋，正值东北风大作，涛声甚壮、逆风冲潮、白浪滔天、起落如山。于大洋中，沈葆桢令"将船上巨炮周回轰放，察看船身，似尚牢固，轮机似尚轻灵，掌舵，管轮、炮手、水手人等尚进退合度"②。江南机器制造总局建造的第一艘轮船下水时，不论驾驶还是管轮均雇用外国人，而"万年清号"下水时船员中竟无一外国人，均由中国人自己操驾。这也反映出左宗棠、沈葆桢在建厂过程中强调"权自我操"原则的一个侧面。轮船在大洋中由正东转向福宁洋面，绕南竿、北菱各岛而归，试航取得圆满成功。

福建船政建造的第一艘轮船"万年清号"是一艘木壳兵商两用轮

---

① 《船政奏议汇编》卷六。

② 《船政奏议汇编》卷六。

船，船长76.2米，宽8.9米，型深5.12米，吃水4.54米，载重量450吨，排水量1 370吨，主机系购自英国的单杠往复式蒸汽机，功率432千瓦（580马力），螺旋桨推进，转数80转/分，备有风帆助推（风帆总面积953平方米），锅炉2台（锅炉压力2.75×10^5帕），火炮4门，航速12节，全船造价16.3万两白银。不论吨位还是功率，“万年清号”都大大超过同时期日本仿造的“千代号”或“清辉号”等由螺旋桨推进的蒸汽机船。“千代号”的排水量仅138吨，约为“万年清号”排水量的1/10，其功率64马力，较之“万年清号”的功率小得多。1865年，日本虽在横滨、横须贺设立船厂，但只是“先试造航行于河港内的小火轮”①而已。

第三节　福建船政是中国近代造船工业基地

根据左宗棠建厂时原先的造船计划，在法国工匠帮助建厂的5年内，将建造15艘兵船，其中5艘是320马力的小号兵船，10艘是580马力的大号兵船。继“万年清号”之后，到1870年年底，福建船政已陆续建成“湄云号”“福星号”（见图12-3）两艘小号兵船，一艘“伏波号”大号兵船（见图12-4）。

图12-3　“福星号”兵船（采自姜鸣《隆起飘扬的舰队》）

图12-4　“伏波号”兵船（采自姜鸣《隆起飘扬的舰队》）

① 胜安芳：《大日本创办海军史》卷二十三，第199页。

一、中国自己制造的蒸汽机欣然问世

经过近两年的建造实践,船政的工匠们对于兵船木壳的建造已经驾轻就熟,但兵船主机均购自外洋。为了改变这一状况,沈葆桢决心要仿制580马力蒸汽机。蒸汽机的制造工艺流程比较复杂。首先要把整台蒸汽机部件按尺寸缩画成图式,再在木模厂按设计图纸制成放大样,经铸铁厂、打铁厂打铸成器,轮机厂刮磨、合拢,最后在锅炉车间打造至与各节铜管镶配。成胚、车光、校准、刮磨、合拢的各工序都有十分严格的操作规程,对各部件和整机的安装均有极为苛刻的精度要求。580马力蒸汽机的仿制工作由1870年8月开始,经厂内法国技术人员的指导,中国工匠的精心制造,经过10个月的努力,福建船政自制的第一台蒸汽机问世。这是一台双气缸竖式蒸汽机,功率432千瓦(580马力),锅炉压力达2.76×10^5帕(约2.76个大气压)。该台蒸汽机的仿制成功在中国的机器制造史上具有重要意义。它的工艺水平不亚于当时先进造船国家的工艺水平。19世纪曾参观福建船政并且亲眼看见该台蒸汽机制造流程的一个英国人认为,这台蒸汽机的“技艺与最后的细工可以与我们英国自己的机械工厂的任何出品相媲美而无愧色”①。该台中国自制的蒸汽机安装在福建船政建造的第5号兵船“安澜号”上,其排水量为1 258吨,航速10节,并于1871年6月下水。

二、大马力多炮位“扬武号”巡洋舰建造成功

鉴于福建船政最先建造的6艘兵船功率小、炮位少,而兵船的威力在于“炮位多而马力大,故能于重滔巨浪之中,纵横颠簸,履险如夷,制胜(才)确有把握”。为此,福建船政又注意到外国兵船发展这一动向,决定加大功率,通过日意格向法国订购了1 130马力的主机一台,于1872年建造了一艘特大号兵船——“扬武号”(见图12-5和图12-6)。该兵船为铁肋木壳,长60.8米、宽11.5米、型深6.73米、吃水5.7米,排水量1 560吨,航速12节,设有三桅,桅上竖以横帆,风帆总面积1 804平方米;主机为新型卧式蒸汽机,功率842千瓦(1 130马力),转速82转/分;有锅炉4台,锅炉压力4×10^5帕,烟囱分3节,可升降,有利于避敌。该兵船共装备10门新型前膛炮,其中最大一门是6吨旋转炮,

① 寿尔:《田凫号航行记》,1875年3月,见石健:《中国近代舰艇工业史料集》,上海:上海人民出版社,1994年,第412页。

置于前桅之后，可发射 68 千克的炮弹，其余 9 门均重 3.5 吨，前甲板 2 门，船尾 1 门，左右两舷共 6 门，可发射 32 千克的炮弹；全船可容纳 200 余人。这是当时在法国技术人员指导下建造的最大兵船，其大炮装备，在口径和数量上均超过了前 6 艘，属国外二等巡洋舰。[①] 全船造价 25.4 万两，由于造船经费昂贵且建造周期较长，在外国员工帮助建厂的 5 年期内，第 8 号兵船之后的各艘船仍只能按原计划建造。即使这样，5 年内船政花去各类费用已达 500 多万两，超支 200 万两。显然，通过自制蒸汽机及大马力、多炮位“扬武号”巡洋舰的建造，福建船政的造船技术有了显著的进步。

图 12-5　“扬武号”兵船（采自《中国近代海军史事日记》）

图 12-6　马江之战中的“扬武号”（采自《点石斋画报》）

① 石健：《中国近代舰艇工业史料集》，上海：上海人民出版社，1994 年，第 9 页。

三、福建船政是中国近代造船工业基地

(一)船局风波大论战

福建船政造船活动在取得可喜进展的重要时刻,却受到来自各方的责难。1872 年年初,内阁学士宋晋首先发难,他上奏清廷认为:“闽省连年制造轮船,闻经费已拨用至四五百万,未免靡费太重。此项轮船,将谓用以制夷,则早经议和,不必为此猜疑之举,且用之外洋交锋,断不能如各国轮船之利便,名为远谋,实同虚耗。”①他建议立即停办福建船政,停止江南机器制造总局的造船活动。

为此,左宗棠上疏力陈必须继续造船。他认为:“此举为沿海断不容已之举,此事实国家断不可少之事”,绝不可“功败垂成”“国家旋失自强之远图”。②

李鸿章权衡洋务运动的利弊得失后也上疏指责宋晋等辈为:“士大夫囿于章句之学,而昧于数千年来一大变局,狃于目前苟安,而遂忘前二三十年之何以创钜而痛深……求省费则必摒除一切,国无与立,终不得强矣。左宗棠创造闽省轮船,曾国藩饬造沪局轮船,皆为国家筹久远之计,岂不知费巨而效迟哉。惟(唯)以有开必先,不敢惜目前之费以贻日后之悔……苟或停止,则前功尽弃,后效难图。”③

沈葆桢更是在丁忧服丧期间破例上疏:“窃以为不特不能实时裁撤,即五年后亦无可停,所当与我国家亿万年有道之长永垂不朽者也。”④

左宗棠、李鸿章、沈葆桢的全力坚持,终于使清廷下旨,不同意裁撤闽、沪两局的造船活动,“自强”运动才免于夭折。为了缓和朝臣的反对情绪,沈葆桢奏准由船政暂造 4 艘商船,以便各省出资认领,以缓解造船经费不足的压力。但以后仍续造兵船,以不失力图“自强”之本意。

---

① 宋晋:《船政虚耗折》,同治十年十二月十四日,见中国史学会:《洋务运动(五)》,上海:上海人民出版社,1961 年,第 105 ~ 106 页。

② 左宗棠:《船政自强要着折》,同治十一年三月二十五日,见中国史学会:《洋务运动(五)》,上海:上海人民出版社,1961 年,第 110 ~ 113 页。

③ 李鸿章:《筹议制造轮船未可裁撤折》,同治十一年五月十五日,见中国史学会:《洋务运动(五)》,上海:上海人民出版社,1961 年,第 127 页。

④ 沈葆桢:《船政不可停折》,见中国史学会:《洋务运动(五)》,上海:上海人民出版社,1961 年,第 113 ~ 117 页。

（二）船政学堂毕业生成功设计制造的“艺新号”

1874 年，船政与日意格签订的 5 年合同期满，大多数外国员工回国。在此期间，船政共建成 11 艘兵船、4 艘商船，第 16 艘兵船“元凯号”正在建造中，圆满完成了左宗棠制订的第一期造船 15 艘的计划。经过 5 年的造船实践，船政的中国员工均掌握了建造技术。1875 年，在职的船政前学堂毕业生吴德章、罗臻禄、游学诗、汪乔年等献出自绘的 200 马力的船体机器各图，禀请试造，深得沈葆桢的赞赏和鼓励。这艘近代蒸汽机船的蒸汽机轮机和锅炉图纸由汪乔年测算绘制，船体图则由吴德章等三人共同测算绘制。其锅炉、主机均布置在船之吃水线之下，以策安全。自 1875 年 6 月安置龙骨，到 1876 年 3 月下水，前后不到一年。因该木壳兵船的建造“并无蓝本”，系中国人自己设计，故定名为“艺新号”。1876 年 6 月，“艺新号”由管驾千总沈有恒和吴德章、汪乔年等驶出五虎门外试洋，证实船身坚固、轮机灵巧。时任船政大臣的丁日昌对“艺新号”自行设计建造的成功评价很高，他会同两江总督沈葆桢上奏清廷时说：自 13 号轮船“‘海镜’以下等船虽系工匠放手自造，皆仿西人成式，唯艺童吴德章等独出心裁，克著成效，实中华发轫之始”①。“艺新号”的制造成功，是福建船政由外国员工助造过渡到中国员工自造的里程碑。

（三）紧跟世界新潮建造铁肋船并使用卧式康邦蒸汽机

福建船政局在造船技术上紧跟当时西方的技术进展。例如，西方在 1850 年开始盛行铁木混合结构船，也称为铁肋船，福建船政在 1876 年就着手制造铁肋船。在蒸汽机的选用和试制上也是如此。1876 年，福建船政就曾向国外购买较新式的省煤的康邦轮机。康邦轮机，即复合式的多汽缸，蒸汽可多次膨胀的两缸或三缸蒸汽机，机器效率较高、功率也较大。

1877 年 5 月，福建船政的第 20 号船“威远号”（见图 12-8）下水，这是第一艘铁肋船，排水量 1 268 吨，功率 750 马力，航速 12 节，安装的正是购自英国的卧式康邦蒸汽机。1878 年 6 月，福建船政的第 21 号船“超远号”下水，这是第二艘铁肋船，其排水量、功率和航速均与第 20 号船相同。

---

① 《船政奏议汇编》卷十三。

(四)巡海快船“开济号”以及钢质钢甲巡洋舰“龙威号”的建造

1882 年,由船政学堂派遣去欧洲学习的留学生魏瀚、杨廉臣、李寿田等学成归国。由他们监造的我国历史上吨位最大、航速最高的铁肋巡海快船(即巡洋舰)“开济号”(见图 12-7),于 1883 年 1 月 11 日下水,同年 11 月 10 日完工。该船长 85 米,宽 11.5 米,型深 8.1 米,吃水 5.85 米,排水量 2 200 吨,双蒸汽机共 2 400 马力,航速 15 节。船的前后左右各置炮 10 门,每门炮均可旋转轰击。船首水线下设碰船钢刀,用来冲击敌舰。“开济号”的建成,表明中国在造船技术上与西方的差距在缩短。

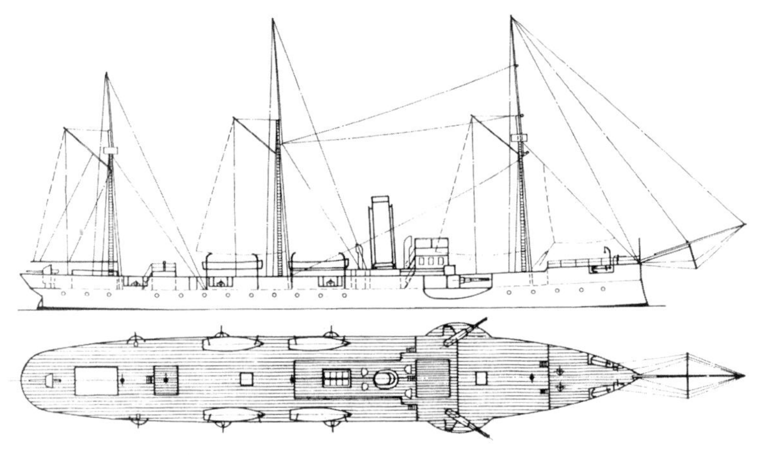

图 12-7　第一艘铁肋双重木壳巡洋舰“开济号”

第一艘巡洋舰“开济号”拨归南洋水师后,得到两江总督左宗棠的重视,决定再订造两艘,分别为第 2 号快船与第 3 号快船。第 2 号快船“镜清号”于 1885 年 10 月下水,1886 年 8 月建成。第 3 号快船“寰泰号”则于 1886 年 10 月下水,1887 年 8 月建成。“镜清号”与“寰泰号”装设具有减摇作用的舭龙骨,日后船行更稳且不颠簸。

1886 年 12 月 7 日,在当时任福建军务大臣的左宗棠等人的促使下,我国第一艘钢质钢甲巡洋舰“龙威号”(见图 12-8)开始安放龙骨,由魏瀚备料监造,1888 年 1 月 29 日下水,1889 年 5 月 15 日建成。该舰长 60 米,宽 12.2 米,深 6.8 米,吃水 3.99 米,排水量 2 100 吨,双蒸汽机共 2 400 马力,航速 14 节,配有 260 毫米主炮 1 门,120 毫米炮 3 门,鱼雷发射管 4 具,军舰前段装甲厚 5 英寸(1 英寸等于 0.025 4 米),后段装甲

6 英寸，机舱、炮台装甲厚 8 英寸。[1]“龙威号”的建成，标志我国科技人员的造船技术达到了一个更高的水平。

图 12-8　我国第一艘钢质钢甲巡洋舰“龙威号”

“龙威号”的造价为 52.4 万两白银，是当时由我国自己建造的武器装备最优良的兵船。“其船式之精良，轮机之灵巧，钢甲之坚密，炮位之严整”[2]，超过以往建造的所有兵船。该船建造成功后，“外国师匠入厂游观，莫不诧为奇能，动色相告”[3]。

1890 年，“龙威号”以其优良的性能、强大的火力编入北洋海军，改名“平远号”，成为北洋海军“八大远”中唯一的国产巡洋舰。甲午战争我国失败后，“平远号”归日本所有并由其修复使用。图 12-8 为采自日本的资料图片，船首有日本太阳旗，船尾有日本海军旗。

福建船政为修理舰船的需要，1888 年奏请在罗星塔下青州地方建新船坞，历时 5 年建成。船坞长 38 丈，宽 10 丈，深 2.8 丈，当时国内的大型舰船皆可进坞修理。图 12-9 为石船坞的照片。

---

① 姜鸣：《中国近代海军史事日记(1800—1911)》，北京：生活·读书·新知三联书店，1994 年，第 154、304 页。

② 《船政奏议汇编》卷三十七。

③ 《船政奏议汇编》卷三十四。

图 12-9　1888 年在罗星塔下青州地方所建的长 38 丈的石船坞

19 世纪 80 年代后期，应两广总督张之洞的要求，福建船政为两广有偿建造军舰若干艘。这批新军舰采用了“穹甲”新技术建造。所谓“穹甲”者，内用铁肋，外加穹甲一层，可保护轮机舱、锅炉舱、弹药舱等舱室，也可冲击敌舰。1889 年 8 月 26 日下水的“广乙号”即为第一艘“穹甲”舰（见图 12-10），长 73.3 米，宽 8.4 米，型深 6 米，吃水 3.9 米，排水量 1 030 吨，铆接结构，采用 2 400 马力卧式康邦蒸汽机，航速 14 节，其航行的稳定性和操纵性均优。该船是魏瀚根据国外新式兵轮图式仿造的。“广乙号”之后，中国轮船建造大都采用钢壳铆接工艺技术。双机钢甲舰“龙威号”和穹甲快船“广乙号”，集中反映了 19 世纪八九十年代中国舰船工业的最高水平。

19 世纪 80 年代，是福建船政兴旺发达时期。魏瀚、郑清廉、李寿田、杨廉臣等学成归来的学生成为船政局的中坚。当时的船政大臣裴荫森称赞说：“该学生等于制造之学研虑殚精，不特创中华未有之奇能，抑且骎骎乎驾泰西而上之。”①

福建船政自 1866 年创建以来到 1894 年甲午战争前，共建造了33 艘兵商轮船，是晚清时期中国近代船舶和舰艇工业的基地。光绪二十四年（公元 1898 年）戊戌，光绪帝诏定国是，变法图强。7 月 29 日，清廷以筹造兵船为自强之计，命各省如数解拨福建船政经费总计 170 余万两银。

① 姜鸣：《龙旗飘扬下的舰队——中国近代海军兴衰史》，上海：上海交通大学出版社，1991 年，第 220 页。

然而不久后慈禧发动政变,废除一切新政,戊戌变法失败,拨给船政的款项大部分被挪作荣禄的拱卫京畿部队的军费,给船政造成极大困难。1907年,陆军部奏准福建船政暂行停办。

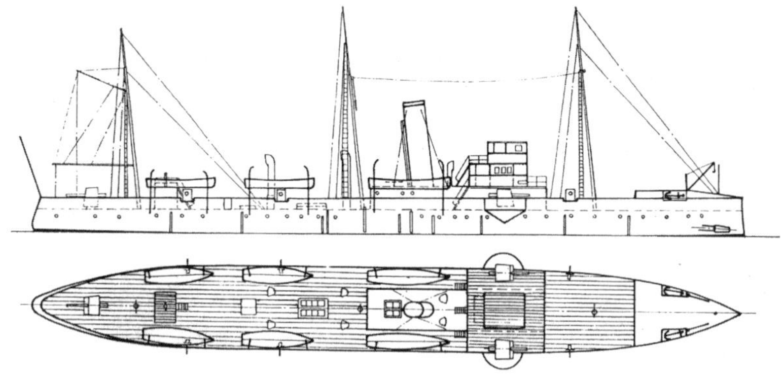

图12-10　福建船政为广东建造的钢壳钢甲巡洋舰"广乙号"
(采自《中国近代海军史事日记》)

第十三章　洋务运动中其他官办造船机构

肇始于19世纪60年代，长达30年之久的晚清洋务运动把造船铸炮作为其“师夷长技以制夷”最主要的活动。在这一时期，洋务运动的领袖创建了一批官办船厂和军工厂，与造船有关的有四局二坞，其中除江南机器制造总局（沪局）和福建船政（闽局）外，还有天津机器局、黄埔船局、大沽船坞和旅顺船坞。

第一节　天津机器局以及北洋水师大沽船坞

一、天津机器局及其特种船舶的建造

天津机器局是清政府饬令三口通商大臣崇厚创办的一所大型军事工厂，于1867年正式成立。1870年李鸿章任直隶总督，接办该局。天津机器局分东西两局。西局在城南海光寺，制造枪炮并修理轮船；东局在城东贾家沽，制造火药子弹。北洋水师学堂、水雷学堂、电报学堂都与东局毗邻。天津机器局修造船虽不多，但却以制造特种船著称。最令人瞩目的是该局在1880年曾制造过潜水艇，时称“水底机船”，形似橄榄，入水半浮水面，“若涉大洋，能令水面一无所见，而布雷无不如意，洵摧敌之利器也”①。在当时能制造这类特种船，实属难能可贵。此外，该局于光绪初年还制成挖泥船；在1880年和1881年，还制成两艘20米长的布雷艇和一套由130只小舟组成的舟桥。

二、北洋水师大沽船坞的创办及其业绩

1880年1月，李鸿章奏请光绪帝批准，兴建大沽船坞，以解决北洋水师的修船问题。大沽船坞的概况如表13-1所示。②

---

① 石健：《中国近代舰艇工业史料集》，上海：上海人民出版社，1994年，第478页。

② 宋宏修、周忠英：《北洋水师大沽船坞及其历史贡献》，《船史研究》1987年总第3期，第95页。

表 13-1　大沽船坞概况

坞号	建造年份	主尺度(英尺)	进坞船舶吨位	结构
甲	1880 年	320×90×20	2 000	板基,土质坞门
乙	1884 年	350×80×17	1 500	板基,土坞坝坞门
丙	1884 年	350×83×16	1 500	土基,土坞坝坞门
丁	1885 年	300×83×14	300	板基,土坞坝坞门
戊	1885 年	170×100×7	小型浅水轮船只	土基,土坞坝坞门

1886 年,北洋水师又建造了土坞两道,以供收泊蚊艇(即炮艇)避冻及修船使用;1900 年,遭八国联军洗劫,仍建有各种船只 8 艘;1909 年,完成了将购自英国的驱逐舰"飞霆号"改装为炮舰的工程且试航成功,时速达 19 海里。清政府派海军大臣载洵、副大臣萨镇冰专程来坞视察。大沽船坞作为我国北方最早、最大的造船中心,在修理大型海军舰只、造船方面,发挥过重要的历史作用,还为我国北方培养了一批技术人才和技术工人。

1913 年,大沽船坞改名为海军大沽造船所。1915—1925 年,北洋水师曾建造"安澜""静澜""海达"等多艘船,还造有"靖海""镇海""海鹤""海燕"等军用炮舰。1919 年,其职工达 1 600 人。

北洋政府期间,政局动荡,海军大沽造船所十余年间所长易人达 15 次之多,每次更迭,物资均遭劫夺;1929 年 2 月,因经费困难而停工。1930 年,张学良东北易帜,奉军进驻平津,工厂复工。1935 年,宋哲元主政华北,工厂以修造枪炮为主业,职工又达 1 400 人。

1945 年 8 月,日本投降后,南京政府海军部派人接管海军大沽造船所,竟将器材盗卖一空。1946 年 5 月,海军部又改派邱某接管海军大沽造船所。1946 年 10 月,海军大沽造船所始复工,职工约 350 人。1948 年,中华人民共和国成立前夕,经邱所长督促技工,由军舰将各重要机床、工具、材料等 1 000 吨运往长山岛,另行建筑海军修船厂,还掳去各厂技工数十名。至此,海军大沽造船所损失殆尽。

第二节　黄埔船局的变迁及其造船活动

一、从黄埔船坞到黄埔船局的变化

1866—1868 年,两广总督瑞麟向英、法两国购买"澄波"等巡缉兵船

7 艘。1873 年瑞麟委任在籍候选员外温子绍为总办,在广州城南文明门外集贤坊兴工创办广东军装机器局,次年开局。[①] 为扩大军火生产规模,1875 年 7 月又在广州西门外增设军火厂,1878 年 6 月竣工,该厂以仿制洋枪洋炮火药为主,还兼造轮船,之后改称军火局。[②]

1876 年,两广总督刘坤一以 8 万元购买了香港黄埔船坞公司在黄埔的全部坞厂。[③]当时除了原于仁船坞坞址用于开办西学馆外,其余两座石坞(柯拜船坞、录顺船坞)均用以扩充广东军装机器局,用以修造本省轮船。

1884 年 5 月,张之洞调任两广总督。他到任不久,即积极扩充广东军装机器局,筹办粤洋海军。1885 年年初,在机器局的黄埔船坞开设黄埔船局。1885 年冬季,黄埔船局完成“广元”“广亨”“广利”“广贞”4 艘浅水炮艇的制造。4 艘炮艇长 33.55 米,宽 5.5 米,深 2.6 米,吃水 2.3 米,装 2 台卧式康邦蒸汽机,65 马力者航速 7.6 节、78 马力者航速 8.7 节,取铁肋木壳,配炮 5 门。1887 年,从德国购进设备、材料,在船局装配水雷艇 9 艘。在 1887 年和 1888 年,黄埔船局又先后完成“广戊”“广已”2 艘浅水炮舰的制造,其长 45.72 米,宽 6.1 米,吃水 2.13 米,装卧式康邦蒸汽机,功率 400 马力,航速 10 ~ 12 节,取铁肋木壳,配炮 6 门。到 1890 年和 1891 年,黄埔船局又先后完成“广金”“广玉”2 艘铁甲炮舰的制造,其长 45.72 米,宽 7.3 米,吃水 2.9 米,双机 500 马力,航速 10 节,配炮 5 门。

黄埔船局在民国期间的 1915—1916 年,曾为广东海军建造“东江号”“北江号”浅水炮舰 2 艘。1916 年,黄埔船局由广东实业厅接管,改称黄埔船厂。1921 年以后,两座石坞长期失修,漏水严重,先后停用,泥坞也崩塌废弃。1925 年厂务工作停辍。1931 年,黄埔船厂部分设备拆迁到海军广南造船所。这广南造船所是航商谭毓秀创于 1914 年的广南船坞。1934 年,有关方有将黄埔船厂扩建为可以建造万吨级船舶的广东造船厂的计划并进行筹备,1936 年年初工程停止,筹备处裁撤。

“民国 27 年(公元 1938 年)10 月,广州沦陷,该厂被日军饭岛部队

① 瑞麟、戴肇辰等修,史澄等纂:《设机器局片》,《广州府志》卷六十五《建置略》,第 3 页。

② 《疏奏》卷十三,见《刘坤一遗集(第一册)》,北京:中华书局,1959 年,第 464 ~ 465 页。

③ 孙毓棠:《中国近代工业史料集(第一辑:1840—1895 年)》,北京:科学出版社,1957 年,第 457 页。

抢占。民国28年转给日本垄断资本‘福大公司’，批量生产10马力及7.5马力单缸柴油机，供日式木艇使用。”①

二、广东军装机器局总办温子绍的贡献

广东军装机器局创办时，由温子绍任总办。他亲自赴香港购置机器设备，仿照外洋造法，试制枪炮火药和修造轮船。1881年9月，仿造成功的浅水炮艇“海东雄号”可操纵自如，且可洞穿敌人的铁甲兵船，俗称蚊子船。该炮艇所需工料费只有外购费用的四分之一。②《清史稿·兵志》记有：“（光绪）六年（公元1880年），江督刘坤一疏言：蚊炮船购自外洋费巨，而炮位过重。请由粤自造木壳船，丈尺与包铁者同……先造二艘，以备守口之用。”

广东机器局及其后的黄埔船局，论规模虽不及江南机器制造总局和福建船政，也无外国员工，但仍能取得使外国人难以置信的成绩，这不能不归功于总办温子绍。温子绍不仅在造械、造船方面做出了不可磨灭的功绩，还为培养近代技术工人做出了重要贡献。

第三节　旅顺船坞及大连修造船工厂

一、北洋水师旅顺船坞

北洋水师在订购“定远”“镇远”这两艘长达90.95米、排水量为7 335吨的大型铁甲舰后，为满足进坞检修的需要，建筑大型船坞随即提上议事日程。李鸿章于1880年选定旅顺要塞筑港建坞，次年，设旅顺工程局，统筹筑港，动工兴建坞厂、炮台、局库等工程设施，后因工程浩大而屡建屡停。直到1886年，旅顺港坞厂库未完工程交由上海法兰西银行介绍的法商德威尼承包，议定造价125万两白银，工期30个月，保固10年。后因增加一些工程，延期半年，到1890年11月9日竣工，实付白银139.35万两。“所筑大石坞，长四十一丈三尺（137.6米），宽十二丈四尺（41.3米），深三丈七尺（12.6米），石阶、铁梯、滑道俱全。坞口一铁船横栏为门（见图13-1），全坞石工俱用山东大方石，垩以西洋塞们德

① 广东省地方史志编纂委员会：《广东省志·船舶工业志》，广东：广东人民出版社，2000年。

② 李春潮：《广东机器局机器总办温子绍》，《船史研究》1987年总第3期，第69页。

土(水泥),凝结坚实。实堪为油修铁甲战舰之用。”①该坞当时曾号称东洋第一坞,为世人瞩目。北洋水师的“镇远”“济远”等舰均曾入坞检修。

图 13-1 旅顺船坞厂门

1894 年,中日甲午战争爆发,船坞被日军占领一年。“三国干涉还辽”后由中国赎回。1897 年俄国侵占旅顺、大连,船坞被占领。1905 年,日俄战争中俄国败北,船坞被日本侵占并受日本海军管辖,易名为日本旅顺海军修理厂。

旅顺船坞在历史上进行过 3 次大的改造:第一次是在竣工后,为消除漏水现象而进行的维修工程;第二次是在俄国占领时期,为修大型装甲舰和巡洋舰,将船坞加长 40 米;第三次是在日本占领时期的 1910—1914 年,开阔了大坞口,改建了抽水机房。

1922 年 12 月,旅顺海军修理厂由日本海军租赁给南满洲铁道株式会社(满铁),成为满洲船渠株式会社的旅顺工厂,并开始大量修造商船,为日本掠夺中国资源提供运输条件,同时,还承修了日本海军和中国北洋军阀的一些军用舰船。1936 年年末,旅顺工厂又归日本海军要港司令部管辖。1937 年,旅顺工厂改名为日本海军工作部。日本投降前,该海军工作部占地 14.6 万平方米,有大小船坞各 1 座,3 000 吨级船台 1 座,设机械、装配、锻造、铜工、铸造、木工、铁船、制罐、剪刨、模型、电

① 赵尔巽:《清史稿 · 兵志》,见上海古籍出版社、上海书店:《二十五史》,上海:上海古籍出版社、上海书店,1986 年,第 9 326 页。

器、小型蒸汽船等共 13 个车间,共有机器设备 122 台。

1945 年 8 月 22 日,根据当时中苏两国政府的一个条约,由苏军接管旅顺船坞。1946 年 1 月,旅顺船坞改称为海军 102 工厂,隶属苏联太平洋舰队。其主要任务是修理苏联商船和太平洋舰队的舰艇。直到新的《中苏友好同盟条约》签订之后的 1950 年旅顺船坞才由中国完全收回。

二、中东铁路公司所属的大连修造船工厂

1898 年 3 月 27 日,俄国政府强迫清政府签订不平等的《中俄旅大租地条约》,接着俄国政府即着手筹建大连商港以及为其配套的修造船工厂。5 月 22 日起,中东铁路公司在大连湾地区进行实地勘测,以大连湾西南角的青泥洼海滨为址,6 月 10 日起,拓建修造船工厂。到1902 年年底第一期工程结束时,轮船修理工厂已略具规模,3 000 吨级船坞已建成(见图 13-2),其长 116 米,底宽 13 米,深 7.6 米,两开式扉门,并配备有电动排水泵。凡吃水深度不超过 5.5 米,3 000 吨级以下的船舶均可入坞修理。

图 13-2　建成于 1902 年的 3 000 吨级船坞

修船工厂的第二期工程主要是建设长度为 183 米的船坞及一些配套工程,虽已开始挖土方工程,后因爆发日俄战争而未建成。1904 年 5 月28 日,日本侵略军进占大连,并接管了被俄国遗弃和破坏的大连修

造船工厂。1906 年,日军成立旅顺海军工作部,大连修造船工厂转属该部。1906 年 11 月,日本仿照俄国的模式,成立南满洲铁道株式会社(以下简称满铁)。1907 年 4 月,满铁从海军手上接管大连修造船工厂,"一年之后,满铁将该修造船厂'出租'给日本神户株式会社川崎造船所"[①]。

1912 年,该所建成创建以来第一艘大型钢质船,即排水量为 419 吨的挖泥船"台出丸"。

"1913 年 3 月 26 日,应满铁的要求,川崎大连出张所开始扩建 3 000 吨级船坞……1914 年 3 月,扩建工程竣工,共耗资 115 328 日元,扩建后的船坞为 5 000 吨级"[②],坞长 132 米。随着生产力的发展,逐次扩建了机械、锻造车间及其他陆上设备,扩建后的川崎大连出张所占地面积 30 679 平方米,拥有电动设备 370 千瓦,气动设备 22 千瓦。常年职工人数约 400 人。到 1922 年,年坞修船 80 艘,造小型船 10 艘。

满铁从 1922 年年末到 1923 年年初,先后承租了日本海军的旅顺工厂并收回了川崎大连出张所,于 3 月 31 日创建了满洲船渠株式会社(以下简称满船),下设大连和旅顺两工厂。1931 年 9 月 18 日,日本帝国主义悍然发动九一八事变,大连汽船株式会社(以下简称大汽)急于吞并不景气的满船,并以承揽伪满洲国的军需品订货为契机,来摆脱不景气的境况。

"1937 年 8 月 1 日,满铁将大连工厂从大汽中分离出来,成立了独立经营的大连船渠铁工株式会社。这是日本帝国主义统治大连船渠 41 年来最'繁荣'的时期。"[③]为了满足侵华战争和太平洋战争的需要,1938—1944 年,先后经过 3 次扩建,已拥有 3 座 4 000 吨级以下船台、6 000吨级和 8 000 吨级船坞各 1 座,工人约 5 000 人。该船渠的设计纲领是:年建造 3 000 吨级 D 型战时标准船 9 艘,修船 10 万吨。1942—1945 年,建造了 3 000 吨、3 850 吨、4 500 吨和 8 100 吨 4 种型号的战时标准船 11 艘。5 艘 4 500 吨级的货船,从船开工到交船,基本上都只用了 6 个月的时间,这充分反映大连船渠铁工株式会社完全进入了日本战时经济发展的轨道,也表现了该造船企业的生产能力。

---

① 《大连造船厂史》编委会:《大连造船厂史(1898—1998)》,1998 年,第 13 页。

② 《大连造船厂史》编委会:《大连造船厂史(1898—1998)》,1998 年,第 17 页。

③ 《大连造船厂史》编委会:《大连造船厂史(1898—1998)》,1998 年,第 42 页。

"1945 年 8 月 25 日，苏军依据 1945 年 2 月 11 日苏、美、英三国首脑签订的《雅尔塔协定》，及同年 8 月 14 日苏联政府同中国国民政府签订的《关于大连之协定》《关于旅顺口之协定》《关于中国长春铁路之协定》所获得的特殊权益，正式接管由日本统治的大连船渠铁工株式会社。将其作为苏联政府在远东的一个船舶修理基地，易名为大连船渠修船造船机械工厂，隶属于苏联海运部，直到 1950 年年末。"①

"1951 年 1 月 1 日，中国政府根据中苏两国政府 1950 年 2 月 14 日签订的《中苏友好同盟条约》《中苏关于中国长春铁路、旅顺口及大连的协定》，接收了苏联临时代管的大连船渠修船造船机械工厂，将其易名为大连船渠工厂，隶属于中国重工业部。"②

1951 年 7 月，根据协议，中苏两国在大连创办"中苏造船公司"，直到 1954 年年底。在中苏合营的三年时间里，工厂在生产、技术、管理和人才培养等方面都有很大发展，对造船厂产生了深远的影响，使大连造船厂成为中国最大的造船企业之一。

---

① 《大连造船厂史》编委会:《大连造船厂史（1898—1998）》，1998 年，第 83 页。

② 《大连造船厂史》编委会:《大连造船厂史（1898—1998）》，1998 年，第 111 页。

第十四章　江南船坞的崛起与福建船政的衰落

第一节　1905年江南船坞宣告独立并在改革中崛起

比福建船政早创建一年的江南机器制造总局的造船活动早在1879年就差不多已经停止了,船坞闲置长达20多年。甲午战争后的10年,战乱不断,中国官办近代造船工业面临衰退的危机,为此清廷派员先后到闽局和沪局调查,以图振作。

“1904年冬,两江总督周馥衔命过沪,亲赴制造局考察一切,以船坞为造、修兵轮而设,日久偏废,几同虚设,实为振兴海军之障碍,非筹议改良不足以扫积习,非仿造商办不足以挽利权……时总理南、北洋海军提督叶祖圭驻节沪上,乃相与筹议整顿之方,将船坞与制造局划分,暂借江安粮道库银2万两为开办费,另派大员专管,仿照商坞办法,常年经费自行周转,以期工归实用,费不虚糜。”①

一、江南船坞宣告独立

1405年4月,江南机器制造总局实行局坞分立,成立江南船坞。按《局坞划分章程》,“凡与船坞相因之轮船、机器、锅炉、熟铁、木工、锻造等厂,一律划拨接收…… 自东至西之江岸码头,也均归船坞接管”。江南船坞占地4万平方米,有100米长的泥坞1座,各厂共有大小厂屋265间,还有栈房5所,华洋式住房14所。②江南船坞的场地及设备规模远较当时的福建船政规模小。

局坞分立后的江南船坞在生产经营体制方面有了重大改变,其要点有三:(1)自行承揽修造华洋兵商轮船;(2)自负盈亏;(3)赢利提成酌留花红,大部分则作为扩大再生产的资金。这些商务化的措施,使江南船坞不再是旧时封建衙门式的官办军事工厂,而逐渐转变为具有资本主义

① 《江南制造所既要》,1922年,第9~10页。

② 《江南制造所既要》,1922年,第13~14页。

性质的企业。[①]

清政府聘英人毛根(R. R. Mauchan)为江南船坞总稽查兼总工程师,授予其船坞的经营管理权。毛根精通机械工程,1887 年来中国后任英商祥生船厂机器工程师,1894 年来中国后任招商局的机器工程师,后又担任英商和丰船厂经理。他既熟悉修造船的一般技术,又熟悉上海的修造船市场行情,是一个管理船坞的行家。

为了招揽修造船业务,他不遗余力,经常派手下的外国员工乘专用小轮船,外出打探外国船员进港消息,一旦外国船只停泊江岸,立即上船招揽生意。有时为了捷足先登,不惜远道到吴淞口、蕰藻浜一带去等候。对外国轮船来坞修造的介绍人或经纪人,他还给以优厚的回扣,以资拉拢。毛根还尽量利用他与外商方面的私人关系招揽外商业务,如他熟识美商大来洋行经理,通过这一关系,大来洋行的航运部门成为江南船坞的主顾。[②]

二、经营体制的改变为江南船坞带来生机

经营体制的改变为江南船坞带来了生机,其修造船业务日益发展,生产技术水平有所提高,经营效益十分可观,显示出前所未有的生命力。自局坞分立至 1911 年辛亥革命 6 年间,江南船坞共造船 136 艘,修船 524 艘。这与江南机器制造总局在 1865—1905 年的 40 年间,仅造船 15 艘,修船 11 艘相比,差别很大。1911 年,江南船坞提前还清局坞分立时所借的 20 万两白银的开办费,彻底改变了以往长期靠清政府拨款撑持的局面。在 1905—1914 年间所造的 217 艘船中,船长为 30 米以上的船有 21 艘,其中军用舰艇有"联鲸""甘露"等;民用船有"江华""蜀通"等。钢质炮舰"联鲸号",长 53.4 米,排水量 500 吨,航速 13 节,系海军大臣载洵之座舰。1912 年建成的"江华号"(见图 14-1),为江南船坞建造的最大内河船舶。该船长 100 米,排水量 4 130 吨,航速 14 节,其尺度和性能为当时长江客货船之冠,优越的航行性能,使其服务于申汉线客货运输达 40 余年。截至 1914 年,江南船坞每年的经营收入近 100 万银圆,而且均有盈余;10 年累计盈余 124 万银圆,平均每年 12 万银圆,大

---

① 石健:《中国近代舰艇工业史料集》,上海:上海人民出版社,1994 年,第 15 页。

② 姜铎:《略论江南制造局局坞分家的历史经验》,《船史研究》1995 年总第 8 期,第 15 页。

部分用于扩大再生产,从而逐步扩充生产规模。①

图 14-1　1912 年江南船坞建成的长江客货船“江华号”

江南船坞的繁荣,为近代船舶工业的发展提供了十分有益的历史经验。它一改以往依靠清政府拨款的旧习,代之以适应市场需要的商务化经营方针,敢于聘任善于经营、管理近代船厂行家里手,实行一套当时西方先进的管理模式。再加上当时上海地处全国最大的航运中心的地理优势,大批外国船舶云集上海,致使江南船坞兼具天时、地利、人和的综合优势。这使其和嗣后的江南造船所一花独放,独领风骚半个世纪,并取代了福建船政成为民国时期中国近代船舶工业和海军装备的主要基地。

三、江南船坞为美国建造 4 艘万吨级远洋货船

值得人们回顾的是,在第一次世界大战期间,江南船坞(时称江南造船所)竟能应美国的急需,于 1918 年签订了为美国承造“官府(Mandarin)号”等 4 艘万吨级远洋货船的合同。尽管第一次世界大战已于 1918 年年末结束,但 4 艘万吨级货船仍如期交货。这 4 艘船是全遮蔽甲板型蒸汽机货船,总长 135 米,型宽 16.76 米,型深 11.57 米,指示功率 3 670 马力,安装的是本厂制造的三缸蒸汽机(见图 14-2)。第一艘“官府号”于 1919 年 1 月开工,1920 年 6 月 30 日下水,1921 年 2 月 17 日交船后开往美国(见图 14-3)。《东方杂志》第 16 卷第 3 期报道说:“江南造船所承造的一万吨汽船,除日本不计外,为远东从来所造最大之船……从前中国所需军舰及商船,多在美、英、日三国订造,今则情形一

① 石健:《中国近代舰艇工业史料集》,上海:上海人民出版社,1994 年,第 15 页。

变,向之需求于人者,今能供人之需求,中国产业史上乃开一新纪元。”第二艘“天朝(Celetial)号”,1920 年 8 月下水;第三艘“东方(Oriental)号”,1921 年 3 月下水;第四艘“震旦(Cathay)号”,1921 年 5 月下水。至 1922 年,4 艘万吨船全部交船完毕。[①]这一批远洋货船的建造质量甚优,直到第二次世界大战时仍在营运。人们可以从还处于封建末世的江南船坞在经营体制改革中的成功,看到市场经济的一道曙光。

图 14-2 江南船坞制造的 3 670 马力的三缸蒸汽机

图 14-3 江南船坞于 1921 年为美国建造的远洋货船“官府号”

① 吴熙敬:《中国近现代技术史》,北京:科学出版社,2000 年,第 335 页。

第二节　福建船政管理不善积弊日深，无可奈何花落去

一、清廷虽力图整顿福建船政，但衰势依旧

甲午战争后，国务危殆，朝野对海军及福建船政各局如何再图振作颇多议论。清廷眼看福建船政因经费支绌而日渐废弛，即令福州将军裕禄兼充船政大臣以图重新整顿福建船政，并发挥已有的造船能力，筹款建造新型舰艇，并令闽海关以前积欠过多的经费"亟应源源拨解，以济要工"①。

1896 年 9 月，法国公使派员来福建与船政大臣裕禄商谈，法国派杜业尔等 5 名外国员工来福建船政帮助中国建造新型舰艇，又以 5 年为限，并令杜业尔任福建船政正监督。

1898 年 10 月，福建船政建造的第一艘鱼雷快艇"建威号"开工，次年同型姊妹舰"建安号"也动工。为建造这两艘新型舰艇，福建船政又添置了不少设备。上述两舰均于 1902 年 12 月完工，舰艇长 82.5 米，宽 8.5 米，型深 4.3 米，吃水 3.7 米，排水量 850 吨，设置新式大汽力锅炉 4 座，主机功率 4 843 千瓦（6 500 马力），航速提高到 23 节，续航力 5 700 海里；船首配 100 毫米快炮 1 门，共有 65 毫米快炮 3 门，1 门置船尾，另 2 门置船侧，可前后施放；船侧还置有 37 毫米连珠炮 6 门，可左右施放；配鱼雷炮 2 门，鱼雷 4 具。这是福建船政建造的功率最大、航速最快、武器装备最强的两艘新型舰艇，其性能超过以往建造的所有舰艇，福建船政的造船技术又迈上新台阶。每舰造价 63.7 万两，比以往造价最高的"龙威号"还要多花 10 余万两。原订两舰建成后拨归北洋遣用，后因北洋协款无着，又只得改拨粤洋使用，粤省共筹协款工料银 50 万两拨解福建船政。

新型舰艇的建造成功理应带来福建船政造船活动的再度繁荣，可事与愿违，福建船政经费支绌依旧。利用七八年不造船的旧时积款及粤省协款，总算在福建船政的造船史上来了一个最后冲刺，造出了两艘全新的海军舰艇。可这并未成为促进船政进而发展繁荣的一个里程碑，而只可算是在福建船政衰落过程中的回光返照。

---

① 《上谕》，光绪二十二年六月十八日，《船政奏议汇编》卷四十六。

二、福建船政督理不善，积弊日深终成明日黄花

法国人杜业尔自担任福建船政正监督后，日渐专横，引起各方的不满。1903 年，魏瀚会办福建船政，与法方几经交涉，终于遣走了杜业尔。魏瀚自是造船专家，颇思振作，但却受到兼办福建船政的将军崇善的排挤，于 1904 年去职。崇善既不振兴福建船政的实业，又任人唯亲，致使管理混乱、机构臃肿，一时贪污、贿赂公行，厂务日渐废弛。

福建船政由于招商承办的打算未能实现，另外虽也开辟了修船业务，兼营民运，且接受商船客户订货，但由于闽省的地理位置不如上海和广州，经种种努力终未获成功。

1907 年，由于无造船任务，福建船政已难以维持下去，经陆军部[①]筹议，于 6 月 17 日上奏清廷称："查船厂为海军根本，闽厂积弊既深，亟须整顿。前经南、北洋大臣派员前往详查，嗣据覆称，该厂机器多系旧式，又无专门工师，加以基址不宜，款项支绌，似宜另图改建等情，是该厂腐败情形，既经南、北洋大臣查勘明确，自应暂行停办。"[②]福建船政就此失去了作为中国近代船舶工业主要基地的地位。

福建船政的衰落是中国近代造船史上的最大悲剧。与其他官办军事工业部门相仿，封建衙门式的管理和国家拨款派造船舰的经营方式，使福建船政经费长期支绌。所幸在 30 年中，福建船政出现了如沈葆桢、裴荫森等一批勤于职守、事必躬亲的船政官员和魏瀚、陈兆翱等一批杰出的造船、轮机专家，竟能在朝臣们一片反对声中实现了 30 年的造船辉煌，这是值得它的创建者左宗棠感到欣慰的。可是到了 19 世纪 90 年代，自裴荫森因长期工作劳累，得病去职后，福建船政就此改由闽浙总督或福建将军兼管，这些督抚走马灯似的调换，让福建船政也就失去了管理的中枢，致使封建衙门中的种种弊端、恶性发作，积弊日深，乃至无法收拾，只落得个无可奈何花落去的下场。

第三节　江南制造局翻译馆以及船政学堂的历史贡献

一、江南制造局翻译馆的创建及其贡献

1861 年，曾国藩驻节安庆，徐寿、华蘅芳以及徐寿的次子徐建寅同

① 当时海军处属陆军部管辖。

② 陆军部奏：《遵旨筹议福州船厂事宜折》，《海防档》乙，第 1 118 页。

入曾幕。徐寿在多年的实践中,深知翻译西书的重要性和迫切性,他一到江南制造局,即建议曾国藩翻译西书。他又向江南制造局总办冯俊光、会办沈保靖提议,仿照上海墨海书馆设一翻译机构。冯俊光、沈保靖在征得曾国藩同意后允其领衔组织有关中外人士试译几本与制造局工作相关的西书。于是徐寿通过江南制造局聘请了当时在沪的英国学者傅兰雅、伟烈亚力,美国学者玛高温等参加译书工作。

从 1867 年下半年到 1868 年上半年,伟烈亚力与徐寿、傅兰雅与徐建寅、玛高温与华蘅芳合作,由前者口译,后者笔述,共译出《汽机发轫》《汽机问答》《运规约指》《泰西采煤图说》等 4 部与机器制造密切相关的西书。当这批西书的中文译稿送交曾国藩审阅时,曾国藩不胜赞赏、兴奋不已,遂正式上奏朝廷开办翻译馆。

1968 年以后的几年,江南制造局制船、造炮、译书三业并举,特别是翻译馆的译书活动尤为活跃。至 1870 年 4 月,除《金石识别》《制火药法》《汽机尺寸》等工程技术书籍外,还译成《奈端(即牛顿)数理》《化学鉴原》等自然科学理论书籍,连同前述所译的 4 部,已共译有西方科学技术名著 10 部,计 118 卷。

翻译馆中,中外译员众多,当时采用的是西(人)译中(国人)述的译书方法。翻译馆聘请了一批国外学者和传教士,诸如英国傅兰雅、伟烈亚力、罗亨利、秀耀春,美国林乐知、金楷理、玛高温、卫理等人参加译书活动,中国学者除徐寿、华蘅芳、徐建寅(见图 14-4)外,尚有舒高第、赵元益、郑昌棪、钟天纬、瞿昂来、李风苞、贾步纬等 47 人参加译书活动,几乎集全国格致名家之精华。翻译馆因采用译书、船舶并举的方式,故出书速度极快,往往一年要出好几部西书译著。

图 14-4　江南制造局翻译馆主要中国译员徐寿、华蘅芳和徐建寅

翻译馆自1868—1907年先后出版的书籍共计23类，160种，1 075卷(见表14-1)。[①] 译书数量几乎为京师同文馆的6倍以上，到1919年年底翻译馆共出售译书32 111部，82 454册。所译书籍除少量历史与政治书籍外，绝大部分是自然科学和技术方面的书籍。

表14-1　江南制造局翻译馆译书情况(1868—1907年)

类别	种类	卷数	类别	种类	卷数	类别	种类	卷数	类别	种类	卷数
史志	6	45	工程	4	38	算学	7	89	地学	3	51
政治	10	73	农学	9	45	电学	4	17	医学	11	74
兵制	12	73	矿学	10	72	化学	8	62	图学	7	55
兵学	21	109	工艺	18	106	声学	1	8	补遗	2	15
船政	6	11	商学	3	6	光学	1	2	附刻	10	91
学务	2	2	格致	3	9	天学	2	22			

梁启超曾说："曾文正公开府江南，创制造局，首以译西书为第一方。"[②]把翻译西书看作曾国藩创办江南制造局的首要任务，似乎强调得有些过分，可是他在江南制造局创立翻译馆，对于西学东渐，开风气之先，培养中国近代科技和外交人才，促进中国近代教育事业的发展等方面起到了一个先行者的作用，翻译馆译书活动影响之深远亦为曾国藩当时所始料未及。

二、福建船政学堂是孕育造船科技及海军人才的摇篮

(一)福建船政之根本在于学堂

福建船政学堂是左宗棠创办船政时执行"不重在造而在学"的指导方针的产物。同治五年(公元1866年)，他上奏清廷："夫习造轮船，非为造船也，欲尽其制造、驾驶之术耳……故必须开艺局，选少年颖悟子弟习其语言文字，诵其书，通其算学，而后西法可衍于中国。"[③]

1867年7月18日，沈葆桢正式接任福建船政大臣后在向清廷递交的第一篇《船政任事日期折》中即郑重指出："船政根本，在于学堂"[④]，实

① 《江南制造局译书提要》，清宣统元年七月石印版。

② 杨模：《锡金四哲事实汇存》，宣统二年，第1页。

③ 左宗棠：《密陈船政机宜并拟艺局章程折》，同治五年十一月初五日，见《左宗棠全集(奏稿)》卷三，长沙：岳麓书社，1989年。

④ 《沈文肃公政书》卷四。

际上，在船政于1866年年底动工兴建时，沈葆桢就已事先责成专人在福州城内外借址招生上课了。沈葆桢还写下楹联[①]悬于福建船政学堂大门：

（头门）且漫道见所未见，闻所未闻，即此是格致关头，认真下手处；
何以能精益求精，密益求密，定须从鬼神屋漏，仔细扪心来。

（仪门）以一篑为始基，自古天下无难事；
致九泽之新法，于今中国有圣人。

楹联不仅道出了他创办船政的宗旨，同时还激励广大学生要认真刻苦地学习格致，并表达他希望通过创办船政应尽早孕育出新一代能精通科学技术的能人学者，为中国的近代造船事业迅速做出贡献的强烈愿望。

（二）福建船政学堂的办学特色

福建船政学堂办学有两大特色：一是理论密切联系实际；二是采用严格的淘汰制度。这是取得成功的关键。利用船厂建设以及制造军舰的有利条件，制造专业学生通过学堂安排的造船和制机两门实习课，直接参与船体或轮机的各项性能计算、设计、装配、制造等各项工序，使之能独立管理一个车间，为日后当好监工创造了条件。驾驶专业学生在训练船上曾进行过几次航行内海和外海的练习，通过亲自操炮、驾驶、导航的实习，培养学生独立操驾轮船、军舰的能力，故学习效果特佳。

学堂招收的新生，从入学到毕业，除了死亡外，被淘汰的学生近一半之多，从而保证了毕业学生的质量。

（三）福建船政创举——派留学生出国深造

沈葆桢上奏清廷，力陈应由福建船政学堂派遣留学生出国深造。他在1873年12月7日的奏折中陈述："前学堂习法国语言文字者也，当选其学生之天资颖异，学有根柢（根底）者，仍赴法国深究其造船之方，及其推陈出新之理。后学堂习英国语言文字者也，当选其学生之天资颖异，学有根柢者，仍赴英国深究其驶船之方，及其练兵制胜之理，速则三年，迟则五年，必事半而功倍。"[②]当时直隶总督、北洋大臣李鸿章首先致函总理衙门支持沈葆桢，认为沈葆桢的奏折所言"洵为根本之论"。七

① 严复：《送沈涛园备兵淮扬》，《愈懋堂诗集》。
② 《沈文肃公政书》卷四。

天后,陕甘总督左宗棠也致函总理衙门表示支持,认为“幼丹(指沈葆桢)诸疏,语语切实,能见其大”。南洋大臣李宗羲同样也全力支持沈葆桢。[1]

第一批出国留学的有前学堂的魏瀚、陈兆翱、陈季同,后学堂的刘步蟾、林泰曾等五人。1880 年前后,第一批留学生相继回国,于是又于 1881 年 12 月、1886 年 5 月、1986 年 12 月分别派福建船政学堂的毕业生 10 名、54 名、6 名作为第二、第三、第四批留学生去法、德、英深造。

由福建船政学堂派遣留学生出国深造是中国近代学校建设的一项创举,对中国近代的社会教育和人才培养具有划时代意义。其中特别是第一批留学生学习质量最高,不少人日后成为中国近代著名海军宿将、造船专家、轮机专家、军事家、外交家和思想家,成为传播西学、创立中国近代海军和舰艇工业的先驱,如思想家严复、外交家马建忠、翻译家陈季同、罗丰禄、造舰专家魏瀚、造机专家陈兆翱、海军将领萨镇冰等。他们回国后对中国近代海军建设、外交事务等方面均有建树,而魏瀚、陈兆翱等原福建船政学堂制造专业学生回船政后成了设计和监造新型舰艇的顶梁柱。

(四)福建船政是培育造船及海军人才的摇篮

福建船政学堂是晚清洋务运动中创办的一所培养中国近代造船科技和海军人才的新型学校,其成绩显著、影响深远。1867—1911 年的 30 多年中,福建船政学堂共培养制造专业学生 8 届 178 名,驾驶专业学生 19 届 261 名,管轮专业学生 281 名。大部分毕业生后来皆成为近代中国海军、造船、航运及其他科技、外交等部门的著名将领和专家学者。福建船政学堂是名副其实的孕育中国近代造船科技和海军人才的摇篮,也是中国近代科技教育的策源地。

① 林庆元、罗肇前:《沈葆桢》,福州:福建教育出版社,1992 年。

第三篇 当代造船史

自洋务运动开创中国的近代造船业起，到 1949 年中华人民共和国成立，中国近代造船业走过了坎坷曲折的道路。在那风风雨雨的 80 多年里，全国总共建造了钢质机动船舶 50 多万吨。中国近代造船业的创建，既缺少近代科学技术做先导，也没有近代工业做基础，更没有稳定的社会环境。在外国帝国主义的侵略和封建官僚买办势力的统治下，无法达到先进的水平。中国的近代造船业，可以说并没有达到开办洋务运动所期盼的御侮和自强的目的。

在这样的基础上建设中华人民共和国的造船业，步履是艰辛的。

第十五章　中华人民共和国造船业的创业（1949—1966 年）

第一节　造船业从修旧利废改造旧船开始

中华人民共和国成立之初，百废待兴，加上工业基础薄弱，造船业是从修旧利废、改造旧船开始的。20 世纪 50 年代初，就曾将 20 世纪初建造的“江新号”“江华号”等长江中下游客货船加以改造，投入营运，以满足长江客运的需要。

“江华号”长江客货船建于 1911 年，到 50 年代初已经航行了近 40 年。改建工程包括主、副机械的大修或更换，各种管路系统的大修或更换，特别是上层建筑和旅客舱室的改建。改建后的“江华号”（见图 15-1）又航行了 20 多年，堪称奇迹。

图 15-1　改建后的“江华号”长江客货船

更值得关注的是“江亚号”长江客货船的打捞与修复[①]。1956 年

① 1948 年 12 月 3 日，从上海开往宁波的“江亚号”在长江口里铜沙洋面爆炸沉没，罹难人数达 2 300 余名，比举世震惊的“泰坦尼克号”死难人数还多。“江亚号”原为 1939 年日本为其东亚海运株式会社建造的客货船“兴亚丸”，长102.4 米，宽 15.3 米，型深 4.7 米，排水量 3 365.7 吨，2 500 马力，航速 12 ~ 14 节，原设计可载客 1 186 人。抗战胜利后，此船交由招商局管理和营运，经招商局改造后可载客 2 250 人，至失事时船龄未及 10 年。

10月，沉睡海底8年的“江亚号”被打捞出水，经江南造船厂修复后，于1959年2月12日从上海首航抵武汉，此后一直航行在上海与武汉之间。1966年11月，“江亚号”改名为“东方红8号”。打捞修复后的“江亚号”(见图15-2)又继续航行了24年，于1983年退役。

图15-2　改建后的“江亚号”长江客货船

为了发展内河航运，这一时期也曾建造过一批内河拖船、驳船和机帆船。为配合航道疏浚和水利建设，也建造过一些用于挖泥、抛石等的小型工程船。

从广西梧州经肇庆到达广州的西江梧惠线，是连通两广的传统客运航线，客运量常年饱和，该航线最受旅客欢迎的是由机动拖船拖带的木质客船——“花尾渡”。“花尾渡”船内部客舱两侧设有双层卧铺，并有华贵厢房、餐厅，又有浴室、卫生间设施，船上不设主机，由拖船拖带航行，不受噪声之苦，使旅客感到方便、舒适，是具有广东特色的一种独特船型。20世纪20年代末，“花尾渡”已成为珠江下游的主要水上客运工具。抗战胜利后是“花尾渡”的鼎盛时期，以广州为中心，大小“花尾渡”航行于梧州、肇庆、江门、三埠、石岐等5大航线。图15-3为“花尾渡”的客舱和停泊在广州长堤的“花尾渡”客船。

1980年2月27日凌晨，在开平单水口以西5千米的潭江河面，一艘突然遭遇龙卷风袭击的“花尾渡”船沉没，罹难者众多。此后，“花尾渡”逐步被淘汰，取而代之的是钢壳机动的客货船。

在黑龙江水系还有蒸汽机明轮客船“北京号”和“上海号”。

(a) “花尾渡”客舱

(b) “花尾渡”客船停泊在广州长堤

图 15-3 西江梧惠线客船“花尾渡”

在 50 年代初,为缓解京沪铁路运输的紧张状况,曾建造了南京至浦口的火车渡船“上海号”“江苏号”“金陵号”(见图 15-4)。这些火车渡船长约 110 米,可以载 20 余节客车车厢,投入营运后可以保证客运列车渡江不超过 2 小时。1961 年,中国又建成电力推进的“浦江号”火车渡船,使我国船舶向电气化前进了一步。

图 15-4　长江火车渡船“金陵号”

第二节　川江客货船的设计制造

1954 年,中国设计建造了以柴油机为动力的申渝线川江客货船“民众号”(见图 15-5,后来改名为“东方红 31”号),载客 936 人,载货 500 吨。该船首次采用我国自行设计制造的电动液压舵机。该川江客货船的设计师是留学德国归来的张文治教授。张文治教授于 1962 年 10 月在上海召开的中国造船工程学会第一次会员代表大会上,当选为理事长。

图 15-5　在建造中的川江客货船“民众号”

继“民众号”之后,接着又建成“江蓉号”“江津号”“江陵号”(见图 15-6)等 5 艘川江客货船,首次采用 U 形首部横剖面并配以弧形折角线,造型美观、航速也有所提高。

图 15-6 川江客货船“江陵号”

第三节 沿海客货船的设计建造

1945 年,海洋船舶的设计建造方面也有进展。大连造船厂引进苏联的技术,采用焊接技术成批量地建造了海洋拖船及其他船舶。

1955 年,在上海建成自行设计的沿海小型客货船“民主 10 号”(见图 15-7),动力装置是附有空气预热器的水管锅炉和四缸三涨式蒸汽机。1956 年,该船即在大连港到天津港(客运站在市内解放桥)之间航行。由于要在天津的海河调头,船舶长度严格限制在 80 米以内。该船是以著名造船专家辛一心教授为主任的上海船舶产品设计处二室设计的。该室是中国船舶及海洋工程设计研究院,又称中国船舶工业集团公司第七〇八研究所(以下简称 708 所)的前身,曾经为我国设计过众多型号的民用船。

图 15-7 沿海小型客货船“民主 10 号”

1958 年建成的蒸汽机客货船“民主 14 号”,航行于上海—青岛航线。1960 年建成的柴油机沿海客货船“民主 18 号”(见图 15-8),功率 4 000 马力,航速 14 节,载客 800 余人。“民主 18 号”的舱室布置和内部装潢都有所提高。这几种沿海客货船都是由上海船舶设计处二室设计,由上海江南造船厂建造的。

图 15-8 柴油机沿海客货船“民主 18 号”

在沿海货船的设计建造方面,先有上海造船厂设计建造的 3 000 吨蒸汽机货船“和平 49 号”;接着是由上海船舶产品设计处二室设计,分别由大连造船厂和江南造船厂建造的蒸汽机货船“和平 25 号”(见图 15-9)与“和平 28 号”(见图 15-10),两船的载重量都是 5 000 吨。

当年大连造船厂建成的“和平 25 号”与江南造船厂建成的“和平 28 号”,同时出海试航。两船在海上会师的场面十分热烈,成为国内的重大新闻,对全国人民都是一种鼓舞。

图 15-9 大连造船厂于 1958 年建成的沿海货船“和平 25 号”

图 15-10　江南造船厂于 1958 年建成的沿海货船“和平 28 号”

沿海蒸汽机货船“和平 25 号”，后来更名为“和平号”，1960 年获苏联船级社的入级证书，曾作为中国远洋运输公司（COSCO）的第一艘货船，远航东南亚和非洲。

大连造船厂于 20 世纪 50 年代末建造了万吨级远洋货船“跃进号”（见图 15-11）。“跃进号”的动力装置为蒸汽轮机和与之相配套的高温高压燃油水管锅炉。该船的设计图纸、钢材、主机蒸汽轮机以及主要机电设备均引进自苏联。船厂的工人、技术人员为了建造“跃进号”，付出了艰辛的努力，从船舶下水到舾装工程，再到试航、交船用了很长时间。在 1963 年 5 月，“跃进号”从青岛港出发，首航日本门司港，这原本会是使全国上下受到鼓舞的大好新闻，但是，让人们感到震惊和痛心的是，“跃进号”竟在处女航中触礁沉没。这让为之付出艰辛的造船工人伤心流泪。

图 15-11　大连造船厂建造的远洋货船“跃进号”

第四节　万吨级远洋货船"东风号"的研制

早在1921年,江南造船厂就曾为美国建造过"官府号"等4艘万吨级远洋运输船,但是该船是由外国设计的,钢材和许多机电设备也来自外国。大连造船厂也曾建造过万吨级远洋货船"跃进号",但是从设计图纸到钢材和大部机电设备都是由苏联引进的,而现今的"东风号"(见图15-12)是自行设计的。船体用钢材是我国专门轧制的,船用主动力装置采用的是我国自行研制的7ESD75/160型直流扫气低速重型船用柴油机,功率为8 800马力。除柴油发电机组为库存进口货之外,所有机电设备都由我国自行研制。

图15-12　江南造船厂于1965年建成的万吨级远洋货船"东风号"

20世纪50年代末,我国曾组织多学科的专家进行万吨级远洋货船的科技攻关。许多老一辈专家都为之付出了心血:上海交通大学资深造船教授杨仁杰率先发表了《近代世界各国万吨级以上货轮的综合性分析研究》[①],中国科学院院士、上海交通大学教授杨槱发表了《远洋货轮

① 杨仁杰:《近代世界各国万吨级以上货轮的综合性分析研究》,《中国造船》1957年第4期。

船员居室布置设计》[①]，上海 708 所总工程师袁随善发表了《海船耐波性》[②]，上海同济大学吴景祥教授发表了《船舶设计中的建筑问题》[③]等。所有这些论著，都是研制"东风号"时学术界热议的成果，也都是各位作者在为研制"东风号"做出自己的贡献。

"东风号"的船型为单螺旋桨，双层纵通甲板、长首楼，首柱前倾，尾部为巡洋舰式尾型，具有中部机舱、中部甲板室，有富裕干舷的钢质柴油机远洋货船。"东风号"设计水线长 152.5 米，垂线间长 147.2 米，设计吃水 8.46 米，载货量 10 000 吨，航速为 17.3 海里/小时，能在海上连续航行 40 个昼夜，可远航至美洲、欧洲和非洲。"东风号"为载运一般货物的远洋干货船，船上设有 878 立方米的冷藏舱及 1 145 立方米的液货舱，能载运少量的冷藏货及液货。同时，货舱内设有止移板设备，必要时可以载运散装谷物。第二、三舱设有 60 吨重型吊杆 1 根，可以吊装重物；第一货舱设有防爆装置，可以装运一般的易燃易爆物品。

"东风号"在江南造船厂于 1960 年 4 月下水。机电设备的研制等诸多问题拖延了组装工程，直到 1965 年方始试航完毕、交船。在实际航行中经过考验，该船的各项性能获得船东的赞赏。造船周期如此之长。这反映出当时我国造船技术力量的确还不强，造船生产管理的经验还不丰富。经研制的新船获得成功，也体现了我国造船技术人员的艰苦创业精神。

---

① 杨槱：《远洋货轮船员居室布置设计》，《中国造船》1958 年第 3 期。

② 袁随善：《海船耐波性》，《中国造船》1960 年第 2 期，第 23 ~ 50 页。

③ 吴景祥：《船舶设计中的建筑问题》，见中国造船工程学会：《中国造船工程学会 1962 年年会论文集（第二分册：运输船舶）》，北京：国防工业出版社，1964 年，第 169 页。

第十六章　造船业的曲折前进(1966—1978年)

从20世纪60年代开始,亚洲的韩国、中国台湾、新加坡、中国香港先后推行出口导向性战略,重点发展劳动密集型的加工产业,在短时间内实现了经济的腾飞。所谓的“东亚模式”引起了全世界的关注,它们也因此被称为“亚洲四小龙”。特别是韩国,在遭受朝鲜战争严重破坏的基础上,经过十年左右的努力就能获得经济的腾飞,实在难能可贵。韩国所设计建造的出口船舶紧追日本取得世界第二的佳绩,为世人所瞩目。造船行业既是劳动密集型,也是技术密集型和资金密集型行业。造船行业成了韩国的支柱产业,实在令人羡慕。

我国在顺利完成发展国民经济的第二个五年计划,正在执行第三个五年计划的时刻,进入了曲折发展的十余年,有的船舶要反复整修调试,因而严重延误交船时间。有的船舶原本是按远洋航行的要求设计和建造的,但不得不交由地方运输公司使用。例如,1972年完成设计,并于1976年建成的当年我国最大船舶、载重量50 000吨的远洋油船,就曾经因为出现主机座刚性不足和振动较为严重等质量问题,不得不降格使用。再如,某造船厂共拥有工程师和高级工程师200多人,仅暂时留厂12名,造成人才的极度短缺,从而无法完成生产任务。

在此期间,造船业遭遇了与其他产业相类似的境遇、坎坷,发展是曲折的。

第一节　中国拥有世界上最大的客船队

这个时期因国内客运的迫切需要,全国各个航线,设计建造了一系列以柴油机为动力的客运船舶。

一、川江及长江中下游客货船的设计建造

1971年,在长江航运系统的武汉青山船厂,设计并建造了申(上海)—渝(重庆)线中型客货船“东方红38号”(见图16-1)。这是在“江蓉号”川江客货船的基础上,将船长增加5米,垂线间长增加到70米,每层载客甲板即可增加四等客舱两间,可增乘客床铺48个,全船(4层客

舱)可多载客 192 人,从而使全船载客定额增加到 978 人。“东方红 38 号”与“江蓉号”一样,主机仍是进口柴油机 2 台,总功率 2 600 马力,航速 27 千米/小时。鉴于该船的适用性和经济性较好,1973 年国家召开八型民船定型会议,确定“东方红 38 号”型川江客货船作为定型船舶,由中华造船厂、武昌造船厂批量建造 13 艘。

图 16-1　武汉长航青山船厂设计建造的“东方红 38 号”

20 世纪 70 年代初,由上海造船厂设计并建成长江中下游大型客货船“东方红 11 号”(见图 16-2)。该船总长 112 米,设计水线长 108 米,型宽 16.4 米,吃水 3.6 米,排水量 3 680 吨,主机采用国产 12V300FSDZ 增压柴油机 2 台,总功率 4 000 马力,航速 30 千米/小时,其额定载客人数为 1 186 人,载货量 450 吨。这是当年长江上尺度最大的客货船,颇受广大旅客欢迎,是武汉与上海区间广大职工出差、探亲、商务、旅行的首选。该船在营运中经常超员,在途经安徽省的安庆—芜湖一带时,每个航次都会有大量散席旅客登船,笔者亲历的一次是在船旅客达 2 300 人,为定额人数的 194%。客船所携带的洗用水告罄,临时泵入的江水来不及澄清,呈淡黄色。经八型民船会议确定为定型船共建成近 20 艘,为改善长江中下游客运状况做出了重要贡献。

图 16-2　上海造船厂设计建造的长江中下游大型客货船“东方红 11 号”

二、沿海客货船的设计建造

(一)在上海建造的沿海客货船

我国自行设计的大型沿海客货船“长征号”,1971 年在上海沪东造船厂建成,并成功地营运在上海—大连航线。该船总长 138 米,设计水线长 128 米,型深 8.4 米,设计吃水 6.0 米,额定载客人数为 960 人,载货 2 000吨,排水量 7 500 吨,其主机采用沪东造船厂生产的 9ESDZ43/82 型船用柴油机 2 台,功率 2 ×4 500 马力,航速 18 节(海里/小时)。图16-3 为“长征号”在海上航行时的照片。

图 16-3　7 500 吨沿海客货船“长征号”

该“长”字型沿海客货船也是定型产品,到 20 世纪 70 年代末共建成 9 艘,船名除“征”字外,还陆续有“山、河、锦、绣、自、力、更、生”。然后又建造了“松、柏、柳”和“珍珠梅号”(见图16-4)、“万年红号”等5艘，共计14艘。前12艘由当年的上海海运管理局经营管理；后面以花名命名的2艘，由广州海运管理局经营管理。广州是我国的花城，当年凡是由广州海运管理局经营管理的客货船，大多用花卉名作为船名。

图16-4　广州海运管理局营运的沿海客货船“珍珠梅号”

1977年，上海求新造船厂建成沿海客货船“繁新号”，总长106.7米，宽16.08米，吃水3.67米，安装沪东造船厂生产的6ESD43/82型柴油机2台，总功率2×3 000马力，航速17.8节，载客919人。此“新”字号客货船相继建成“繁、荣、昌、盛、茂、鸿、展、望”等8艘，航行于上海至宁波、温州、福州等短程航行。图16-5为“展新号”客货船。

图16-5　求新造船厂建造的沿海客货船“展新号”

(二)在广州建造的沿海客货船

在20世纪60年代，不仅上海的造船厂能够建造沿海客货船，在南方的广州文冲造船厂也曾建成客货船“红卫6号”，总长78米，载客定额为553人,航行于广州—三亚航线。

广州造船厂在这一时期建造了客货船“马兰号”和“山茶号”(见图16-6),航行于广州至三亚、香港,载客600人,载货260吨,航速16.3节。

图16-6 广州造船厂建造的客货船“山茶号”

1976年,广州造船厂还设计建造了琼沙线海洋客货船,载客214人,载货260吨,装载淡水150吨。这是无限航区钢质柴油机运输船,航行于海南岛至西沙、中沙及南沙群岛,可兼做临时医疗船。其稳性满足《中国海船稳性规范》对一类航区客船的要求,抗沉性满足任何一舱进水也不至于沉没的要求;续航力3 000海里,自持力12个昼夜;采用东德生产的8NVD-2U柴油机3台作为主机,三桨,双舵,总功率3 × 1 320马力,航速14节。船上装有U形减摇水舱,减摇效果良好。货舱口共装有1.5吨起货机4台,可在任何设备简陋的码头进行装卸作业。图16-7为“琼沙号”照片。

图16-7 海南岛至西沙、中沙及南沙群岛的客货船“琼沙号”

(三)天津新港船厂建造的客货船

1966年,在北方的天津新港造船厂建成还是以蒸汽机为主机的沿海客货船“工农兵2号”,航行于大连—烟台航线。该船总长108米,设计水线长98.5米,型宽15.2米,吃水5.2米,排水量3 950吨,载客定额为980人,载货量410吨,主机功率2 400马力,航速14.6节。大连—烟台航线横跨渤海海峡,航距89海里,如果以12海里/小时航行,航行时间不会超过8小时。该船经常的营运方式是夕发朝至。大连—烟台航线是中国的黄金航行,一年四季客流量居高不下。因为旅客登船后就会安排就寝,所以客运设施注重简朴、实用,客船的经济效益较好。

1974年,天津新港造船厂建成“天山号”沿海客货船,1976年又完成姊妹船“天华号”,主机都是原东德生产的8NVD48A型柴油机,该两船航行于大连—烟台航线。由于航行时间不超过8小时,经常是白天装卸货物、夜间航行,船上的公共设施较为简朴,吨位虽不大,但载客量相当高,其经济效益较好。天津新港船厂后来还推出“天池”型沿海客货船,航行于渤海湾各航线,先后共建成“天湖”“天潭”“天江”“天淮”“天河”等6艘,主机选用上海造船厂制造的苏尔寿6RD44型柴油机。该机型油耗率底,而且可燃烧重柴油。

天津新港造船厂在建造了“天”字型一系列沿海客货船之后,在20世纪80年代初还建造了沿海客货船“喜鹊号”和“百灵号”(见图16-8),是由上海船舶设计研究院设计的。由图可以看出,“百灵号”造型的主线条大量采用直线,较“天”字型客货船更时尚、更有现代化的色彩。

图16-8　由上海船舶设计院设计、由天津新港造船厂建造的“百灵号”

我国由于国土面积辽阔,人口众多,如何满足人口流动对交通工具的需求,是需要不断努力去解决的重大课题。中国船舶工业在设计建造客船方面的努力和成就是有目共睹的。日本船舶评论家山田迪生在1986年《世界舰船》(日文)第369期著文中指出:“中国拥有世界上最大的客船队……主要是由国内造船厂建造的客船所组成。”①

第二节 八型民用船舶的定型与批量生产

1973年,国家第六工业部和交通部,为了积极发展船舶工业并扩大船舶产量以适应运输业务之急需,开始筹划对成熟的船型进行定型并批量生产。为此,1973春,在两部所属各单位抽调一批造船技术人员,对当前正在生产和运营的船舶进行调研。调研工作集中在上海进行,有时也要到大连、武汉调研,必要时或在营运中的船舶上随船调研。

一、八型民船中较小的5型船舶

较小的5型船舶是:

武汉青山船厂设计建造的川江客货船——“东方红38号”型;

上海造船厂设计建造的长江中下游客货船——“东方红11号”型;

沪东造船厂设计建造的沿海客货船——“长征号”型;

沪东造船厂设计建造的3 000吨货船;

沪东造船厂设计建造的3 000吨油船。

在这5型船舶中,“东方红38号”型川江客货船和“东方红11号”型长江中下游客货船已如前述,深受造船单位和用船部门的欢迎。沪东造船厂的两艘小型货船及油船,在调研中也没有异议。调研小组中很快写出定型的报告,包括船型概况、主要尺度、船舶型线、结构、材料、总体布置、主动力装置及辅机、甲板机械及配套产品等及运营中的经济效益。唯有对“长征号”型沿海客货船,调研小组内一时难以取得一致意见。沪东造船厂提出报告,认为“长征号”的建成充分表现了工人群众的积极性与创造性,营运中深受广大乘客的欢迎。调研组成员对此也表示赞同。可是用船单位上海海运局却提出一份营运经济报告,陈述“长征号”的营运严重亏损。1973年7月,在河北保定召开的八型民船定型会议上,两部的领导同志经过磋商认为:“长征号”型沿海客货船技术性能优良,深受乘客的欢迎,是发展中的优秀船型。虽然目前的经济性不够

---

① 山田迪生:《中国客船队的现况——世界最大的客船队侧记》,《世界舰船》(日文)1986年第369期。

理想，但是在今后的发展中，这种船型是被需要的。最后，“长征号”型沿海客货船获得会议通过，确定船舶的定型并批量生产，于是才有先后建造“长征号”型客货船 14 艘的业绩。

二、远洋货船、油船及大型运煤船

（一）远洋货船

在远洋货船建造方面，在总结“东风号”设计经验的基础上，1967 年，江南造船厂建成“朝阳号”远洋货船，并生产多艘，交付中国远洋运输公司。鉴于“朝阳号”型货船系中部机舱型（货舱前 3 后 2），不利于装卸作业且船体刚度不足，建议改为近尾部机舱型（货舱前 4 后 1）的“庆阳号”型货船。吃水增加到 9.5 米，载货量增加到 14 800 吨。经过两部在 1973 年 7 月于河北保定八型民船定型会议上定型以后，江南、上海两造船厂建造多艘。上海造船厂加装球鼻首，主机采用该厂建造的 6ESDZ62/160 型柴油机，功率 9 000 马力。图 16-9 为该厂建造的“风雷号”远洋货船。

图 16-9　上海造船厂建造的远洋货船“风雷号”

（二）沿海油船

大连造船厂早在 20 世纪 50 年代就曾设计建造过 4 500 吨沿海油船“建设 9 号”。在 60 年代曾自行设计并建造了 15 000 吨油船 14 艘。1973 年经改型设计，其载货量提高到 24 000 吨，改善了经济性，在 1973 年保定会议定型以后，到 1978 年共建成 16 艘，在北油南运中发挥了重要作用。图 16-10 为 24 000 吨油船“大庆 29 号”。

图 16-10　24 000 吨油船“大庆 29 号”

(三)大型运煤船

还有一定型船舶是江南造船厂批量建造的 18 000 吨运煤散货船“长辉号”(见图 16-11)。“长辉号”船长 161.5 米,宽 22 米,深 13 米,12 107 总吨,在吃水为 9.5 米和 9.72 米时,其载重量分别为 17 800 载重吨和 18 810 载重吨。其主机使用 6ESDZ76/160 或苏尔寿 6RND 型柴油机,功率分别为 7 940 千瓦和 6 620 千瓦,航速 14 节。从 1974 年起先后建成 12 艘,其船名均以“长”字型为首,即长辉(原长春)、长阳、长虹、长宁、长乐、长治(1989 年 1 月改为长宇)、长顺、长青、长建、长通、长运、长连,故又称“长”字型散货船。此型船为尾机型,具有双层底和舷侧顶边压载水舱,内底板在两舷处斜升,便于散货向货船中部集中。甲板上设置液压式舱口盖。在 20 世纪七八十年代,“长”字型运煤船一直是上海沿海运煤的主力船型。

图 16-11　18 000 吨运煤散货船“长辉号”

第三节　其他运输船舶及各类船舶的建造

由于这一时期国家第三个五年建设计划已接近完成，船舶工业具有一定基础，在货运船舶以及其他各类船舶方面都出现一些新的产品。

一、大舱口货物运输船

由于干货船的装卸货物时间占全航次时间的比例较大，所以缩短装卸以及停港时间成为提高运输能力的根本措施。为此，世界各国都在大力研究提高船舶装卸能力的技术措施。1973 年，大连造船厂设计建造的大舱口货船“大理号”(见图 16-12)就是一例。“大理号”型干货船总长 163 米，型宽 20.8 米，型深 12.8 米，吃水 8 米，载货量 12 000 吨，主机为 6RND76/155 型低速柴油机，功率 8 237 千瓦。该船在提高装卸能力方面采取了几个措施：首先是货舱口较大(第二、第三货舱的舱口分别是 14.2 米×8 米和 24 米×8 米)；其次是起货能力较强，第二、第三货舱两舱口均有各为3/10 吨和 3/5 吨吊货杆及起重绞车两套；此外还采用双桅柱式并设置起重能力为 120 吨的重型吊货杆，可供第二、第三货舱两舱使用。球鼻首、近尾部机舱、近尾部驾驶楼等实用且造型美观。这是为支援非洲坦赞铁路建设而设计建造的，适用于装载铁路机车、钢轨以及各种大型成套装备。到 1974 年，“大冶”“大丰”“大兴”等 4 艘运输船建成。

图 16-12　为支援坦赞铁路建设而设计建造的大舱口货船“大理号”

二、散货船

1973 年，上海中华造船厂还建成 15 000 吨散货船“安源号”（见图 16-13）。同年，上海沪东造船厂设计建成当年尺度最大的散货船“郑州号”，载货量 25 000 吨，总长 184.72 米，安装 6ESDZ75/160 型柴油机为主机，还建造多艘同型船。

图 16-13　中华造船厂建造的 15 000 吨散货船“安源号”

三、顶推船队及顶推船

在这一时期，在我国长江、大运河和若干内河水系，出现采用顶推运输替代拖带运输的新趋势。采用顶推运输又有普通顶推船队和分节顶推船队之分。分节顶推船队有许多优点：

（1）船队的整体线型得到改善，航速可提高 6% ~15%。

（2）分节驳船线型简洁，便于施工。取消普通驳船的驾驶楼、舵设备、救生设备和船员住舱，从而可降低造价。

（3）分节驳船上不配备船员，节省人力。

（4）分节驳船易于标准化和系列化。

（5）船队操纵性能好。

顶推船队的顶推船与拖船相比，有两个主要特点：顶推船在船首端设顶推架;为改善驾驶视线常将驾驶室提高一至两层。图 16-14 为重庆东风船厂建造的 4 000 马力顶推船。

图 16-14　重庆东风船厂建造的 4 000 马力顶推船

四、挖泥船

1970 年,上海江南造船厂建造了万吨级耙吸式挖泥船“险峰号”(见图 16-15),“劲松号”。耙吸式挖泥船是自航式,它利用设在两舷的耙头,由泥泵注入泥舱,待泥舱装满后再运到排泥区域卸泥。

图 16-15　万吨级耙吸式挖泥船“险峰号”(1970 年)

天津新河造船厂是建造工程船舶的专业船厂。在这一时期建造了400立方米/小时绞吸式挖泥船(见图16-16)。该船为非自航式,适用于沿海港湾及岛屿区域,挖浚沙、砂质黏土等,船长38.5米,型宽10.5米,型深3.3米,吃水2.25米,总长约56米。其船首开宽为3.8米、长为9.35米的槽口,槽内段设长为23米的铰刀架。铰刀架首端安装铰刀头,末端安装铰刀机,中间由铰刀轴传动。铰刀架内有吸泥管,该吸泥管与船体结合处用橡皮接头连接。铰刀架可用绞车通过A形吊架进行起落以调节挖深,该船最大挖深为15米。

图16-16　400立方米/小时绞吸式挖泥船

五、钻井平台及钻探船

海上地质钻探或石油钻探是一项新兴的事业。1971年,大连造船厂建造了中国第一座30米自升式钻井平台(见图16-17)。其主要参量是:全长60.6米,型宽32.5米,型深5.0米,吃水3.41米。自升式钻井平台为接地式平台,当四个桩腿接地后,平台可以提升到海平面以上一定高度,钻探作业时平台可不受波浪的冲击和影响。

图 16-17 建成于 1971 年的 30 米自升式钻井平台

在浅水海域作业时,可使用接地式(坐墩式或接地式)钻井平台;在较深海域钻探作业时,就要采用半潜式或浮式平台了。为满足生产的急需,1974 年,沪东造船厂将两艘旧有的 3 000 吨级小型货船,连接起来改造成双体钻探船“勘探一号”(见图 16-18)。1974 年出海试探证明,在八级大风和九级阵风的情况下,锚系可以把船锚泊在井位上,以保证正常钻探作业。“勘探一号”首次试探就到较深海域并获得成功。

图 16-18 双体钻探船“勘探一号”(1974 年)

六、科学考察船及调查船

在海洋上对地质、地貌、物理、化学、气象、资源和海洋生物以及鱼类等学科进行调查研究,需要使用科学考察船。有在指定海域只针对少数学科进行调查研究的,可称为专业考察船;也有可以在世界各大洋进行多学科考察研究的,可称为综合考察船。

以海里计的续航能力大者,其工作海域广、工作时间长,可减少往返基地补给供应品的时间,增加考察船的有效工作日。通常海洋调查船的续航里程小者是 5 000 海里,大者是 25 000 海里。调查船所载主、副食品和淡水通常要足够 30 ~ 120 天的需要,有制淡水设备的船,其淡水的储备量可减少。海洋调查船的排水量在 1 000 ~ 6 000 吨,航速 12 ~ 14 节,很少有超过 18 节的。

“实践号”海洋综合调查船(见图 16-19)由 708 所设计,由沪东造船厂建于 1968 年。该调查船排水量为 3 167 吨,续航力 7 500 海里,航速 16 节,可进行海洋水文物理、海洋气象、海洋化学、海洋地质地貌、地震勘探、海洋生物、水声等多学科调查工作。它曾于 1978 年会同其他海洋调查船参加联合国主持的大气调查工作。

图 16-19　海洋综合调查船“实践号”(1968 年)

中华人民共和国第一代海洋综合调查船“实践号”,40 多年来纵横驰骋在中国管辖海域和太平洋,期间还曾经受过 12 级大风等恶劣海况气象的考验,但该船良好的稳性、耐波性受到海洋工作者的赞赏。笔者当年曾到“实践号”参观,颇有印象。近年才了解到,在 2014 年,“实践号”经过武昌船舶重工的恢复性修理,更名为“新实践”,又继续驰骋在海洋上创造新的辉煌。

图 16-20 为海洋地质调查船“海洋二号”，由沪东造船厂建于 70 年代初期。其总长 104.21 米，型宽 13.74 米，型深 7.8 米，吃水 4.9 米，满载排水量 3 295 吨，空载排水量 2 296 吨，续航力 5 000 海里，自持力 30 天，主机为沪东造船厂生产的 9ESDZ43/82 型柴油机两台，功率 2 × 4 500马力，航速 20 节。

图 16-20　海洋地质调查船“海洋二号”(1974 年)

我国在设计建造和使用海洋调查船方面有着一定的实践经验，为后来在 20 世纪 80—90 年代成功地设计建造“向阳红 10 号”科学考察船和航天测控船“远望号”奠定了技术基础。

七、侧壁式气垫船和全垫升式气垫船

气垫船在水面上既不靠浮力，也不靠水动力(举力)，而是由船底与水面之间的空气静力支持。船体已经离开水面，所以受到的水阻力就非常之小，从而可以提供航速。气垫船的最高航速可达到 80 节。图 16-21 所示为我国第一艘气垫客船——侧壁式气垫船“金沙江号”①，由 708 所设计，由沪东造船厂建成于 1971 年，总长 23.3 米，总宽 6.4 米，总重 28 吨，有效载重 6 吨，载客定额 80 人，主机采用 12V135ZC 型柴油机 3 台，总功率 1 140 马力，最大航速 57 千米/小时。

图 16-21　侧壁式气垫船“金沙江号”(1971 年)

① 武汉水运工程学院：《船舶概论》，北京：人民交通出版社，1979 年，第 42 ~ 44 页。

气垫船有两大类型：一为全垫升式，可以水陆两栖使用，但只能用空气螺旋桨推进；一为侧壁式，即左右两个侧壁沉入水中，从而可以采用水力螺旋桨推进，较为经济。

为形成气垫，可利用轴流式或离心式风扇。空气通过气垫船下部四周的环状喷缝喷出，形成气幕。气幕将船体下面的空气围住，叫作气垫。气垫的压力比外界的压力高，可将船体托起。为了节省功率，气垫的高度，或者说船体与水面的高度，大致限制在船长的2%以内。气垫高度小，对越波和越障显然是不利的。因此，把全垫升式气垫船的周边设计出柔性围裙或柔性喷口，这样就能使船底结构与水面间的间隙增大，提高越障能力。

我国在气垫船的研制方面是有基础的。哈尔滨军事工程学院的录像片披露：早在1957年，该学院海军系的顾懋祥、恽良就开始研制气垫船并获初步成功，受到国防部部长彭德怀元帅的鼓励。1959年7月11日，恽良一行以4吨重的铝质气垫船在旅顺口海面做16海里的长距离试航并登滩成功，平均航速50千米/小时，最大航速69.5千米/小时。英国工程师在13天后，即7月24日，以3.4吨的铝质气垫船在英吉利海峡进行长距离试航，平均航速只有24千米/小时。我国的这一纪录，既是中国第一，也是世界第一。

我国708所于1965年建成载人全垫升式气垫船711-Ⅰ型，于1966年在淀山湖试航成功，航速达90千米/小时。“由于操纵失误和船的稳定性不佳，在航行时为规避小船而做急转弯时倾覆了，幸未发生人身事故。”① 708所在711-Ⅰ型的基础上，于1968年建成操纵性更好的711-Ⅱ型。

1978年5月，由708所设计、由柳州船厂建成711-ⅡA型载客20人的全垫升式气垫船，铝质船体，总长12.9米，宽5.8米，深4.258米，采用604航空活塞式发动机2台，总功率352千瓦，用空气螺旋桨，航速达70千米/小时。这是我国最早趋于实用的全垫升式气垫船。

① 恽良：《气垫船原理与设计》，北京：国防工业出版社，1990年，第20～22页。

第十七章 改革开放让中国船舶走向世界（1979—2010 年）

第一节 改革开放新时期中国船舶进入国际市场

一、大连造船厂建造第一艘出口船舶“长城号”赢得国际声誉

改革开放新时期，我国船舶工业的一项突出成就，就是船舶产品进入国际市场。第一艘出口船舶是由中国船舶与海洋工程设计研究院设计、由大连造船厂建成的 27 000 吨远洋散货船“长城号”。[①] 27 000 吨远洋散货船“长城号”，是大连造船厂接受包玉刚之弟包玉星掌管的香港联成轮船有限公司的订货，于 1982 年建成交船。

在整个建造施工过程中，设计单位、造船厂、验船师之间真诚合作，共同为建造高质量的出口船做出了巨大贡献。1981 年 9 月 14 日，“长城号”举行下水典礼（见图 17-1），时任国务院副总理谷牧专程来到大连为新船下水剪彩。船东包玉星先生陪同其父，即时任环球航运集团名誉主席包兆龙，还有其亲友数十人，从香港租赁两架包机飞赴大连，参加下水典礼并参观考察。

“长城号”远洋散货船（见图 17-2）于 1982 年交船后，首航经日本驶向太平洋彼岸的美国港口。航行历时一个月，航程近万海里，“长城号”在途中经受了 4 次狂风巨浪的考验，安然抵达美国洛杉矶，各种设备运转正常。经检验，万米焊缝无一破损，全船油漆无一处剥落。船东包玉星先生来信，高兴地把“长城号”誉为“无可怀疑的优秀船只”。包先生还在报纸上发表文章，热情地介绍中国造船工业的发展水平，盛赞大连造船厂的建造质量，对双方的首次合作成功表示满意。劳氏船级社主席评价说“长城号”的出口开创了“中国船舶工业的新纪元”。

---

① 席龙飞：《中国船舶工业》，北京：人民交通出版社，1997 年，第 51 页。

图 17-1　27 000 吨远洋散货船“长城号”下水

图 17-2　第一艘出口船舶 27 000 吨远洋散货船“长城号”

由于第一艘 27 000 吨远洋散货船“长城号”树立了良好信誉，大连造船厂在国际市场上的影响迅速扩大。各国、各地区的订货商纷至沓来。到 1984 年 8 月，连续三年共向中国香港、德国的航运公司交出 8 艘 27 000 吨远洋散货船。

大连造船厂于 1986 年 12 月为挪威克纳森航运公司建成 115 000 吨穿梭油船（见图 17-3）；1987 年又向该公司交出 2 艘 69 000 吨化学品/成品油船（图 17-4）；1988 年 12 月又向挪威奥格兰德交出 118 000 吨穿梭油船（图 17-5）。

1988 年 4 月，大连造船厂为比利时考贝尔弗雷特公司建成 7 000 吨滚装船“雪莓号”（见图 17-6），第二年又交出其姊妹船“蔷薇号”，紧接着又为该公司建成 2 艘 6 500 吨滚装船。

大连造船厂自主开发研制的中国名牌产品——44 000 吨成品油船，在国际市场被誉为“中国大连型”（见图 17-7）。其首制船“路安号”和第二艘船“阿格·欧丽苞号”分别于 1991 年和 1992 年交付瑞典阿格诺克航运公司，第三艘“托姆·吉达号”，于 1992 年 6 月交付丹麦的托姆公司和挪威的吉达公司。

图 17-3　大连造船厂于 1986 年为挪威建成的 115 000 吨穿梭油船

图 17-4　大连造船厂于 1987 年为挪威建成的 69 000 吨化学品/成品油船

图 17-5　大连造船厂于 1988 年为挪威建成的 118 000 吨穿梭油船

图 17-6　大连造船厂于 1988 年为比利时建成的 7 000 吨滚装船

“中国大连型”44 000 吨成品油船的后 3 艘，均交付香港华光航运公司。“中国大连型”成品油船，5 年内完工 6 艘，都交付国际航运市场，并受到船东的热烈欢迎。

图 17-7　大连造船厂开发研制的被誉为“中国大连型”的 44 000 吨成品油船

二、“中国江南型”散货船获国际航运界欢迎

第一艘出口船舶“长城号”之后，紧接着江南造船厂承接香港包玉刚的环球航运集团订货的“世沪号”。包玉刚曾要求英国首相撒切尔夫人专程赴上海为“世沪号”剪彩（见图 17-8）。“世沪号”（见图 17-9）的建成无疑是江南造船厂新的里程碑。

正当江南造船厂以“世沪号”为契机，试图进一步抢占国际船舶市场时，世界经济风云突变，波澜起伏的国际船舶市场转入了令人揪心的萧条期。江南造船厂基于对国际航运市场的判断，果断地选择了巴拿马型散货船作为当时及以后一段时间内的主导产品。当时香港环球航运集团（包玉刚）已有订造该型船舶的意向。

图 17-8　撒切尔夫人为“世沪号”剪彩

图 17-9　江南造船厂为香港建造的 27 000 吨散货船“世沪号”

江南造船厂为香港建造的可通过巴拿马运河的 64 000 吨散货船“瑞祥号”(见图 17-10),于 1987 年 10 月驶抵香港,当即受到航运界的称赞。1988 年年初,“瑞祥号”途经大西洋、太平洋时,在极其恶劣的海况和 11 级大风的考验下安然无恙,船体和各种机械设备未发现损坏,货舱舱口盖也没有发现渗漏现象,尤其是航速及相应的油耗指标等均符合设计要求。船东和租船方都非常满意。事实证明,该型船舶性能优异、品质过硬,船东盛赞其为“中国江南巴拿马型”,此后即以“中国江南型”被英国伦敦租船市场单独挂牌,自然成为国际著名品牌。为比利时建造的“中国江南型”68 500 吨散货船“凯摩自豪号”,如图 17-11 所示。

“中国江南巴拿马型”船创出国际品牌后,同类型船舶被美国、法国、中国香港等国家和地区的客商连续订购了数十艘,其中第三、第四艘分别于 1900 年 1 月和 1990 年 5 月交船。其船东——美国泛太平洋轮船公司为江南人坚持“质量第一”的精神所折服,将江南造船厂建造并已命名的 2 艘 65 000 吨远洋散货船的姊妹船,改名为“中国光荣号”“中国自豪号”,还将续订的 3 艘 70 000 吨新型“中国江南型”散货船分别命名为“中国精神号”“中国希望号”“中国欢乐号”(见图 17-12)。这是对江南造船厂生产技术的肯定,也是对中国工人和技术人员取得的巨大成就的敬意。

图 17-10　首艘“中国江南型”64 000 吨散货船“瑞祥号”

图 17-11　为比利时建造的“中国江南型”68 500 吨散货船“凯摩自豪号”

在 20 世纪 80 年代初，我国曾为联邦德国建造多艘集装箱船，由于船型新、质量好、造价低廉、营运效益高，它们在德国航运界享有良好的声誉。当大型汽车滚装船招标公告向全世界公布后，江南造船厂以技术指标先进、价格合理等优越条件战胜了国际强有力的竞争对手而一举中标。载车 4 000 辆的滚装船“沃尔夫斯堡号”(见图 17-13)于 1988 年交船,其姊妹船“汉诺威号”也相继完工交船。图 17-14 展示了“汉诺威号”宽大的尾跳板。该滚装船的装卸效率极高。

这艘 24 000 吨级汽车滚装船,从其主尺度、性能和船舶的各项特点来看,已达到当时世界同型船舶的先进技术水平,如所有的主、辅机的高度自动化和遥控化,船舶停靠码头和倒放、收闭尾部及中部跳板的电动液压自动化,船舶操纵、导航设备的新颖先进,等等。30 名船员的居住舱室设施完备,舒适方便。该型船舶堪称“世界未来型”船舶。

图 17-12　为美国建造的“中国江南型”70 000 吨散货船“中国欢乐号”

图 17-13　载车 4 000 辆的滚装船“沃尔夫斯堡号”

图 17-14 载车 4 000 辆的滚装船“汉诺威号”的尾跳板

三、上海造船厂向西欧出口多用途货船和集装箱船

1983 年,上海造船厂建造了可载 724 个标准箱的 12 300 载重吨多用途货船(见图 17-15)。首批即向西欧出口该型船 4 艘,曾荣获国家优质工程金质奖。在此型船舶的基础上加以改进,采用本厂生产的苏尔寿 6RTA48 型超长冲程柴油机,减轻船体自重,推出一种节能型新船,从而又获得古巴远洋公司 3 艘船的订货合同。

图 17-15 上海造船厂建造的 12 300 载重吨多用途货船

上海造船厂在向西欧和古巴出口多用途集装箱船之后，又为德国建造了 8 500 立方米冷藏/集装箱船（见图 17-16），其质量上乘，受到船东的好评。同型船舶向德国、塞浦路斯出口 8 艘，获 1992 年度国家科技进步奖。

图 17-16　上海造船厂为德国建造的 8 500 立方米冷藏/集装箱船“蓝天号”

四、沪东造船厂为原联邦德国造船

沪东造船厂为原联邦德国劳埃德轮船公司建造的 40 000 吨级全格栅式大型冷风集装箱船（见图 17-17），于 1988 年开工，1989 年 4 月命名为“柏林快航号”，6 月 26 日下水。该船采用不对称尾型，其导航系统可实现从起运港到目的港全程自动导航。全船只需 16 名船员，可载 2 700 个标准集装箱，其中 544 个冷藏箱可自动调温。这是一艘被国际航运界誉为“未来型”的大型集装箱船。

图 17-17　沪东造船厂建造的 40 000 吨级冷风集装箱船“柏林快航号”

沪东造船厂建造的68 000吨油船的首制船，于1992年建成。这是国际上需求颇大的在整个货油区具有双层壳和双层底但不设纵壁的新型油船。其主机安装了该厂生产的HD-B&W6S60型柴油机。

1993年，沪东造船厂建成70 000吨级散货船，主机为该厂生产的HD-B&W6S60型柴油机。

五、广州、天津、福州、扬州诸多船厂都各有所获

除上海、大连地区之外，我国许多地区的各个造船厂都陆续建造了出口船舶。

广州的广船国际为香港万邦公司建造25 500吨成品油船"海上骄傲号"。广船国际为出口还批量建造了26 300吨运木船。图17-18为首制船"海上骄傲号"的下水仪式。

图17-18　25 500吨成品油船"海上骄傲号"的下水仪式

天津新港船厂为日本建造了15 000吨散货船，还为中国香港地区建造了14 200吨散货船"观音号"（见图17-19）。

福建马尾船厂设计建造的7 300吨、7 800吨、8 200吨多用途集装箱货船，成批出口德国。图17-20为7 300吨集装箱货船"温妮莎号"。

江苏扬州的江扬船厂也为日本建造了300吨全回转起重船和12 500吨甲板驳船。

图 17-19　天津新港船厂为香港建造的 14 200 吨散货船“观音号”

图 17-20　福建马尾船厂设计建造的 7 300 吨集装箱货船“温妮莎号”

第二节　开发海上石油资源工程船舶的研制

在改革开放新时期,中国船舶工业的另一项重大成就是在海洋石油资源开发方面,建造了各式钻井平台,有的还出口到国际市场,还设计建造了海上浮式生产储油船 FPSO(Floating Producting Storage and Offloading)。

一、自升式钻井平台的设计建造

在 1979—1983 年,大连造船厂为渤海油田建成工作水深 40 米的自升式钻井平台5座,4根升船桩均长78米,直径3米。1982年,该厂还为美国贝克公司建造2座“大足Ⅲ”型自升式钻井平台(见图17-21),其主要尺度是47.47米×33.53米×4.57米,吃水3.05米。

图17-21　大连造船厂建造的“大足Ⅲ”型(右)自升式钻井平台

广州黄埔造船厂为新加坡华昌集团建造了自升式钻井平台“华海一号”(见图17-22),于1983年11月交船,获业主好评。1988年,经国家经委评定为中国优秀科技成果一等奖。[①] 该平台工作水深200英尺(60.96米),最小移动水深3.5米,最大钻井深度6 100米,可抗最大浪高18.3米,可抗最大风速100节。该平台当时是我国建造的最大的自升式平台。平台由以下4部分组成:

(1)平台主体:总长47.85米;
总宽40.23米;
型深5.49米;
下水重量2 387吨。

(2)沉垫:总长67.06米;
总宽56.39米;
型深3.05米;
下水重量1 523吨。

① 《广州黄埔造船厂简史》编委会:《广州黄埔造船厂简史(1851—2001)》,2001年,第90~91页。

(3)立柱:每根外径3.35米,共3根;
柱长82米;
柱脚间横向跨距33.5米;
柱脚间纵向跨距38.7米。

(4)悬臂滑架装置:上装钻塔及绞车等钻井设备,此外还有直升机平台(18.29米×21.34米)。

图17-22 广州黄埔造船厂建造的自升式钻井平台“华海一号”

二、半潜式钻井平台的设计建造

自升式钻井平台属接地式钻井平台,它受到工作水深的限制。例如,前述大连造船厂1979年为渤海油田建造的40米自升式平台,其工作深度以40米为限。广州黄埔造船厂于1983年为新加坡华昌集团建造的“华海一号”,其工作水深也只有60米。当工作水深超过100米或需要在更深的海域钻探石油时,就需要浮式钻井平台了。

1986年9月,由708所设计、由上海造船厂建成的半潜式钻井平台“勘探三号”(见图17-23)通过国家鉴定。

图 17-23　上海造船厂建造的半潜式钻井平台“勘探三号”

浮式平台的下体可以是船形或圆形浮体，有若干立柱与水面以上的平台连接。钻井工作时浮体潜沉于水下一定深度。“勘探三号”就是浮式平台。此种平台的最大特点是船体水线面积很小，相当于小水线面船。被托出水面以上的平台基本上不受波浪的侵袭，沉潜于水中的浮体受波浪的扰动力也较小。水线面积小，从而使平台在波浪中能有较小的相应运动，这对浮式钻井平台具有十分重要的意义。半潜式钻井平台发展迅速，作业水深达 500 米，能抗 12 级风和 8 米高的巨浪。该平台投产不久就创下了打井深度为 5 000 米的纪录。①

三、步行坐底式钻井平台的创造与发明

海湾的潮间带和滩涂地带，海水时浅时深，“涨潮一片海，退潮一片泥”，即使是坐底式钻井平台，也难以在此间移动。山东渤海湾的胜利油田与上海交通大学通过联合研究与设计，开发并创造了步行坐底式钻井平台“胜利二号”（见图 17-24）。

① 席龙飞：《中国船舶工业》，北京：人民交通出版社，1997 年，第 93 页。

“胜利二号”解决了在世界上难以进入的海陆过渡的海滩区域进行钻探的技术难题。

图 17-24 步行坐底式钻井平台“胜利二号”

“胜利二号”，有水时是一艘“船”，无水时是一辆“车”。其特点是该平台沉垫结构分成外体与内体，沉垫的外体与内体的水平面积相当，内体与外体可以借助液压设备相互升降。外体与内体之间有 7 米的空间。当内体升起之后还可以向前移动 7 米，然后将内体降下、外体升起。当外体升起之后也同样可以向前移动 7 米。这就是“胜利二号”独具的“步行爬滩”技能，满足了在潮间带进行石油勘探开发的需要。

1988 年，“胜利二号”投入使用，性能完全达到设计要求。该项发明获 1991 年专利金奖、1992 年度十大科技成就奖及 1995 年国家技术发明二等奖。主持此项研究工作的上海交通大学船舶与海洋工程系马志良教授于1991 年荣获上海市劳动模范称号。

四、海上浮式生产储油船的设计建造

在开发海洋石油资源领域，与钻井平台并肩作战的还有海上浮式生产储油船 FPSO。

海上浮式生产储油船，要在船舶使用年限内“终生”在海上油田单点系泊，把来自油井的油气水等混合液加工处理成合格的原油，注入货油舱储存。将分离出来的石油气作为船上的能源利用，所分离出来的水经过处理后排放归海。海上浮式生产储油船不仅能进行油气处理、发电、供热、原油产品暂时储存以供外运,还能为工作人员提供生活居住设施。即使在台风、海啸疯狂肆虐,各种船舶尽早躲避之时,浮式生产储油船也必须镇定地坚守在咆哮的大海上,好似漂浮在茫茫大洋上的“陆地”,要坚持到船舶使用年限,如 25 年或 30 年。海上浮式生产储油船,具有高技术、高可靠性、高风险、高附加值、高投入、高回报等特点。

(一)“滨海 621 号”

1981 年,大连造船厂建成 25 000 吨钢臂式单点系泊储油船“滨海 621 号”,总长 150 米,型宽 24 米,型深 14.4 米,设计吃水 10.2 米。

(二)“渤海友谊号”

1989 年,由中国船舶与海洋工程设计研究院设计,沪东造船厂建成 52 000 吨浮式生产储油船首制船“渤海友谊号”。该 FPSO 的建成实现了我国海上石油生产设施的零突破,是世界上首次将 FPSO 用于有冰海域,是我国船舶工业在海洋工程领域的标志性产品,曾荣获 1991 年国家科技进步奖一等奖和国家金奖。在 2005 年中国首次开展的十大名船评选活动中,“渤海友谊号”被选为十大名船之一。

(三)“渤海长青号”

“渤海友谊号”的姊妹船“渤海长青号”(见图 17-25),也是沪东造船厂的产品。

图 17-25　沪东造船厂建造的 52 000 吨浮式生产储油船“渤海长青号”

(四)"渤海明珠号"

1992年,上海江南造船厂建成75 500吨浮式生产储油船"渤海明珠号"(见图17-26)并举行下水仪式。1993年6月举行交船仪式。同年7月28日—8月1日,"渤海明珠号"开始拖航,离开上海,来到辽东湾。1993年9月26日,投产剪彩仪式在绥中36-1油田举行。在渤海湾最大的油田服役期间,"渤海明珠号"书写了自己光彩的一页。

图17-26 江南造船厂建造的75 500吨浮式生产储油船"渤海明珠号"

2000年年底,"渤海明珠号"从绥中36-1油田退役,拖航至山海关船厂整修。2003年,焕然一新的"渤海明珠号"来到了蓬莱19-3油田,雇主康菲国际石油有限公司对它赞不绝口。2009年11月,"海洋石油113号"遭遇大风突袭,被迫脱解。"渤海明珠号"临危受命,临时复产渤中25-1油田,虽然是"小马拉大车",但圆满完成了临时复产任务。2013年8月,"渤海明珠号"拖航至山海关船厂整修,为下一次的起航做准备。

(五)"海洋石油111号"

150 000吨浮式生产储油船"海洋石油111号",由中国海洋石油总公司投资,由上海外高桥造船有限公司建成交船(见图17-27)。

图 17-27 上海外高桥造船有限公司建造的浮式生产储油船“海洋石油 111 号”

“海洋石油 111 号”是单底双舷侧结构的浮式生产储油船，总长 262 米，型宽 46 米，设计吃水 17.1 米，储油能力 157 500 吨，生活楼定员 100 人。该船采用内转塔式永久系泊，台风不脱解，能承受百年一遇的海上大风暴。

该 FPSO 项目由中国海洋石油南海西部公司负责承建，上海外高桥造船有限公司承担 FPSO 的设计和建造的总包工作，船体的设计由上海 708 所分包，克瓦纳集团公司承担 FPSO 上部模块的设计任务，海洋石油工程股份有限公司负责上部模块的建造。FPSO 单点系泊系统的设计建造由美国总统轮船(APL)公司完成。

目前，国外建造一座 15 万吨的 FPSO 一般要 30 个月以上，而“海洋石油 111 号”FPSO 从总体设计到交船只用了 22 个月，从船体建造投标到交船不到 20 个月，从船体建造开工到交船仅 16 个月，其建设速度之快创造了新的世界纪录。

“海洋石油 111 号”FPSO 由中国海洋石油南海西部公司以租赁的方式提供给南中国海珠江口盆地番禺 4-2/5-1 油田的作业者丹文(Devon)能源中国有限公司使用，并由中国海洋石油南海西部公司下属的油田服务(深圳)公司承担其在整个油田生产期间的操作与管理服务。该 FPSO 于 2003 年 9 月 1 日正式投入油田使用。

以总承包的方式建造，并向油田作业方提供出租、操作与管理服务的项目，是海洋石油基地公司寻求发展、创造新的经济增长点、建立新的支柱产业的一种全新尝试。FPSO 的设计、建造和租赁已成为中国海洋石油新的经济增长点，并可能发展成为一项支柱产业。

（六）“海洋石油 112 号”

由大连新船重工集团有限公司建造的 15 万吨浮式生产储油船“海洋石油 112 号”（见图 17-28），于 2004 年 5 月 15 日正式命名交船，船体总长 270 米，型宽 51 米，型深 23.6 米。“海洋石油 112 号”是中国海洋石油总公司建造的，可以抵御百年一遇的海上风浪，用于渤海油田的油气开发。

图 17-28　大连新船重工集团有限公司建造的“海洋石油 112 号”

（七）“海洋石油 113 号”

15 万吨浮式生产储油船“海洋石油 113 号”（见图 17-29），于 2005 年 1 月由上海外高桥造船有限公司建造，船东为中国海洋石油总公司。该船长 287.4 米，型宽 51 米，型深 20.6 米，为双底双壳结构，有 10 个货油舱。它集原油处理、储存、外输于一体，利用单点系泊装置，长期停泊在渤中 25-1 油（气）田海域，将井口平台开采的原油输送到穿梭油船，完成原油的外输。

渤海湾大部分区域水深在 30 米以内，冬季有冰，并且受海域内管网、航道、渔业影响较大。在前期分析的基础上，项目组决定将新单点系泊设计为水上软钢臂式单点系泊系统。水上软钢臂式单点系泊系统更适于浅水,可抗冰,对水下占用空间和影响也较小。

图 17-29 上海外高桥造船有限公司建造的“海洋石油 113 号”

(八)“海洋石油 117 号”

我国第一艘完全自主设计建造的 300 000 吨级海上浮式生产储油船“海洋石油 117 号”(见图 17-30),于 2007 年 4 月 30 日在上海命名交付。这是国内建造的吨位最大、造价最高、技术最新的 FPSO 项目,标志着我国在 FPSO 领域的设计与建造已居世界前列。“海洋石油 117 号”用于中国海洋石油总公司和康菲石油中国公司共同开发的中国最大的海上油田——蓬莱 19-3 油田,于 2008 年投产。

图 17-30 上海外高桥造船有限公司建造的 300 000 吨“海洋石油 117 号”

迄今为止,中国已经成为全球最大的 FPSO 制造与应用国,所拥有的 FPSO 数量与吨位均居世界首位。大型海上浮式生产储油船已经入选中国邮票设计方案(见图 17-31)。

图 17-31　大型海上浮式生产储油船已经上了中国邮票

(九)"海洋石油 118 号"

2014 年 8 月 8 日,708 所为中国海洋石油总公司恩平油田设计的浮式生产储油船"海洋石油 118 号"(见图 17-32)在辽宁命名。

图 17-32　大连船舶重工集团建造的浮式生产储油船"海洋石油 118 号"

这是大船集团时隔7年,为该公司建造的第5艘浮式生产储油船。“海洋石油118号”是国内首艘压载舱涂层执行PSPC标准,结构疲劳设计寿命为30年,15年单点不脱解、不进坞,且满足南海500年一遇台风不脱解条件的15万吨级浮式生产储油船。其技术复杂程度和建造难度都是前所未有的,该船总长266.4米,型宽48.9米,型深26.7米,设计吃水17.8米,设计水深90米,设计寿命30年,自持力21天,定员100人。上部模块共有9个,分别为:电气间模块、发动机模块、热站模块、计量模块、水处理模块、燃料油处理模块、油处理1模块、油处理2模块、火炬臂。上部模块共有6台发电机,船体设置一台应急发电机。据悉,项目使用钢材总量达到3.5万吨,采办的大中型设备国产比例近80%。

(十)圆形浮式生产储油船

山东烟台莱佛士船业有限公司建成圆形浮式生产储油船“SSP-300FPSO”(见图17-33),圆形设计很有新意,目的是化解来自各个方向的阻力。“SSP-300FPSO”的船东是Sevan Marine,该船已取得挪威船级社(DNV)的船级。

图17-33　山东烟台莱佛士船业有限公司建造的圆形浮式生产储油船

第三节 海洋科学考察船和航天测控船的研制

一、大型远洋综合科学考察船“向阳红 10 号”

20 世纪 60 年代，我国曾建成科学考察船“实践号”。在 20 世纪 70 年代初，还曾建成科学考察船“海洋一号”“海洋二号”。在改革开放新时期，我国在科学考察船的设计建造方面又有新的进展，最突出的成就是建成科学考察船“向阳红 10 号”（见图 17-34）。

图 17-34 远洋综合科学考察船“向阳红 10 号”

1979 年 11 月，上海江南造船厂建成科学考察船“向阳红 10 号”，交付国家海洋局使用。“向阳红 10 号”总长 156.2 米，型宽 20.6 米，吃水 7.75 米，排水量 13 000 吨，主机为 9 000 马力柴油机 2 台，巡航速度 20 节。在前甲板上布置有起重机，可吊放深潜器；在后甲板布置有直升机起降平台，可起降考察直升机。

“向阳红 10 号”双桨双舵，其舵上带有微型螺旋桨，这种舵被称为主动舵。这不仅极大地改善了船的操纵性，而且在主机关停的状态下，靠主动舵也可以实现考察船的微速行驶，以实现某些特殊的项目，如底拖网调查。船中舭部装有防摇鳍，因此船的适航性能极好，在 12 级风中可以坚持航行，且在任何两舱进水的情况下不致下沉。

“向阳红 10 号”主要承担大洋的海洋水文、气象、水声、物理化学、地球物理、地质地貌、海洋生物等调查研究，为发展海洋科学和开发海洋资源服务。它曾参加中国首次发射运载火箭、同步通信卫星等重大科研试验任务，于 1988 年获国家科技进步奖特等奖，于 2006 年 3 月被评选为中国十大名船之一。

二、航天测控船“远望3号”

早在20世纪70年代，我国曾研制成功一种现代化测控船“远望号”。“远望1号”建成于1977年8月，“远望2号”建成于1978年9月。

“远望号”测控船装备有完善的导航设备和精密的测量系统。它的导航设备除了一般舰船上使用的光学导航设备、天文导航设备、无线电导航设备外，还有卫星导航和声呐信标导航设备，从而可以精确测量船位，保证对导弹、卫星、飞船进行精确测量。

测控船上的测量系统有雷达跟踪系统，有一个巨大的抛物面天线，能连续跟踪飞行中的火箭、卫星、飞船；遥测系统也有巨大的抛物面天线，可接收飞船发出的数据信息，并能转发给控制中心。VHF语音通信系统，用于飞船与地面控制中心的语音通信，通信系统用于船上各部门间和外界的通信联系、数据传输。数据处理系统用于对各系统测得的数据进行综合处理，传送到发射控制中心。

1995年5月18日，经过十多年的航天测控实践，高水平的“远望3号”（见图17-35）于江南造船厂建成并投入使用。这是我国海上航天测控事业走向成熟、迈向未来的又一新的里程碑。“远望3号”总长180米，宽22.2米，吃水深度8米，最大高度37.8米，满载排水量1.7万吨，巡航速度18节，最大航速20节，续航能力1.8万海里。

图17-35　江南造船厂建造的航天测控船“远望3号”

1995年11月，“远望3号”实施“亚洲二号”卫星海上测控任务，首战告捷；1996年，两度出征，两战两胜。1997年，“远望3号”六下太平洋，出色完成了海上动态性能校飞以及“东方红三号”“亚太二号 R”“铱星”等五次国内外卫星发射的海上测控任务，总航程近 4 万海里，相当于绕地球赤道两圈，创下我国远洋航天测控史的新纪录。

1997 年 4 月—6 月，“远望 3 号”在不靠外港的情况下，一次出海连续作战 60 天，不仅超时段、高质量地完成了“东方红三号”“风云二号”任务，而且迈出了从单一遥测到综合测量的关键一步。12 月，该船再次受命，赴南海执行“铱星”任务，并又一次取得海上测控任务的全胜。

1998 年，“远望 3 号”又下大洋，一次出海 87 天，安全航行 1.65 万海里，出色完成了两次卫星海上测量及海域调查新任务，首次跨入西半球，创下单船海上测量时间最长、航程最远、屡战屡胜的新纪录。

1999 年 3 月 17 日，中央军委主席签署通令，给“远望 3 号”记一等功。2006 年 3 月，“远望 3 号”入选中国十大名船。

三、“向阳红 10 号”被改装成“远望 4 号”

远洋航天测控船，在对卫星、宇宙飞船进行测控时，往往要几艘测控船同时进行。“向阳红 10 号”，虽然是海洋科学考察船，但是屡次都像测控船一样完成测控任务，于是高层才有将其改装成测控船的决策。

1998 年 8 月，“向阳红 10 号”改造成“远望 4 号”远洋航天测控船。改装工程共分为改造、更新、修理、特装等 4 大类，共 400 余个工程项目，主要对航天测量、航海气象、通信导航、船体结构、动力装置、甲板机械及房舱进行了重大改造。江阴澄西修造船厂承担改装工程，与 1999 年 7 月完成技术改装，正式交付中国卫星发射系统部海上测控部使用。它主要担负导弹、卫星和宇宙飞船的海上跟踪、遥测、通信和控制任务，具有测控精度高、实时性强、全天候工作等优点。在短短几年时间内，它出色完成了对我国载人宇宙飞船和“嫦娥一号”探月卫星的测控任务。

四、“远望 3 号”测控船之后

继“远望 1 号”“远望 2 号”“远望 3 号”3 艘远洋航天测控船之后，“远望 4 号”是由远洋科考船“东方红 10 号”改装而成，已如前述。

（一）“远望 5 号”

与原有的 4 艘“远望”测控船相比，“远望 5 号”（见图 17-36）设计更加先进、美观，设备配置更加合理，数字化、标准化、系列化和通用化程度明显提高。船内采用光纤构建综合信息高速传输平台扩展业务功能，实现信息资源共享，并具备海上智能会诊、排除故障能力。全船成功采用减振降噪技术和变风量空调系统，同时在舱室布置上也更人性化，功能更齐全，大大提高了船员长期远洋生活的舒适性。

图 17-36　远洋航天测控船"远望 5 号"

"远望 5 号"是中国第三代具有国际先进水平的大型航天远洋测控船，于 2007 年 9 月 29 日在江南造船厂正式交付中国卫星海上测控部使用。"远望 5 号"测控船集船舶建设、航海气象、电子、机械、光学、通信、计算机等领域的最新技术于一身，由通用船舶平台和航天测控装备两大部分组成，分为船舶、测控、通信、气象等 4 个系统。其满载排水量 25 000 吨，抗风能力可达 12 级以上，能在南北纬 60°以内的任何海域航行。

（二）"远望 6 号"

"远望 6 号"是我国第二艘第三代远洋航天测控船（见图 17-37），由 708 所设计，于 2006 年 4 月在江南造船厂开工建造，2007 年 3 月 16 日下水，2008 年 4 月 12 日交付中国卫星海上测控部使用，2008 年 7 月具备执行任务能力。其满载排水量 25 000 吨，总长 130 米，宽 22.6 米，高 38.6 米。

图 17-37　远洋航天测控船“远望 6 号”

（三）“远望 7 号”

“远望 7 号”于 2012 年批准立项，2014 年 10 月 10 日在江南造船集团有限责任公司开工建造，2015 年 10 月 15 日下水，历时 18 个月建成。2016 年 7 月 12 日，“远望 7 号”远洋航天测控船正式入列。

与美国、俄罗斯、法国相比，我国的航天测控船有以下三个特点：

（1）船只数量少，综合效益高；

（2）只能保证对航天器关键弧段测控支持；

（3）单船单站测控，测控的可靠性要求高，必须进一步提高测控精度。

五、载人深潜器的研制

为对大洋深处进行资源调查和科学研究提供重要高技术装备，同时也为深海探测、海底作业研发共性技术，国家科技部早在 2002 年就将“蛟龙号”深海载人潜水器的研制列为国家高技术研究发展计划重大项目，启动“蛟龙号”深海载人深潜器自行设计、自主集成研制工作。“蛟龙号”深海载人深潜器设计最大下潜深度为 7 000 米，工作范围可覆盖全球海洋区域面积的 99.9%。

由于下潜深度为 7 000 米，“蛟龙号”要求具有高强度的耐压壳体；作为深潜器的动力，需要高性能蓄电池。针对作业目标需要稳定的悬停功能，“蛟龙号”有多个推进器。由于下潜极深，“蛟龙号”需要先进的高速水声通信系统，还要配备多种高性能的、在特殊海洋环境下完成保真取样以及钻探取芯等复杂设备。

在国家海洋局组织安排下，中国大洋矿产资源研究开发协会具体负责“蛟龙号”深海载人潜水器项目的组织实施，并会同中船重工集团公司第702研究所、中科院沈阳自动化研究所和声学研究所等约100家中国国内科研机构与企业联合攻关，攻克了中国在深海技术领域的一系列技术难关。经过6年的努力，完成了载人潜水器本体研制，完成了水面支持系统的研制，试验母船的改造以及潜航员的选拔和培训，从而使“蛟龙号”具备了开展海上试验的技术条件。

“蛟龙号”（见图17-38）的长、宽、高分别是8.2米、3.0米、3.4米，空重不超过22吨，最大载荷是240千克，最大速度为25海里/小时，巡航速度为1海里/小时。当前，“蛟龙号”最大下潜深度已达7 062米。

图17-38　“蛟龙号”深海载人深潜器

第十八章 国产大型低速船用柴油机的发展历程

蒸汽机固有的效率低下、体积硕大、功率受到限制等缺陷,影响其继续发展。在19世纪末开始出现冲动式和反动式蒸汽轮机,多用在大功率船舶上。汽轮机在我国运输船舶上的应用极其有限,就笔者所知,20世纪50年代末,大连造船厂建造的远洋货船“跃进号”,装船的是由苏联引进的13 000马力的蒸汽轮机;再有天津新港造船厂建造的“天津号”货船的动力装置是国产的5 000马力蒸汽轮机。

德国热机工程师鲁道夫·狄赛尔于1894年发明了二冲程内燃机(柴油机),1910年“沃尔卡努斯号”柴油机船诞生,从此打破了蒸汽机在船舶上应用的垄断。柴油机船在20世纪初开始崛起,到50年代几乎全部替代了老式的蒸汽机和高温高压的蒸汽轮机。由于船用大型低速柴油机的单机功率在不断提高,80年代以后达到约36 800千瓦(50 000马力)。在20世纪末,世界上最大的低速柴油机(Sulzer 11RTA96C)功率为65 800千瓦(88 310马力),几乎可以满足各类运输船舶的使用要求。

第一节 “面向世界吸收创新”观念的确立

我国造船工人因为有长期的修理柴油机船的实践,能够迅速适应制造船用柴油机的技术要求。我国的若干大型造船厂早在20世纪60年代,就曾经设计建造过多型船用柴油机装备国产客货船舶。例如,沪东造船厂在1960年建成的“民主18号”沿海客货船,所装备的就是该厂设计制造的6ESDZ43/82型船用柴油机2台,功率为2×2 000马力。沪东造船厂建造的6ESDZ43/82型船用柴油机还在多型船舶上应用。该厂1971年建成的“长征号”型海洋客货船,所装备的主机就是9ESDZ43/82型船用柴油机2台,功率为2×4 500马力。此外,大连造船厂于1960年建成4 500吨沿海油船“建设9号”,所装备的主机就是本厂设计制造的6ESD60/106型柴油机,功率为3 000马力。该油船正常营运25年后报废,其主机仍能正常工作。上海造船厂1974年建成的长江中下游大型客货船“东方红11号”,所装备的主机也是本厂设计制造的12V300型中速船用柴油机2台,功率为2×2 000马力。

虽然说我国的若干大型造船厂有设计制造船用柴油机的能力,也有过设计制造的实践,但是存在的问题也是明显的。首先,我国设计制造船用柴油机起步较晚,许多经济技术指标与世界名牌船用柴油机相比差距明显,缺乏竞争力;其次,我国的柴油机没有形成批量生产,在世界各个港口缺少正常的配件供应机制,难以满足航运需要。我国的业内人士早在20世纪60年代,就有引进世界名牌船用柴油机技术和组建专业船用柴油机厂的倡议和举措,后因被认为是“卖国主义”而作罢,大好的机遇就这样错过了。结果,为了国产大型船舶的配套,我们不得不从造机技术并不比我国先进的南斯拉夫购买大型低速船用柴油机。南斯拉夫购买专利技术后生产的第一批船用低速柴油机苏尔寿6RND76/155,就批量出口到我国。大连造船厂在1973年生产的4型“大理”型大舱口货船,就是安装的这批主机。还有在1974—1978年间经过定型并批量建造的16艘24 000吨油船,其所装备的主机也是进口的MANK9Z60/105E型大型低速船用柴油机,功率为7 279千瓦。[①]

进入改革开放新时期,克服了“极左”思潮的羁绊,中国柴油机事业得以不断地成长和壮大,开始实现两个转变。第一,从依靠自己的管理和技术向引进、应用外国的管理和技术转变;第二,从产品的内销向内外销相结合的方式转变。船舶动力的发展可以概括为8个字:“面向世界,吸收创新。”我国的上海沪东重机有限公司、大连船用柴油机厂和宜昌船舶柴油机厂都相继引进多型世界名牌船用柴油机技术,使船用柴油机的生产步入正轨,既满足了大力发展造船业的需要,也逐步缩小了与世界船用柴油机先进水平的差距。

还须注意到:2005年11月,在青岛海西湾开工建设的新的大型修造船基地,除具有建造大型船舶的能力之外,还具有制造大型低速船用柴油机的能力。再有,2014年6月,广船国际收购了位于广州市南沙区龙穴新建的广州中船龙穴造船有限公司全部股份,该公司也具有制造大型船用柴油机的能力。增加了青岛海西湾和广州中船龙穴两家后,我国从过去的上海、大连、宜昌三家变为目前有五家制造生产大型低速船用柴油机企业。

---

① 《大连造船厂史》编委会:《大连造船厂史》,第471页。

第二节 中国造机工业紧跟柴油机发展的世界趋向

一、发展大功率船用柴油机的的世界趋向

随着船舶向大型化发展,世界主要柴油机生产商正在研制功率更大的低速柴油机。图 18-1 为 MAN-B&W 智能型柴油机系列图谱。左列数字代表柴油机转数(转/分)的范围;ME 代表智能型柴油机;ME 前面的数字代表缸径(厘米);垂直的竖线代表气缸数。例如,K90ME 型柴油机,10 缸时的功率可达 50 000 千瓦。

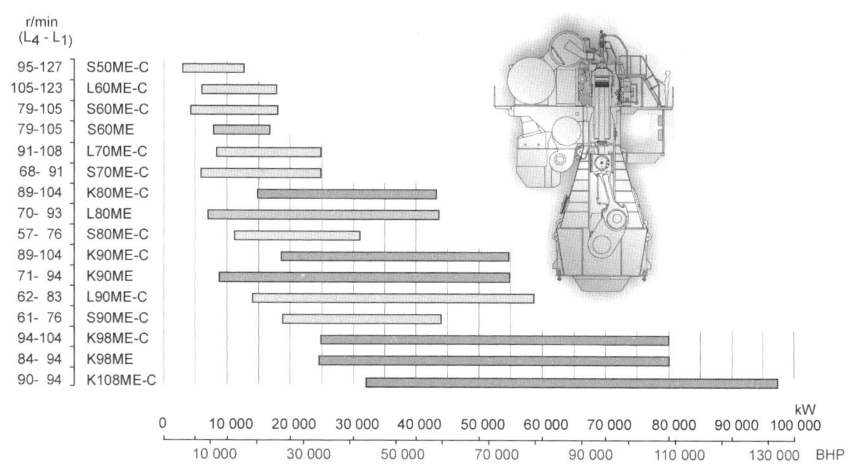

图 18-1 MAN-B&W 智能型柴油机系列图谱

2005 年 3 月,韩国现代重工集团制造出 MAN-B&W 12K98ME 型船用主机,功率达到 101 576 马力(74 760 千瓦),是世界上首台突破 100 000 马力的船用主机。

中国中船工业集团公司柴油机新基地项目启动,把大功率、智能化低速船用柴油机作为主要研制对象。过去中国船舶重工集团公司的大连船用柴油机厂已成功建造以满足大型集装箱船需求的船用 8K90MC-C 超重型柴油机主机。这是中国船舶重工集团公司首次建造成单机功率近 50 000 马力的超大型船用主机,此前,单机功率在 50 000 马力以上的主机几乎为韩、日两国所垄断。

二、为保护海洋环境对船舶废气排放严格限制的趋向

当前国际和有关地区海洋环境保护法规对船舶废气排放限定标准越来越严格。例如，挪威和瑞典已出台并执行有关停泊在港口码头的船舶废气排放含硫量限制在0.2%以内的规定。2004年6月，欧盟组织把船舶废气排放含硫量的限制规定区域扩大到北海、波罗的海和英吉利海峡的海域与港口。《国际防止船舶造成污染公约》(MARPOL)补充Ⅵ议定书中有全球船舶废气排放含硫量限制不超过4.5%的法规，已于2005年5月19日生效。2005年年初，美国政府海域环境保护部门在迈阿密召开船用重油会议，其专题就是如何在美国沿海港口实施进一步把船舶废气排放的含硫量限制在1.5%以下。从2003年起，日本造船业加强了基础经营管理，推进信息化，采取保护措施，减少氮氧化物(NO_x)的排放量，制定了逐步将沿海船舶和渔船的柴油发动机更换为NO_x低排放量发动机的政策。

严格限制船舶废气含硫氧化物(SO_x)、氮氧化物(NO_x)的排放，是当代船用柴油机技术发展的主要趋向。

三、船用柴油机发展智能化技术趋向

目前，世界上船用柴油机公司对智能化技术进行广泛的研究开发，不断推出新机型，代表性的有：

(1)MAN-B&W的智能化柴油机系列；

(2)苏尔寿－瓦锡兰公司的RT-Flex柴油机系列。

他们的关键技术主要包括三大部分：

第一，柴油机电子控制技术：通过检测柴油机的各种状态信号，根据内在的系统对柴油机喷射系统、电子调速系统、增压系统、排气阀系统进行电子控制。

第二，电子管理系统：能对柴油机性进行更高层次的控制，主要完成对柴油机监测、控制和故障诊断等功能的控制。柴油机电子管理系统可以完善对柴油机的监测，使功能更强大。

第三，多机通信管理系统：通过现场总线对多个柴油机组进行控制，提供与其他系统的接口以将柴油机控制纳入整船的管理系统。

通俗地说或形象地说：传统型柴油机向智能型柴油机转变，主要表现在取消了凸轮轴系统，增加了电控系统(见图18-2)。电控共轨船用主机是世界柴油机制造业的一次历史性革命。它将现代先进的电子技

术、同传统机械动力技术实现了完美结合，并逐步取代传统机型。业内专家预测，智能型柴油机将成为船用低速大功率柴油机的主流机型，代表当代船用柴油机的发展方向。

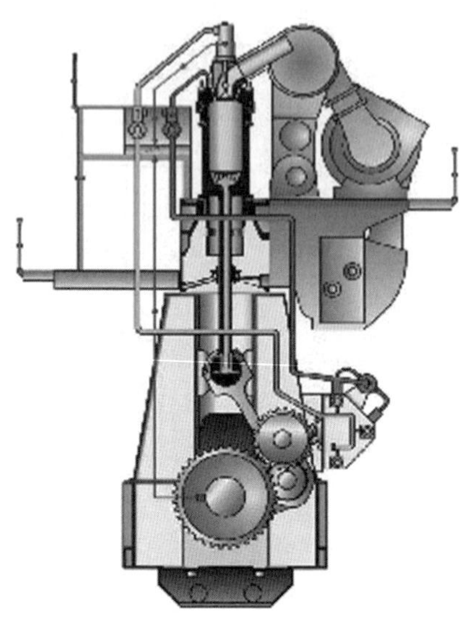

图 18-2 智能型柴油机
（取消了凸轮轴系统，增加了电控系统）

我国的船用柴油机生产也是紧跟世界潮流，发展智能化技术。2003 年，宜昌船舶柴油机厂生产了我国第一台 5 缸苏尔寿 - 瓦锡兰系列的智能型（5RT-Flex5T-B）船用柴油机。大连船用柴油机厂也生产过 7 缸苏尔寿 - 瓦锡兰系列的智能型（7RT-Flex58T-B）船用柴油机，最大输出功率为 15 260 千瓦（20 755 马力）。上海沪东重机股份有限公司与 2006 年生产了 7 缸苏尔寿 - 瓦锡兰系列的智能型（7RT-Flex60C）船用低速柴油机，最大输出功率达 22 000 马力以上。

第三节 国产大型低速船用柴油机走俏国际市场

一、大连船用柴油机有限公司

大连船用柴油机有限公司，原属大连造船厂，1958 年曾自行设计和生产了我国第一台船用低速柴油机（6ESD60/106 型，150 转/分，3 000 马力），装在 4 500 吨沿海油船“建设 9 号”上。在改革开放的大潮中，

1984 年该公司作为大连船用柴油机厂开始独立经营，成为生产船用大型低速柴油机的专业厂。从 1978 年起，该厂即引进国外专利技术，生产多种型号的船用低速柴油机，其中 DMD-SULZER-RL56、DMD-B&W 5L80MCE、DMD-B&W 5S60MCE 三种机型曾荣获国家专利金奖。该厂向德国、巴西出口大型船用主机，向日本、韩国、波兰等国批量出口柴油机零部件，利用机械加工的优势与国外厂家建立了比较稳固的柴油机大型部件供货关系。从 1981 年该厂第一台引进机建成到 2004 年该厂建厂 20 周年这段时间内，他们共计开发出了 14 代产品 34 种机型，生产了 230 台、共 350 万马力的主机，为 230 艘 1 100 多万总吨的船配套了主机。

2004 年，大连船用柴油机厂邹志明厂长在接受采访时曾说道："当我们还是大连造船厂的一个分厂时，从 1958 年到 1978 年，20 年共生产柴油机 13.7 万马力。1978 年，引进世界先进技术后，完成第一个 100 万马力用了 15 年时间，完成第二个 100 万马力用了 5 年时间，完成第三个 100 万马力仅用了 4 年，预计完成第四个 100 万马力只需要 2 年。到 2010 年，企业的年造机能力将达到 150 万～300 万马力。在我国建设成世界第一造船大国和振兴东北老工业基地进程中，大连船用柴油机厂将发挥重要作用。"①截至 2010 年 10 月，已经完成 147 万马力，大连船用柴油机有限公司（大连船用柴油机厂后改名为大连船用柴油机有限公司）在 2004 年做出的预期目标已经达到。

2005 年 8 月，大连船用柴油机厂制造了 7 缸苏尔寿－瓦锡兰系列的智能型船用柴油机（7RT-Flex58T-B），如图 18-3 所示，最大输出功率 15 260 千瓦（20 755 马力）。该机采用先进的电控系统控制燃油喷射、排气阀启闭、主机启动和换向，取代了凸轮轴系统，操作更加简单、方便，有效减少了主机自重，具有可靠、灵活和兼容性强的特点。投入使用后，该机在降低油耗、降低噪声、减少有害废气排放、延长大修期与超低速运行等方面收到了良好的成效。

2007 年 6 月，一台单机功率达 36 550 千瓦（49 680 马力）的超重型船用柴油机主机在大连船用柴油机厂建造成功（见图 18-4），这是我国企业首次建造成功的单机功率达到或接近 50 000 马力的超大型船用主机，填补了国内空白。这台船用柴油机主机的型号为 8K90MC-C，长为 15.6 米，高 12.4 米，自重达 1 253 吨，仅机内的一根曲轴就重达 211 吨。它的建造成功，打破了日、韩在 50 000 马力柴油机市场上的垄断。

① 席龙飞、宋颖：《船文化》，北京：人民交通出版社，2008 年，第 181 页。

图 18-3　7 缸苏尔寿－瓦锡兰系列的智能型船用柴油机(7RT-Flex58T-B)

图 18-4　大连船用柴油机厂建造的 49 680 马力超重型船用柴油机

2010 年 11 月，备受关注的首台国产 7RT-Flex84T-D 机顺利通过各项台架试验，在大连船用柴油机厂展示并交工(见图 18-5)。该机长 12.6 米、宽 5 米、高 14.8 米、重 990 吨，最大输出功率为 40 005 马力，是该公司建造的最大功率的智能型电控共轨柴油机。该主机装备在渤船重工为新加坡百国盛环球集团公司建造的 38.8 万吨超大型矿砂船上，该船是当时中国建造的最大船舶。

图 18-5　大连船用柴油机厂展示智能型 7RT-Flex84T-D 柴油机

7RT-Flex84T-D 柴油机按照国际最新设计和标准建造，研制主攻方向是节能和环保。在低碳排放条件下的该主机具有良好的可靠性、便捷的操控性能、较低的气缸滑油消耗率和燃油消耗率、相当低转速的稳定运行。它代表着当今世界船用柴油机制造技术的发展方向，在当前航运市场不景气、燃油价格不断上涨的情况下受到船东的特别青睐，正在成为目前世界航运界大型散货船和油船的主要动力之一。

首台 7RT-Flex84T-D 柴油机的成功建造，使大连船用柴油机厂的制造能力和水平有了新的突破，为今后开发和研制更大缸径的电控型船用柴油机积累了宝贵经验，也为其向世界一流造机企业的迈进奠定了坚实基础。

二、沪东重机有限公司

沪东重机有限公司是中国船舶工业集团公司下属中国船舶工业股份有限公司全资子公司，是集研发、制造、服务三位于一体的世界一流的船用动力装备企业。

公司的前身可追溯至 1958 年的沪东造船厂造机车间。早在 20 世纪 70 年代，沪东造船厂批量建造“长征”型沿海客货船 14 艘，就安装了本厂研制和生产的 9ESD42/82 型船用低速柴油机 2 台，功率为 2×4 500 马力。1998 年 5 月 12 日，沪东重机股份有限公司揭牌。上海沪东重机于 2003 年 7 月成功制造了 B&W 7S80MC 型大型低速船用柴油机（见图

18-6),更于2006年生产了7缸苏尔寿-瓦锡兰系列的(7RT-Flex60C)智能型船用柴油机。

图18-6 沪东重机生产的B&W 7S80MC型大型低速船用柴油机

经过近60年的风雨洗礼和历史积淀,沪东重机已经成长为国内最具实力的船舶动力装备企业。随着公司规模的扩大及业务的不断拓展,公司下属有中船动力研究院有限公司、上海中船三井造船柴油机有限公司、上海沪临重工有限公司、上海沪东造船柴油机配套有限公司、上海沪江柴油机排放检测科技有限公司等5家企业。

公司在船用低速柴油机动力领域具有雄厚实力,大型船用主动力柴油机制造居国内龙头地位、跨入世界一流方阵。产品随船出口世界各地,获得了良好的市场声誉。2015年年底,公司低速机年生产能力达到550万马力,产量位列世界第二,订单承接量位居世界第一,国际市场占有率达20%以上。截至2015年年底,沪东重机共制造各类柴油机2 904台/4 102万马力。

“十二五”期间,在沪东重机有限公司的统一战略部署下,公司加快了转型发展的步伐,设立动力研究院,构建了自主研发体系,推出了自主品牌中低速柴油机,SCR产品已经进入了工程化应用阶段。公司成功开发了MAN ME-C、苏尔寿-瓦锡兰RT-Flex和X型等系列电控型低速柴油机,其中6个机型为世界首制机,10个机型为国内首制机。沪东重机正在做台架试验的重型船用低速柴油机,如图18-7所示。

图 18-7　沪东重机正在做台架试验的重型船用低速柴油机

上海中船三井造船柴油机有限公司是由中国船舶工业集团公司、中国船舶工业股份有限公司和日本三井造船株式会社共同投资组建的一家船用大功率低速柴油机制造企业。公司位于上海临港新城重装备产业区内，占地近 40 万平方米，南临洋山深水港，北靠浦东国际航空港，具有区位优势。

公司总投资超过 28 亿元，分两期建设，每期工程投资约 14 亿元。公司拥有大型数控装备和现代化重型测试设备，并引进曼恩和瓦锡兰专利技术，主要生产气缸直径为 600 毫米以上的船用大功率低速柴油机。公司全面建成后将形成超过 300 万马力的柴油机年生产能力，2008 年 7 月成功制造中国首台世界最大缸径柴油机 CMD-MAN B&W 8K98MC（见图 18-8）。

图 18-8　上海中船三井造船柴油机有限公司制造的世界最大缸径的柴油机

三、宜昌船舶柴油机有限公司

宜昌船舶柴油机有限公司是专业生产二冲程低速大功率船用柴油机的国有企业，位于湖北省宜昌市，与葛洲坝水电工程毗邻。该企业主要生产从瑞士瓦锡兰公司和丹麦 MAN-B&W 公司引进的单机功率为 1 600 千瓦(2 180 马力)至 11 520 千瓦(15 600 马力)的系列二冲程低速大功率柴油机，用作大型远洋、江海联运船舶主机或陆用发电机组的动力机。

2007 年 3 月，该公司生产的我国首台 YMD-6RT-Flex50-B 智能型二冲程船用低速柴油机顺利通过台架试验，成功交验。该机已整机出口并装备于阿根廷一家造船公司建造的 50 000 吨原油船上。图 18-9 为该型柴油机在宜昌船舶柴油机有限公司交验的图片。

图 18-9　智能型主机 YMD-6RT-Flex50-B 在宜昌船舶柴油机有限公司交验

四、青岛海西船舶柴油机有限公司

青岛海西船舶柴油机有限公司(QMD)成立于 2006 年 12 月，坐落在青岛海西湾修造船产业基地，其前身青岛齐耀瓦锡兰菱重麟山船用柴油机有限公司，是一家由中国船舶重工集团、宜昌船舶柴油机有限公司、芬兰瓦锡兰集团和日本三菱重工共同出资成立的中外合资企业。2014 年8 月，QMD 进行了股权重组，成为中船重工集团旗下的全资子公司。公司引进国外先进的产品设计和技术工艺，装备有大型数控焊接、机加工设备、先进的装配生产线和测试装置。QMD 目前已经同时拥有曼恩、瓦锡兰和日本三菱制造专利，能生产 480 ~ 980 毫米缸径的二冲程船用柴油机。

公司目前的年生产能力为100万马力，未来二期将达到350万马力。QMD已交付了近百台船用柴油机，主要柴油机产品为苏尔寿-瓦锡兰的RT-Flex系列电控柴油机，缸径为480~820毫米，功率为8 725~31 640千瓦，所配船舶涵盖了从散货船、油船到集装箱船等大部分商用船型。2013年5月，公司为科考船"雪龙号"改装了主机(6RT-Flex60C)，使其在第30次南极考察航程中圆满完成了科学考察、极地救援等工作。

五、广州中船船用柴油机有限公司

2008年12月，位于广州市南沙区大岗镇的广州中船船用柴油机有限公司正式注册成立，总体规划生产目标为年产900万马力，其中一期工程生产纲领为年产低速柴油机300万马力。其主要生产WARTSILA和MAN B&W两种系列船用大功率柴油机，纲领产品为缸径为50~90毫米的机型。

第十九章　中国造船业为我国海军提供军用舰艇

“中国造船工业发端于19世纪下半叶，但是，由于旧中国政治腐败，长期战乱，积贫积弱，留给中华人民共和国的是一个破败不堪的烂摊子。中华人民共和国成立以后，政府致力于发展造船工业，经过40多年的努力，建成了具有自主科研、设计、配套、总装能力的工业体系，为航运、为开发海洋资源、为海军提供了大量的舰船和近海工程设施。”①

中国当代造船工业，60多年来，先后为海军研制成功各类舰艇，其战术、技术性能不断提高，在保卫海防、维护祖国海洋权益、护航护渔、国际维和和打击海盗等方面，发挥了重要作用。以核潜艇、导弹驱逐舰、航空母舰为代表的多种现代化舰艇研制成功，标志着海军武器装备发生了显著变化，中国“有海无防”的历史一去不复返了。

第一节　快艇、猎潜艇、扫雷艇以及登陆舰艇

一、鱼雷快艇与导弹快艇

中国人民解放军海军（以下简称中国海军）建立于1949年3月，限于当时的经济、技术条件，确定了海军的三大优先发展项目，即空、潜、快。空，即发展陆基的海军航空兵；潜，即发展潜艇；快，即发展快艇。

中国海军在建设初期，使用的主要是鱼雷快艇。当反舰导弹兴起之后，快艇则以导弹为主要进攻武器，从而兴起导弹快艇（导弹艇）。

1959年，中国与苏联达成协议，由苏联向中国转让“黄蜂级”导弹艇和配套的“冥河”反舰导弹的全部资料。中国方面随即开始仿制和改进设计。首艇（见图19-1）由上海沪东造船厂制造，1963年下水，1965年年底到中国海军服役。1970年，该艇全面实现国产化，西江造船厂也于1971年建成首艇。1975年，国产的导弹艇定型并批量生产98艘以上，成为中国海军的主要打击力量。

① 王荣生、刘松金、郑明：《中国船舶工业》，北京：人民交通出版社，1997年，“序”。

图 19-1　沪东造船厂建造的导弹艇

2004 年 4 月，上海江南造船厂建成双体穿浪型 022 型导弹艇（见图 19-2），其首艇编号为 2208，故此得名。022 型导弹艇是全世界第一种采用高速穿浪式艇设计的导弹艇，因此在发现之初曾引发“是否为试验艇”的疑问；但随着各地造船厂的大量建造下水，至 2009 年中已经有超过 80 艘下水或服役，证明它不是试验艇。

图 19-2　中国海军双体穿浪型导弹艇

022 型导弹艇，采用高速穿浪双体造型设计，其横截面具有明显的雷达信号消减特征，最高航速 50 节，具有高速灵活、隐形持久、火力强大以及防空能力强等优点，是一种灵活的武器发射载体。022 型导弹艇毫无疑问是一型设计较为成功的作战舰艇。

二、猎潜艇

猎潜艇(见图 19-3)是以反潜武器为重要装备的小型水面舰艇。

图 19-3 中国海军的猎潜艇

1953 年 6 月 4 日，中苏两国签订了《关于海军交货和关于在建造军舰方面给予中国以技术援助的协定》(简称《六四协定》)，苏联将已建成的 4 艘 6604 型猎潜艇转让给我国海军，并提供了该大型猎潜艇的技术文件。

6604 型猎潜艇长 49.5 米，宽 6.2 米，正常排水量 320 吨，采用 3 台中速柴油机，功率 3 ×3 300 马力，3 轴推进，最大航速 18 节，续航能力 3 000 海里/12 节。主辅机布置在两个机舱内，任一舱破损进水时仍能航行。全艇成员 60 人，其中军官 4 人。艇上的武器装备主要包括:1 座单发 85 毫米炮，2 座单管 37 毫米炮，2 挺 12.7 毫米机枪。反潜武器装备为 2 座火箭式深水炸弹发射装置，2 座大型深弹发射炮，2 座大型深弹投掷架。该艇还布置有布雷导轨、雷达和声呐。

第一批 8 艘猎潜艇，由上海求新造船厂于 1957 年建成并交船，出于南海舰队护航、护渔的需要，又追加建造 6 艘。这 6 艘猎潜艇由大连造船厂组建的驻广州 404 工程处负责施工。到 1958 年 10 月，这 6 艘猎潜艇全部签字交船。6604 型猎潜艇，由苏联转让 4 艘，我国自行建造 14 艘，共计 18 艘，其中北海舰队 4 艘，东海舰队 8 艘，南海舰队 6 艘。

我国于 1965 年建成并装备海军 037 型猎潜艇，排水量 392 吨，最大航速 30.5 节,船用柴油机动力装置,备有 5 管火箭深水炸弹发射装置 4 座,大型深水炸弹发射炮 4 座,大型深水炸弹投掷架 2 座,还有声呐、雷达和火控系统等。

自 20 世纪 60 年代中期至 1982 年的 10 多年间,037 型艇共建造了上百艘。1978 年,037 型猎潜艇荣获全国科学大会奖。该型猎潜艇还出口到孟加拉、埃及、朝鲜、缅甸和斯里兰卡等国。

三、扫雷艇与扫雷舰

扫雷舰专门用来清扫海中的水雷,以保证船舶航行的安全。扫雷舰一般属于第二线的作战舰艇,船上的武器装备以自卫为主。扫雷舰的作业方式是在疑似有水雷出现的海域来回航行,利用舰上的扫除设备清除与引爆水雷。扫雷舰有舰队扫雷舰、基地扫雷舰、港湾扫雷舰和扫雷母舰等,主要担负开辟航道、登陆作战前扫雷以及巡逻、警戒等。1976 年,中国海军提出研制新一代艇具合一港湾扫雷艇。1987 年首艇完工,1988 年进入现役。这就是 082 型扫雷艇,西方国家称为"沃扫级"。该型艇不仅可由集中控制室控制扫雷,也可在指挥台上遥控扫雷。

进入 21 世纪以来,我国至少出现了两型新一代的扫雷舰。首先出现的是被西方称为"沃藏级"的扫雷舰,该级舰满载排水量 575 吨,全长 55 米,宽 9.3 米,吃水 2.6 米,装备有 1 门双联 25 毫米炮。继"沃藏级"很快被国外确认后,又出现了另一种新的扫雷舰——"沃池级"。该级舰的长度为 65 米,是迄今我国已知扫雷舰艇中体积最大的一艘。由江南造船厂建造并于 2012 年 2 月 24 日入列南海舰队的舷号 841 的扫雷舰"孝义舰"(见图 19-4)即属此型。

图 19-4　南海舰队舷号 841 的扫雷舰"孝义舰"

四、登陆舰艇

(一)登陆舰艇的发展与种类

在第一次世界大战期间,大多数国家都还没有专用的登陆舰,给登陆作战带来了困难。在1938年以后,出现了步兵登陆舰、车辆登陆舰、坦克登陆舰和火力支援艇等登陆舰艇。

在第二次世界大战期间,登陆舰艇不仅种类增多,数量更是多得惊人。1939—1945年期间,仅美国就建造了专门的登陆舰艇46 580艘。盟军在法国北部诺曼底登陆战役中,共动用了4 126艘登陆舰船,仅第一天就将13 200多名登陆士兵、800多辆坦克和战车、7 000多吨弹药及物资等送上陆地。

登陆舰艇分为人员登陆艇、坦克登陆舰。气垫登陆舰有两栖性能并有相当好的越障能力,可以直接登上海滩甚至陆地。近年,发展和出现的坞式登陆舰,在登陆舰体内装载有气垫登陆艇,提升了登陆能力。大多数气垫登陆艇重达100多吨,可载几十吨货物和战斗人员直接登上陆地。图19-5为中国海军的气垫登陆艇。

图19-5 中国海军的气垫登陆艇

(采自《中国船舶工业》)

(二)中国人民解放军与登陆舰有着不解之缘

美国在第二次世界大战期间的1942—1945年,建造了大型坦克登陆舰(LST,Landing Ship Tank)共1 052艘。除坦克登陆舰之外,还有机械化登陆舰(LSM)、大型步兵登陆舰(LSI)和通用登陆舰(LCU)等共

4 种型号。

1946 年美国海军在青岛向国民党海军移交 LST 级登陆舰 10 艘。1946—1948 年，国民党海军和部分轮船公司从美国海军那里共获得了 30 多艘 LST 级登陆舰，当然还有其他 3 种型号的登陆舰多艘。当年，国民党海军当局以“中”“美”“联”“合”4 个字分别为美制 4 种型号的登陆舰命名。随着解放战争的节节胜利，这批登陆舰大部分装备中国海军。

抗日战争结束后，原在香港附近坚持抗日的共产党领导的东江纵队，就曾乘美制大型坦克登陆舰，从广东撤到山东解放区。解放军拥有的第一艘现代化舰艇，就是 1947 年 7 月缴获的一艘美制国民党海军“合”字号通用登陆舰。1949 年 4 月 13 日，招商局的“中 102 号”坦克登陆舰被征用，运载国民党最精锐的伞兵部队从上海撤逃到福建。舰上有国民党伞兵三团、伞兵司令部，还有伞兵一团、二团各一部共 2 500 余人，因不满国民党的腐败和卖国政策，在伞兵三团刘农峻的率领下起义投诚，成为解放军空军空降部队最初的技术骨干。甚至 1949 年 5 月 1 日中国海军的授旗和命名典礼，都是在一艘美制“中”字号大型坦克登陆舰上举行的，这艘舰就是后来中国海军的“井冈山号”登陆舰。

“中”字号登陆舰在中国历史上最为光荣的一页，是在第二次世界大战后的 1946 年 11 月，“中建”“中业”两舰作为中国国民政府接收西沙、南沙群岛主力舰的光荣。今天的“中建”“中业”两岛礁，就是以这两艘登陆舰的舰名命名的。

据报道，这些美制登陆舰在被解放军缴获时技术状态仍然较好，其中“山”字号舰（即原 LST 级）在中国海军中服役的共有 15 艘。在 20 世纪的六七十年代，曾将其中 2 艘转让给越南海军，其余的在北海舰队的有 5 艘，在东海舰队的有 6 艘，在南海舰队的有 2 艘，主要作运输之用。此种“山”字号登陆舰，备有 76 毫米单管炮 2 门，37 毫米双管炮 2 门，37 毫米单管炮 2 门。

进入 21 世纪，这种第二次世界大战时期建造、舰龄已经 60 多年的老舰，都将退役。其中东海舰队的“大别山号”（舷号 926），已进入青岛海军博物馆向公众展示（见图 19-6）。据海外报道，中国海军预备役仍保留若干艘该型登陆舰。

图 19-6　在青岛海军博物馆展出的美制登陆舰“大别山号”

(三)中国船舶工业为中国海军研制的登陆舰

1.072 型登陆舰

第一艘 072 型坦克登陆舰(见图 19-7),于 1979 年在上海中华造船厂建成,该型舰具有快速性、可操作性和耐波性的特点,总共生产了 7 艘,编号从 927(1980 年)~933(1995 年),北约代号为“玉康级”。

图 19-7　072 型坦克登陆舰

2.072Ⅱ改进型登陆舰

这是我国海军第一种能够搭载中型直升机和 722 型气垫登陆艇的

登陆舰。072Ⅱ型登陆舰为首尾开门布局,遮蔽式高坦克甲板,柴油机推进双螺旋桨大型登陆舰。该舰总长近120米,型宽约15米,型深约9米,吃水小于3米,排水量约3 100吨,动力装置为2台12E390Ⅴ型柴油机,功率5 294千瓦,双轴推进。战时,该舰能够装载1个中型坦克连和1个步兵连,或装载1个步兵营和1个无后坐力炮连。大舱面积超过700平方米,用作运输任务时,装载物资可达2 000吨。它的装备使我国两栖作战从单一平面登陆发展到立体登陆模式。该型舰中的“909号”“910号”(见图19-8)、“939号”和“940号”舰首改装一座双联100毫米全自动舰炮,上甲板改装2座双联37毫米全自动舰炮。

图19-8　072Ⅱ型坦克登陆舰“910号”

3. 073Ⅲ型登陆舰

这是中国20世纪80年代末研制的一型中型登陆舰(见图19-9),该型舰是708所在073Ⅱ型登陆舰的基础上改进研制的。073Ⅲ型登陆舰首舰于1991年建成,1993年入役,北约代号“玉登级”。073Ⅲ型登陆舰排水量超过1 800吨,采用非平底结构,对开式首门,折叠式双节吊桥,一次可运载10辆主战坦克。它安装有37毫米高炮2门,还装有122毫米火箭炮,提供对岸火力支援。

4. 中国海军071型船坞登陆舰

071型船坞登陆舰(其尾门见图19-10),北约代号为“玉昭级”,或以首舰“昆仑山号”称之为“昆仑山级”船坞登陆舰,是隶属中国海军的大型多功能两栖船坞登陆舰。071登陆舰无疑是世界最强的——可以容纳4艘大型气垫登陆艇。其宽大的飞行甲板可使2架中型直升机同时在甲板上起降,强大的直升机运载能力使得我军在未来登陆战中的垂直登陆能力大大增强。

图 19-9　中国海军 073Ⅲ型登陆舰

图 19-10　中国海军 071 型船坞登陆舰尾门

2009 年 4 月 23 日，我国 071 型船坞登陆舰“昆仑山号”（见图 19-11）参加了在青岛附近海域举行的中国海军成立 60 周年海上分列式。它是中国海军最大、最先进的现代化大型登陆舰，在某些方面代表了中国海军未来大型两栖作战舰艇的发展方向。

“玉昭级”舰满载排水量超过 20 000 吨，是中国首次建造的万吨级作战舰艇，也是中国大型多功能两栖舰船的开山之作。随着“沂蒙山号”于 2016 年 2 月 1 日入列，071 型船坞登陆舰已有 4 艘同型舰，成为世界任何一个国家都不能小觑的两栖登陆力量。

图 19-11　中国海军 071 型船坞登陆舰“昆仑山号”

第二节　中国造船工业为海军提供多型护卫舰

护卫舰是一种古老的舰种。在第一次世界大战时，德国潜艇肆行海上，对协约国舰艇威胁极大。为了保护海上交通线的安全，协约国一方开始大量建造护卫舰。在第二次世界大战时，德国潜艇故伎重演，采用“狼群”战术攻击同盟国的舰船，造成的损失很大。德国飞机也日益成为舰队和运输船队的严重威胁，这就使得对护卫舰的需求量更大，其负担的任务也更加多样化。第二次世界大战以后，护卫舰除为大型舰队护航外，主要用于近海警戒、护渔、护航，舰上的装备也逐渐现代化。

现代护卫舰已经是一种能够在远洋机动作战的中型舰艇，满载排水量 2 000 ~ 4 000 吨，航速 30 ~ 35 节，续航力 4 000 ~ 7 500 海里，已经成为在 600 吨以上各类舰艇中数量最多的一种舰艇。

一、我国早期仿苏护卫舰——“成都号”

20 世纪 50 年代初，我国向苏联购买了包括护卫舰在内的 5 种型号舰艇的全部技术图纸和一批材料、设备。1957 年，依靠这些设计资料和设备，我国设计制造了 01 型护卫舰。1955—1958 年，在上海沪东造船厂建成 4 艘，于 1957 年 4 月开始服役，诸舰的舰名分别是“昆明号”（舷号 505）、“成都号”（舷号 506，见图 19-12）、“贵阳号”（舷号 507）、“衡阳号”（舷号 508）。“成都号”于 1972 年进行改装，拆除该舰中部的鱼雷发射管，安装“上游－1”型反舰导弹。4 艘护卫舰到 1994 年已全部退出现役。

图 19-12　我国早期的护卫舰“成都号”(舷号 506)

二、我国自行研制的“江湖级”导弹护卫舰

“江湖级”导弹护卫舰(053H 型)是中国海军第一艘自行研制的导弹护卫舰,由上海沪东造船厂建造,首舰“绍兴号”(舷号 510),于 1975 年12 月 28 日正式服役。江湖Ⅰ型舰发展了三种改型,即江湖Ⅱ型、江湖Ⅲ型和江湖Ⅳ型共 28 艘。

江湖Ⅱ型(053H1 型)导弹护卫舰首舰(见图 19-13),是“宁波号”护卫舰(舷号 533),1980 年 7 月 12 日在上海沪东造船厂开工建造,1982 年6 月 30 日正式服役于东海舰队。该舰长 103. 22 米,舷宽 10. 8 米,吃水 3. 05 米,满载排水量 1 960 吨,乘员 200 人,其中军官 30 人。其主机是 2 台 12E390VA 型中速柴油机,功率 2 ×8 000 马力,航速 25. 5 节,续航力 4 000 海里/18 节,自持力 15 个昼夜。

图 19-13　中国江湖Ⅱ型导弹护卫舰“宁波号”(舷号 533)

江湖Ⅲ型(053H1)导弹护卫舰,是在江湖Ⅱ型的基础上,采用全封闭加空调的新型舰体结构,并使用8座单联“鹰击－8”(C-801)反舰导弹替换原来的“上游－1”,使用新型双联100毫米主炮取代原单管主炮,增设电子战系统,加装简易作战情报指挥系统,改进后的护卫舰满载排水量增大到1 920吨。1984年,首批共建造2艘,分别是“黄石号”(舷号535)和“芜湖号”(舷号536),均部署在东海舰队。90年代初,又建造了“舟山号”(舷号537),该舰用射程120千米的“鹰击－8Ⅱ”(C-802)反舰导弹替代了原有的“鹰击－8”导弹,采用双联装的形式,共4座,目前也部署在东海舰队。

江湖Ⅳ型(053H1G)导弹护卫舰,1984年11月15日开工建造,1985年12月24日服役于北海舰队,舰名“四平”(舷号544),是具有典型的试验舰性质的反潜型护卫舰。

三、“江凯级”和“江岛级”轻护卫舰

054型护卫舰,是中国海军第一代具有隐身外形和远洋作战能力的护卫舰。该型护卫舰武器装备与053H3型大致相同,但是采取了全新设计的隐形舰体。经过一段时间实验后,其后续型号054A型护卫舰从2008年开始大规模服役,换装全新武器系统,外方称为“江凯级”。首舰“马鞍山号”(舷号525)由上海沪东中华造船厂建造,于2003年9月下水,2005年2月入列,现服役于东海舰队。二号舰“温州号”(舷号526,见图19-14)由黄埔造船厂建造,于2003年11月下水,2005年9月入列,现服役于东海舰队。其舰长134.1米,舷宽15米,吃水4.05米,满载排水量3 900吨,乘员180人,航速27节,续航力4 500海里/18节。

图19-14　054型护卫舰“温州号”(舷号526)

在054型的基础上,发展有054A型舰,自2003年开工建造以来,经过多次改进,也包括作战系统、电子系统、近防系统和搜潜系统等的改进。

056型轻护卫舰("江岛型"轻护卫舰)是中国海军于2012年下水的新一型多用途轻型护卫舰。它采用深V、长桥楼船型,适航性较好,可提供较大的舰体空间;采用隐身设计,舰体外飘,上层建筑内倾,形成一条贯穿舰体前后的折线,舰面上的设备如小艇、鱼雷发射管都遮蔽处理,雷达隐身效果良好;舰尾部有直升机甲板,有直升机操作能力,但没有设置机库。056型轻护卫舰主要用于近海防御,担负日常巡逻任务,为相关海上执法部门提供支持和保障,以替换之前舰龄较长、战术技术指标较低、武器及设备已经落后、人员工作和居住环境较差、难以适应新时期的作战任务的053H型护卫舰系列和037型猎潜艇系列。056型舰从2013年开始加入中国海军,在一年多的时间里已经有17艘入役、2艘外销,还有数艘改进型056舰在建。图19-15为056型护卫舰"蚌埠号"(舷号582)。

图19-15　056型护卫舰"蚌埠号"(舷号582)

第三节　中国打造的驱逐舰声名远扬

现代驱逐舰装备有防空、反潜、对海等多种武器,既能在海军舰艇编队中担任进攻性突击任务,又能担任作战编队的防空、反潜护卫任务,还可以在登陆、抗登陆作战中担任支援兵力,以及担任巡逻、警戒、海上封锁和海上救援任务。舰体空间逐步增大,舰员生活条件逐步改善。驱逐舰已经从过去一个力量单薄的小型舰艇,发展成为一种多用途的中型军舰,除了名称留下一点痕迹之外,驱逐舰已经失去了原来短小、灵活的特点,成为最重要的舰种。

如前所述,中华人民共和国成立之初的造船业是从修旧利废开始的。在20世纪的50年代初,我国尚不具备设计建造驱逐舰的能力。于

1954 年 10 月 13 日购自苏联并重新命名为“鞍山”“抚顺”“长春”“太原”的 4 艘驱逐舰入役，人们称之为“四大金刚”。“鞍山”舰是苏联仿意大利式驱逐舰设计建造的，以鱼雷为主要武器，1941 年 9 月建成，在第二次世界大战时曾是苏联太平洋舰队的旗舰。“鞍山”舰在 1969 年曾进行现代化改装，以导弹替换鱼雷，成为导弹驱逐舰，1974 年改舷号为 101（“抚顺”为 102，“长春”为 103，“太原”为 104）。“鞍山”舰于 1992 年退役，服役期限长达 56 年，现陈列于青岛海军博物馆。从苏联购买的几艘驱逐舰虽然不是中国造船业的业绩，但却能反映出 20 世纪 50 年代时中国造船业起步的艰辛。

一、中国第一代 051 型导弹驱逐舰“济南”舰

我国自行研制的第一代导弹驱逐舰，是 051 型导弹驱逐舰，国外称之为“旅大Ⅰ级”，首舰“济南”舰，于 1970 年 7 月 30 日在大连造船厂下水，下水时舷号为 203。该舰于 1971 年 12 月 31 日入役，1974 年改舷号为 105。105“济南”舰，长 132 米，宽 12.8 米，吃水 4.6 米，标准排水量 3 250吨、满载排水量 3 670 吨，有 2 台锅炉和 2 台蒸汽轮机，功率共 72 000 马力，双轴，航速 32 节，续航力 2 970 海里/18 节，乘员编制 280 名，其中军官 45 名。105“济南”舰于 1987 年在大连红旗造船厂接受改装，加装了直升机平台和机库。2006 年 3 月 23 日，“济南”舰被评选为中国十大名船之一。图 19-16 所示为 105“济南”舰在发射导弹。

该 051 型驱逐舰计有：“济南”舰（105）、“西安”舰（106）、“银川”舰（107）、“南京”舰（131）、“广州”舰（160）、“长沙”舰（161）、“南宁”舰（162）等 7 艘。

图 19-16　在发射导弹的 105“济南”舰

051型驱逐舰的研制成功，是中国舰船工业一个重要里程碑，表明中国具备了研制大型水面作战舰船的实力。虽然与同时期世界主流水准驱逐舰比较，051型的装备水平、航电系统等各方面作战能力都存在明显差距，但本级舰为中国海军装备建设积累了宝贵的经验。

2007年11月13日，北海舰队在驻地青岛宣布105“济南”舰退役。其余各舰也相继退役。现今，051型舷号105的“济南”舰展出在青岛海军博物馆供观众参观。

051B型驱逐舰，北约代号为“旅海级”，为该级舰的第一艘也是唯一的一艘，于1995年12月在大连船舶重工开工建造，1997年10月下水，1998年10月开始海上试航。1999年1月1日，舷号为167的“深圳”舰进入南海舰队服役并成为旗舰。在进入服役时，它是当时中国海军建造和使用过的吨位最大的水面作战舰艇，报刊誉之为“神州第一舰”。该舰全长153米，舷宽17米，吃水6米，标准排水量6 100吨，满载排水量6 600吨，乘员230人，蒸汽轮机94 000马力，航速30节，续航力4 000海里/15节。

2000年7月，入役未久的167“深圳”舰编队远航非洲，沿途访问马来西亚、坦桑尼亚与南非。2001年9月，167“深圳”舰出访欧洲，沿途访问德国、英国、法国、意大利，这是中国海军建军以来第一次派出舰艇远航欧洲。“深圳”舰编队沿途经过许多著名的海峡、运河，是中国海军史上的首例，航行复杂度与难度甚高。2003年10月，167“深圳”舰编队出访美国关岛、文莱、新加坡等地，途中还参加了在新加坡樟宜军港举行的亚洲航天防卫展。2005年11月8日—12月18日，“深圳”舰编队出访巴基斯坦、印度与泰国，并先后在阿拉伯海、印度洋与泰国海湾分别与三个访问国进行联合军演。2007年11月21日，“深圳”舰启程前往日本横须贺军港进行为期4天的友好访问，这是中华人民共和国成立以来首度派遣海军舰艇出访日本。2009年4月2日，167“深圳”舰编队远赴索马里参与在国际水域打击海盗活动。2014年，167“深圳”舰入厂进行技术改造，最重要的是将舰空导弹更换为32单元的舰空导弹垂直发射装置。舰上的电子设备也进行了相应升级，舰上的桅杆全面加强，舰上的作战指挥系统和编队指挥系统也进行全面升级。该舰的机库也进一步加高，以容纳海军卡－28反潜直升机。

二、中国第二代052型导弹驱逐舰“哈尔滨”舰

我国第二代导弹驱逐舰是052型，北约代号为“旅沪级”，被誉为中

华第一舰。1986年在江南造船厂开始建造。经过8年的建造、试验，首舰"哈尔滨"舰（舷号112，见图19-17），于1992年年底试航，1994年列编海军。可谓"十年磨一剑"的"哈尔滨"舰于2006年3月23日被评选为中国十大名船之一。

图19-17　中国海军"哈尔滨"舰（舷号112）

"哈尔滨"舰全长142.7米，宽15.1米，吃水5.1米，满载排水量4 200吨，续航力5 000海里/15节，人员编制：军官40名，士兵190名。"哈尔滨"舰采用柴燃联合动力装置系统，配有2台LM250燃气轮机，2台MTU12V1163TB83型柴油机，航速31节。052型导弹驱逐舰"哈尔滨"舰电子设备众多，各种天线林立。如何使全船的电子设备互不干扰，达到协调相容，这是"哈尔滨"舰在研制过程中解决的重大课题，这也可以说是一项重大成就。姊妹舰113"青岛"舰，于1996年入编中国海军北海舰队。

112"哈尔滨"舰作为"和平外交使者"曾多次漂洋过海，跨越太平洋和印度洋，访问了许多国家，既表达了友谊，又显示了中国的国威、军威，成了当代的"明星舰"。1996年7月26日—30日，"哈尔滨"舰为纪念俄罗斯海军创建300周年，驶抵海参崴参加纪念活动并参加了检阅典礼。1997年2月—6月，112"哈尔滨"舰编队访问美国、墨西哥、秘鲁和智利。2001年5月2日—6月14日，112"哈尔滨"舰编队赴巴基斯坦的卡拉奇港和印度的孟买港并参加中巴建交50周年的纪念活动。2004年4月30日，112"哈尔滨"舰与其他一批中国军舰一道对香港进行为期6天的访问。2007年10月，112"哈尔滨"舰编队到访澳大利亚和新西兰，并参与三国海军的联合军演。2013年3月4日—8日，112"哈尔滨”舰在巴基斯坦卡拉奇港附近海域参加“和平－13”多国海上联合军演，等等。图19-18为112“哈尔滨”舰出访美国。

图 19-18 出访美国的112“哈尔滨”舰

三、052B 防空型导弹驱逐舰“广州”舰

052B 防空型导弹驱逐舰，北约代号为“旅洋Ⅰ级”，又称为“广州级”驱逐舰，是中国海军装备的第一型具备区域防空能力的多用途驱逐舰。其舰长 154 米，舷宽 16 米，吃水 6 米，标准排水量 5 200 吨，满载排水量 5 850 吨，乘员 280 人，采用柴燃动力系统，航速 30 节，续航力 4 500 海里/15 节。该级舰两艘均由江南造船厂建造。首制舰 168“广州”舰（见图 19-19），于 2004 年 7 月 15 日编入南海舰队，二号舰 169“武汉”舰也在同年 12 月入役南海舰队。

图 19-19 052B 防空型导弹驱逐舰 168“广州”舰

四、052C 防空型导弹驱逐舰“兰州”舰

052C 防空型导弹驱逐舰，北约代号为“旅洋Ⅱ级”。这是中国海军的一型防空导弹驱逐舰，首舰“兰州”舰（舷号 170，见图 19-20）。其舰长 155.5 米，型宽 17.2 米，吃水 6.1 米，满载排水量 6 800 吨，乘员 280 人，采用柴燃动力装置，航速 29 节，续航力 4 500 海里/15 节。首舰“兰州”舰于 2005 年 9 月入役于南海舰队。本级共 6 艘驱逐舰：“兰州”舰之后还有 171“海口”舰、150“长春”舰、151“郑州”舰、152“济南”舰、153“西安”舰，后 4 舰服役于东海舰队。

图 19-20　052C 防空型导弹驱逐舰 170“兰州”舰

“旅洋Ⅱ级”舰诞生之初因为造型设计与美制宙斯盾系列舰艇相似，同样具备四面大型相控阵雷达（美制宙斯盾作战系统现阶段以被动相控阵为主雷达），因此，本级舰也被网友称为“中华宙斯盾”或“中华神盾”。本级舰的服役，使中国海军拥有了远程区域防空能力。

五、052D 防空型导弹驱逐舰“昆明”舰

052D 防空型导弹驱逐舰，北约代号为“旅洋Ⅲ级”，是中国海军最新一代导弹驱逐舰，现已服役 6 艘，舾装和在建多艘。它为 052C 型驱逐舰的最新改进型，也是中国继 052C 型驱逐舰后又一种配备相控阵雷达与垂直发射区域防空导弹系统的现代化防空驱逐舰。首艘 052D 型驱逐舰“昆明”舰（舷号 172，见图 19-21）于 2012 年 8 月 28 日下水，2014 年 3 月21 日正式加入中国海军战斗序列。该舰长 155 米，宽17 米，吃水 6.5 米，满载排水量 7 500 吨，最大航速 35 节，垂直发射对空导弹 64 单

元,主炮为 130 毫米舰炮,近防炮为 730 速射炮。现已入役的姊妹舰第 2 号～第 6 号舰分别是 173“长沙”舰、174“合肥”舰、175“银川”舰、117“西宁”舰和 118“乌鲁木齐”舰,前 3 号舰服役于南海舰队,后 2 号舰服役于北海舰队。“昆明”舰也服役于南海舰队。

图 19-21　052D 防空型导弹驱逐舰 172“昆明”舰

较 052C 的改进,052D 是以新型号的垂直发射系统取代原本海红旗－9 防空导弹专用的转轮型垂直发射系统。舰桥前方配置 4 组 8 联装垂直发射系统(见图 19-22),在军舰后部则配置另外 4 组 8 联装垂直发射系统,因此总共有 64 个单元。与先前舰载防空导弹使用的热发射式垂直发射系统相较,052D 的新垂直发射管为方格状,整体尺寸类似,但是取消了排焰道,将空间腾给导弹发射管(海红旗－9 防空导弹为冷发射式,不需要排焰道),因此每个导弹发射槽的长和宽比原本大。

图 19-22　052 防空型导弹驱逐舰的 4 组 8 联装导弹配置

052D 型驱逐舰是继德国、荷兰、丹麦、日本(两型)之后第六型配备四面主动相控阵雷达和通用垂直发射装置的军舰,这标志着中国从此拥有跻身世界先进行列的新锐防空舰,而第9艘在建052D的曝光,又使得中国成为拥有此型舰数量最多的国家。

六、055 型导弹驱逐舰已经在上海江南造船厂下水

055 型导弹驱逐舰全舰主要天线采用共形设计,它是由中国船舶重工集团第701研究所设计、由江南造船厂与大连造船厂共同承建的装备新型有源相控阵雷达的新型舰队防空驱逐舰。

该舰拥有较高的信息化水平及隐形性能,可组织远、中、近三层先期预警防御网,并有较强的防空、反导、反潜、反舰、攻陆和电子战能力。它有较高的续航力、自持力及适航性,可在除极区外无限航区遂行作战任务。本级舰首舰已于2017年6月28日在上海江南造船厂下水(见图19-23)。

055 型导弹驱逐舰的问世对于当今中国海军来说意义非凡,这个型号除了运用了诸多新的技术和设计理念以外,更是中国海军第一款一服役就在平台和设计理念上达到世界先进甚至局部领先水平的舰船,其意义不亚于2017年4月26日下水的第一艘国产航空母舰。

本级舰首次在驱护舰的设计上实现了远程攻防兼备的大潜力优秀平台。其未来改进型号再进一步加入电磁推进、电磁炮、激光近防技术及海基反导能力后,必然可以成为维护中国国家安全和海外利益的主要军舰,更是中国海军走向深蓝的利剑先锋。

055 型导弹驱逐舰采用高度隐身化设计,舰体折线处理相较于此前的052D型更加整洁、干脆,从舰首单纯地延伸到舰尾,倾斜的上层建筑连续封闭,各种装备设施收纳到舷墙内或以舱门遮蔽,隐身性能又有了进一步提高。其空载排水量为9 500~10 000吨,标准排水量11 000吨,满载排水量约12 500吨。在外形上,过去散布在上层结构的各式诸如火控雷达、导航、通信、电子战天线均被整合在主舰桥以及一体化隐身桅杆之中,这种明显的变化主要得益于综合射频技术在055上的运用,在这种新技术的助益下,可以极大地减少舰船整体所需的天线种类和数量,这也是本级舰在设计上的重要亮点之一。

该舰全长180米,舷宽23米,标准排水量11 000吨,满载排水量12 500吨,动力系统采用全燃联合4×UGT25000燃气涡轮,双轴、双舵,航速30节,舰员384人,其中军官40人、士官70人。

图 19-23　055 型导弹驱逐舰在上海江南造船厂下水

第四节　常规潜艇与核潜艇

一、常规潜艇从仿制到自行研制的进程

中国早期的潜艇,是在苏联 R 级潜艇的基础上仿制的柴电动力常规潜艇。首艇于 1969 年开始服役,即 033 型潜艇。该潜艇采用常规水面线型,艇首采用水平舵,双轴双桨推进,在 R 级潜艇的基础上做出了多项改进:降低航行噪声大约 20 分贝,艇载声呐改用我国 613 厂生产的 H/SQ2-262A 型声呐。1962—1984 年的 20 多年间,中国共建造了100 多艘该型潜艇,有的出口到其他国家。目前,绝大部分 033 型潜艇已经退役,只有少数几艘用作训练艇。

(一)我国自行研制的第一代常规潜艇 035 型潜艇

我国自行研制的第一代常规潜艇是 035 型潜艇,即“明级”潜艇。该级艇水下排水量为 2 113 吨,长 × 宽 × 吃水为 76 米 ×7.6 米 ×5.1 米,双轴推进,主机最大功率 5 200 马力,最大水下航速为 18 节,装备有 8 具 533 毫米鱼雷发射管,乘员 57 人 。首艇的制造于 1971 年完成,共有 18 艘服役,已知的“明级”潜艇舷号如下:232、305 ~ 309、342、352 ~ 354 和 356 ~ 363。360“明级”潜艇如图 19-24 所示。

图 19-24　我国自行研制的 035 型常规潜艇(舷号 360)

(二)我国自行研制的第二代常规潜艇 039 型潜艇

我国自行研制的第二代常规潜艇 039 型潜艇(见图 19-25),北约代号为“宋级”,在研制过程中充分吸收西方常规潜艇的新概念,大量采用新型动力、自动化设备、声呐和武器装备。其作战能力预计与俄制基洛级持平,超越德国 20 世纪 80 年代水平的 209 潜艇。该级艇长 74.9 米,宽 8.4 米,吃水 5.3 米,排水量 1 700 吨(水上)、2 250 吨(水下),主机为柴油机 - 电力推进,有 4 台德国 MTU16V396SE 柴油发动机,7 叶大侧斜螺旋桨,单轴,航速 15 节(水上)、22 节(水下),续航力 3 300 海里/4 节(水下),编制 60 名(其中军官 10 名)。其主要武器装备有:在水下从鱼雷管发射 YJ-8 主动雷达 - 自导引潜舰导弹,533 毫米鱼雷 6 具,发射“鱼 -4”自导鱼雷,备弹 18 枚。雷达:水面搜索,I 波段。声呐:艇首安装球型中频声呐,用于主/被动搜索与攻击。艇侧装有低频被动搜索声呐基阵。

图 19-25　039 型常规潜艇

039 型常规潜艇的自动化水平较高。舱内众多的显示设备表明 039 型常规潜艇一改我国早期常规型艇分散显示、分散控制的落后指挥控制模式，改为集中显示、集中控制形式，大大提高了对目标的侦测、识别、跟踪、攻击等能力。后来，经过改进，又有 039A/039B 等更先进的型号问世，使中国海军水下作战力量大步迈入世界先进水平。

（三）039A 型常规动力潜艇

039A 型常规动力潜艇（见图 19-26），北约代号为“元级”，由武昌造船厂建造，首艇于 2004 年 5 月 31 日下水，第二艘则于同年 12 月下水。它采用更先进的水滴形设计，艇首部圆钝，中部为轴对称的圆柱体，尾部为回转体锥尾，并采用了单轴单桨推进形式和十字形尾操作面结构。艇身敷设了消声瓦，有利于降噪，但艇体两侧还是各有一排开口，水流过时容易产生较大的噪声。前水准翼位于帆罩两侧，在尾部采用了回转体锥尾和十字舵布局，推进器为高曲度七叶螺旋桨。本级艇采用了 AIP 推进技术（不依赖空气的推进系统），《简氏防务周刊》认为其航程在 6 500 海里左右。该级艇长度 77.6 米，宽 8.4 米，吃水 5.5 米，排水量 2 300 吨（水上）、3 600 吨（水下），航速 12 节（水上）、20 节（水下），乘员 68 人。

图 19-26　中国海军 039A 型常规动力潜艇

（四）039B 型常规动力潜艇

039B 型常规动力潜艇（见图 19-27），是一种大型 AIP 潜艇，具备水下作战能力强、噪声低、探测设备齐全等优点。首艇于 2013 年年底下水，艇长 66 米，高 8.2 米，最大下潜深度 300 米。其水上排水量 1 850 吨，水下排水量 2 200 吨，最大速度 18 节，最大航程 8 000 海里/16 节航速，可出海 60 个昼夜，航海条件为海况 4 级，最大不超过海况 6 级，双壳体设计，有 38 名水手。这意味着 039B 的自动化程度相当之高。039 型常规动力潜艇的装备，大大提高了中国海军的水下作战能力。据悉，039 型常规动力潜艇公开亮相以来，已经有 10 艘左右装备了部队，表明中国海军对这个型号还是非常满意的，特别是它的 AIP 系统，部分解决了中国海军常规潜艇的远洋作战能力差的缺点。

图 19-27　中国海军 039B 型常规动力潜艇

二、中国核动力攻击潜艇的研制、入役和退役

攻击型核潜艇有很强的作战攻击能力，它已成为水面舰艇编队的克星。在 20 世纪 60 年代以后，可以说，没有核潜艇，就等于没有海军。为了打击超级大国的核威胁，为了保卫祖国边疆，为了提高我国在国际上的地位，中国也要有核潜艇。中国核动力潜艇的研制是在 20 世纪 60 年代开始的，经历了极为坎坷的历程。

1970 年 12 月 26 日，我国第一艘核潜艇下水，1971 年 4 月在基地开始进行全面的联合试验，第一项重要任务就是向艇上反应堆装填核燃料。1971 年 8 月 22 日，中国第一艘核动力潜艇（见图 19-28）首次以核动力驶向试验海区，进行航行试验。该核潜艇累计出海 20 多次，试验项目近 200 个，反应堆运行了数千小时，总航程达 6 000 多海里，下潜深度和水下航速等都达到或接近国际水平。

图 19-28　即将下水的中国第一艘核潜艇(舷号 401)

1974 年 8 月 1 日我国第一艘核潜艇加入中国海军战斗序列,交接命名大会在基地召开。海军司令员萧劲光、中国人民解放军国防科学技术委员会副主任钱学森等参加了交接命名大会。中央军委发布命令,我国第一艘核潜艇命名为“长征一号”(舷号 401),并向该艇授予军旗。我国历史性地成为继美国、苏联、英国、法国四国后第五个拥有核潜艇的国家。第二天各级首长乘我国的导弹驱逐舰出海观看核潜艇在海上的表演。试验过程中具体情况至今没有解密。该型核潜艇为 091 型,北约代号为“汉级”,“汉级”攻击型核潜艇共建成 5 艘,舷号分别为 401、402、403、404、405。

1982 年 10 月 12 日 15 时,在核潜艇上进行潜地运载火箭的发射,射程为 1 800 千米,试验获得了圆满成功,使中国一跃成为世界上第五个拥有水下发射战略导弹能力的国家。发射前于 1982 年 10 月 1 日由新华社发布公告:中华人民共和国将于 1982 年 10 月 7 日—10 月 26 日,从北部海区向以北纬 28°13′、东经 123°53′为中心,半径 35 海里的圆形海域范围内的公海上发射运载火箭。为了过往船舶和飞机的安全,中国政府要求有关国家政府,通知本国的船舶、飞机,在当地时间每日 9 点至 17 点,不要进入上述海域和海域上空。这一重要公告的播出,立即引起世界各国的关注。然而公告中没有提到一项最重要的情况,即这枚运载火箭是中国核潜艇从水下发射的。

2013 年 10 月 29 日,国防部宣称中国海军第一艘核潜艇退役。退役后完成核废料、核反应装置及相关设备的安全、彻底、稳妥处理,标志着我国核潜艇具有从研制生产、使用管理到退役处置的全寿命保障能力。这艘游弋大洋 40 余载,获得诸多荣誉的中国海军第一艘核潜艇将陈列在海军博物馆供世人参观。

取代091型("汉级")第一代攻击型核潜艇的是093型("商级")核潜艇,这是中国海军第二代核动力攻击潜艇。093型核潜艇的建造开始于20世纪90年代中期,其过程一直是在高度戒备之下绝密进行的。据报道,第一艘093型核潜艇于2002年12月下水,2006年年底加入中国海军服役。其排水量6 000吨,全长106米,宽11米,吃水10米,最大潜深400米,噪声量级为110分贝,自持力为80天。

西方海军战略专家评论说:中国海军的093型核潜艇只建造了不到5艘,其原因是中国军方已经把目光投向了新一级更为强大的攻击型核潜艇。西方曾普遍猜测,095攻击型核潜艇将采用所有最新降噪措施,有望在2015年装备中国海军。

三、我国对战略导弹核潜艇的研制与发展

20世纪70年代,中国自行研制的第一种核动力弹道导弹潜艇(也称为战略导弹核潜艇),为092型,北约代号为"夏级"弹道导弹核潜艇(见图19-29),装备12枚巨浪-1型潜射弹道导弹。弹道导弹核潜艇与陆基弹道导弹和战略轰炸机一起构成国家三位一体的战略核力量,也是中国世界大国地位的象征。092型核潜艇20世纪70年代在辽宁葫芦岛船厂动工开建,1981年下水,1983年8月交付使用,于1987年服役。1985年第一次水下发射导弹试验失败,1988年9月再次进行导弹水下发射试验,成功发射了一枚巨浪-1型导弹(见图19-30),其导弹发射舱如图19-31所示。该型艇于1995年进行了重大改装。

弹道导弹核潜艇具有隐蔽、安全、机动性强、作战威力大等特点,因此,备受世界各国的重视。2009年4月23日,在青岛附近黄海海域举行的中国海军成立60周年海上检阅式上,092型"长征6号"服役超过20年后首次公开亮相并对外展示。

比092型("夏级")更进一步的是094型弹道导弹核潜艇(见图19-32,北约代号为"晋级")。这是中国有史以来建造的排水量最大的潜艇,该艇无论在隐蔽性、传感器还是推进系统可靠程度方面都有较大提高。新型核反应堆功率大、热效率高,可以使所装备的核潜艇获得较高的水面和水下航速。该艇全长133米,宽13米,水上排水量8 000吨,水下排水量9 000吨,潜航深度大于300米,水上极速20节、水下极速26节,单轴推进,采用7叶桨。其武器装备有:533毫米鱼雷发射管6具、巨浪-2潜射导弹12枚,自持力70天,续航力无限,成员编制为120人。

图 19-29　中国海军 092 型弹道导弹核潜艇

图 19-30　导弹核潜艇的水下发射

图 19-31　092 型核潜艇的导弹发射舱

图 19-32　“晋级”094 型弹道导弹核潜艇

第五节　中国海军的补给舰

综合补给舰，其用途是作为海上机动作战编队的一员，伴随航母、驱逐舰、护卫舰等作战舰，在航途中及作战海域为主战舰只补充燃料、滑油、喷气燃料、淡水、食品、备品、给养和各类弹药等消耗物资，使主战舰只的作战半径和在任务海域的有效作战时间成倍扩大或延长。因此，各海军强国在发展各类作战舰只的同时，都投入较大的力量发展综合补给舰，可以说：没有远洋补给舰，就没有完整的海军远洋舰队。

“早在 20 世纪 70 年代，我国出于试验远程运载火箭的需要，中央军委决定研制一支实施海上活动跟踪测量的船队。其中包括一型远洋补给舰,由大连造船厂设计建造,这是我国海军的第一代远洋补给舰,该型舰一共建造了3艘,分属北海、东海、南海3个舰队。其中2艘舰于1980年5月作为特混舰队成员执行了我国首次向南太平洋海域发射洲际运载火箭的试验任务,历时265小时,航程约8 810海里,实施海上补给64次,总补给量14 000吨,圆满完成了编队的保障任务,发挥了重要作用。但是,这3艘补给舰只能称为油水补给舰,虽然它们也能补给一些干货,但补给量有限。舰艇在作战时除了消耗油水之外,还消耗大量的弹药,需要弹药的补给,因此研制综合补给舰迫在眉睫。"①

一、续建完工购自乌克兰的补给舰

1991年年底苏联解体,我国得悉乌克兰有一艘半完工的补给舰愿以低价出售,当时该舰的主机、发电机已经进舰,但管路、电缆还未铺设完毕,舰体建造质量非常好。经过考察认定该舰具备在中国完成续建的可能,遂于1992年11月6日在乌克兰签署了购舰合同。1993年5月1日,该未完工舰由乌方从乌克兰赫尔松船厂拖航到大连造船厂,1996年5月8日由大连造船厂续建完工并完成各项试验项目后正式交舰,这就是服役于南海舰队"青海湖号"(舷号885,见图19-33)。该舰的续建,使我们了解了20世纪90年代苏联综合补给舰的设计思路、技术关键、重点系统及设备的原理和配置等很难获取的宝贵信息,在后来的综合补给舰设计中发挥了作用。

图19-33　大连造船厂续建完工的综合补给舰"青海湖号"(舷号885)

① 刘兵:《27年磨一剑——我国综合补给舰总师专访》,《舰船知识》2003年第3期,第18页。

1993 年 1 月,泰国政府要为其即将拥有的轻型航母和护卫舰编队采购一艘新型综合补给舰,我国船舶工业公司接到招标邀请。经过与国际上知名的法国 DCNS、荷兰斯凯尔德、韩国现代、意大利芬坎蒂尼和西班牙巴赞造船公司等重量级对手的艰苦比拼,最终赢得了此项军船出口合同。1996 年 8 月 12 日,正式完工交舰,同年 9 月 12 日驶抵泰国,舰名“锡米兰号”(舷号 871)。负责该项任务的 708 所高级工程师张文德认为:“‘锡米兰号’的研制成功使我们对综合补给舰的设计能力和水平跃上了当代国际先进水平,为我国自行研制同类舰艇奠定了扎实的基础,意义十分重大。”

二、中国海军第二代远洋综合补给舰

2000 年年初,远洋综合补给舰的研制工作启动。海军机关组织经研讨,做出了以“锡米兰号”为母型建造两艘新型综合补给舰的决策。由 708 所负责设计并由张文德担任总设计师。由于有了由乌克兰引进并续建成功的综合补给舰 885 舰(“青海湖号”)和为泰国研制综合补给舰“锡米兰号”的成功经验,第二代综合补给舰的设计工作十分顺畅。由沪东造船厂和广船国际同时各建一艘,2004 年 4 月几乎同时交船,分别命名为“千岛湖号”(舷号 886)和“微山湖号”(舷号 887,见图 19-34)。

图 19-34　“微山湖号”综合补给舰(舷号 887)

887“微山湖号”综合补给舰长 171.4 米,宽 24.6 米,吃水 9 米,满载排水量 30 000 吨,2 台柴油发动机双轴驱动(可同时为 2 艘以上舰船补给),最大航速 19 节,续航力 10 000 海里/14 节,船员 130 名,物资容量为燃油 10 500 吨、水 250 吨、干货弹药 680 吨,装备 4 门 76F 双联装 37 毫米舰炮。这是中国海军第一种具备舰艇夜间航行补给能力的综合补给舰,已编入南海舰队。

2016 年 4 月 28 日上午,海军为“微山湖号”舰举办的一等功庆功大会在三亚举行。“微山湖号”舰自 2004 年 4 月正式服役以来,总航程 30 多万海里,航迹遍及三大洋,先后出访亚、非、欧三大洲的 20 多个国家,圆满完成第 1、2、5、6、11、14 和 19 批维和与打击海盗的护航任务,护航总时间达 1 200 多天,创造了我国海军舰艇执行护航任务批次最多、护航商船最多、累计护航航程最远、海上补给次数最多、补给物资量最大等 20 多项新纪录。特别是在执行第 19 批护航任务中,该舰首次直接靠泊交战区港口组织撤离中外公民,首次赴地中海与俄国进行双边联合军事演习,为提升我国国际地位、维护国家海外利益、展示我军综合实力做出了突出贡献。该舰先后被国际海事组织授予“航运和人类特别服务奖”,被原四总部表彰为“护航先进单位”,被海军表彰为“先进舰连标兵”,两次荣立集体二等功。

我国第二代远洋综合补给舰现有“青海湖号”“千岛湖号”“微山湖号”“抚仙湖号”“太湖号”等多艘,舷号为 885 ~ 889。随着时间的推移,空中和海上的补给力量能够为世界第二大海军——中国海军赢得更大的地理延伸,同时加强了中国海军远洋作战的能力。

第六节　中国的航空母舰

一、“辽宁号”航空母舰

“辽宁号”航空母舰简称辽宁舰(见图 19-35),舷号 16,是中国海军第一艘可以搭载固定翼飞机的航空母舰。其前身是苏联海军的库兹涅佐夫元帅级航空母舰第二号舰“瓦良格号”,改装后,中国将其称为 001 型航空母舰。

80 年代中后期,“瓦良格号”于乌克兰建造时遭逢苏联解体,建造工程中断,完成度为 68%。1999 年,中国购买了“瓦良格号”。“瓦良格号”于 2002 年 3 月 4 日抵达大连港;2005 年 4 月 26 日,开始由中国海军继续建造改进。中国海军的目标是对此艘未建成的航空母舰进行更新改造。2012 年 9 月 25 日,该航空母舰正式命名“辽宁号”,交付中国海军。

图 19-35　中国海军“辽宁号”航空母舰

2013 年 11 月,辽宁舰从青岛赴中国南海进行为期47 天的海上综合演练,期间中国海军以“辽宁号”航空母舰为主,编组了大型远洋航空母舰战斗群,战斗群编列各类舰艇近 20 艘。这是自冷战结束以来除美国海军外西太平洋地区最大的单国海上兵力集结演练,这就标志着“辽宁号”航空母舰开始具备海上编队战斗群能力。

2016 年年末,中国海军航母编队赴西太平洋进行了首次远海演练,辽宁舰也受到海内外的高度关注。航母官兵在紧张的训练中迎来了新的一年。航空保障能力是航母战斗力的保证,这次跨海区训练,不仅进行了辽宁舰航母编队综合战力演练,还对“辽宁号”航空母舰的航空保障能力进行了实战化检验,使得“辽宁号”航空母舰从最初的训练舰逐步成为具有海上战斗能力的编队集群。

为庆祝香港回归20 周年和中国人民解放军进驻香港 20 周年活动,海军辽宁舰航母编队在完成跨区机动训练后,于 2017 年 7 月 7 日—11 日停靠香港。期间发放参观券供香港居民参观。

二、国产第一艘航空母舰下水

2017 年 4 月 26 日上午,我国自行研制的第一艘航空母舰下水仪式(见图 19-36)在中国船舶重工集团公司大连造船厂举行,中国共产党中央政治局委员、中华人民共和国中央军事委员会副主席范长龙出席仪式并致辞。

图 19-36　国产第一艘航空母舰在大连造船厂下水

我国自行研制的第一艘航空母舰，于 2013 年 11 月开工，2015 年 3 月开始坞内建造。下水时航空母舰主体已建造完成，动力、电力等主要系统设备已安装到位。出坞后，该航空母舰将按计划进行系统设备调试和舾装施工，并全面开展系泊试验。业内人士预计：该航空母舰将在 2019 年入役中国海军。

相比于“辽宁号”航空母舰，国产航母完全由我国自主设计，在总体设计建造方面有了很大提高，其中我们自主研发的动力系统、航电系统和武器系统等核心系统在技术和性能上也更加成熟，航空母舰上的舰载机起降设施、雷达通信设施、无线电设施等技术都过硬，航空母舰各系统间的融合性、抗干扰性更强，这说明我国国防工业水平有了很大提升。

结束语

始于 1949 年的中国当代船舶工业,经过几十年艰苦卓绝的努力和奋斗,已经建立起具有自主科研、设计、配套和总装能力的船舶工业体系。就地区而论,已形成了环渤海地区、长江三角洲地区、珠江三角洲地区等造船基地。在造船科学与技术人才培育方面,以造船高等院校为重点,与在职教育相结合,已形成多层次的教育系统;在船舶科研与开发方面,以数十家科研院所的数万名科研人员为核心,已形成了国内船舶科研与开发的综合技术群体。中国船级社(CCS)作为国际船级社协会(IACS)的核心成员,曾三度出任国际船级社协会主席,在国内和世界各大港口城市都设有分社或办事处。CCS 在提供船舶检验和发证公共服务,为实现海事界的可持续发展,为实现航运界的"发展、绿色、安全、永恒"方面做出了重要贡献,是发展船舶工业不可替代的重要力量。

当今,中国已成为世界重要的造船国家。在实行改革开放政策以来的几十年里,已经实现了四大跨越:第一步,1982 年实现了中国建造的船舶进入国际市场;第二步,1994 年船舶产量排名世界第三位;第三步,2005 年船舶产量突破 1 000 万载重吨;第四步,2010 年中国造船业的三大指标,即造船完工量、新接订单量、手持订单量全面跃升为世界第一位。这四大跨越都具有里程碑的意义。

到 2010 年,中国造船业的三大指标(见表Ⅰ)全面跃升为世界第一位的重大意义,无论如何都不可低估,因为这是中国和平崛起的一项具体体现。但是,我们还必须清醒地认识到:中国造船业三大指标全面跃升为世界第一位,也只能说明中国已经历史性地成为世界造船大国,并不能说明中国已经是世界造船强国了。事实上,中国离世界造船强国还有相当大的差距。中国跻身于世界造船强国之路并不平坦,我们还必须要经过艰苦的努力。

表Ⅰ　中国造船业三大指标

指标	世界(万载重吨)	中国(万载重吨)	中国所占百分比
造船完工量	15 096	6 219	41.20%
新接订单量	13 200	6 651	50.39%
手持订单量	53 445	20 668	38.67%

第一,在造船生产的组织管理、生产效率方面,我们与造船先进国家仍有不小的差距;同样,在单位生产的能耗方面,我们仍属于后进,若想迎头赶上,必须付出10年甚至20年的努力。

第二,在高技术、高附加值、高可靠性所谓三高船舶,如液化天然气(LNG)船方面,我国的完工量仅是世界的很小部分,获取订单的竞争力不强。想要赶超造船先进国家,在三高船舶方面具有平等竞争的优势,没有十几年至二十几年的艰苦努力是难以实现的。

第三,从20世纪末掀起的建造大型超豪华旅游船的新潮,方兴未艾。"世界上能建造大型豪华客船的船厂并不多,主要集中在芬兰、法国、意大利、德国、瑞典等少数国家,即使是号称造船大国的日本,只是在1989年才建成23 500总吨的豪华客船'富士丸',到1990年建成近50 000总吨的'晶谐(Crystal Harmony)'之后,其造船界人士竟感叹'终于建成了大型豪华客船',该船当时居世界第6位。"[①]日本继"晶谐号"之后继续有所斩获。在进入21世纪之后,韩国竟也获得世界豪华客船的订单。反观我国,对世界豪华客船仍停留在观望阶段。近年,有学者发表论文:认为应当努力赶上。就具有高技术含量、高附加值的豪华客船而论,我国不仅远远落后于欧洲,即使与日本、韩国相比,也要落后20年。

第四,毋庸置疑,中国在海军舰艇的设计建造方面的成就是巨大的。同样毋庸置疑的是,中国在军舰建设方面与先进国家的差距也是不小的。

综上所述,中国经过几代人的努力,取得了世界第一造船大国的地位,是来之不易的。虽然,目前离世界造船强国还有相当大的差距,但是,经过努力,这一差距是可以缩小的。跻身于世界造船强国,我们是志在必得的。我国就曾经长时期处于世界造船强国的地位,为世界的发展做出过重大贡献。作为后辈,我们更应当仁不让。

① 朱美琪、潘伟文、李树范:《运输船舶设计特点》,大连:大连海运学院出版社,1992年,第9页。